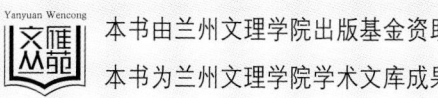

本书由兰州文理学院出版基金资助
本书为兰州文理学院学术文库成果

敦煌写本蒙书十种校释

王金娥 ◎ 著

中国社会科学出版社

图书在版编目(CIP)数据

敦煌写本蒙书十种校释／王金娥著．—北京：中国社会科学出版社，2020.12
ISBN 978-7-5203-7500-9

Ⅰ.①敦⋯　Ⅱ.①王⋯　Ⅲ.①敦煌学—研究　Ⅳ.①K870.64

中国版本图书馆CIP数据核字（2020）第229252号

出 版 人	赵剑英
责任编辑	任　明　周怡冰
责任校对	朱妍洁
责任印制	郝美娜

出　　版	中国社会科学出版社
社　　址	北京鼓楼西大街甲158号
邮　　编	100720
网　　址	http://www.csspw.cn
发 行 部	010-84083685
门 市 部	010-84029450
经　　销	新华书店及其他书店
印刷装订	北京君升印刷有限公司
版　　次	2020年12月第1版
印　　次	2020年12月第1次印刷
开　　本	710×1000　1/16
印　　张	18.25
插　　页	2
字　　数	281千字
定　　价	85.00元

凡购买中国社会科学出版社图书，如有质量问题请与本社营销中心联系调换
电话：010-84083683
版权所有　侵权必究

序

  王金娥博士1995年毕业于西北师范大学中文系，毕业后到甘肃教育学院中文系任教。甘肃教育学院成立于1962年，是一所重点培养中学师资的本科高校，最早由我国著名的教育家辛安亭先生担任院长，辛安亭先生是延安时期的著名教育家，当时边区的中小学教材、干部文化读本、农民各种实用读本，都是由他负责编写的。他最懂得中国人需要读什么书，怎么样让他们接受文化知识，所以，被誉为我国普通教材编写的开路人，新中国基础教育的奠基人。因此，他主持的甘肃教育学院，非常重视基础教学，他的具体做法是：一是极力引进人才，20世纪60年代初分配到甘肃的研究生，几乎都被辛老"抢走"；二是重视教学讲义的编写；三是在教学方法上讲究因材施教和立德树人。王金娥在这样一个传统的师范院校，在教学方面受到最严格的培训。其间，她到兰州大学中文系读硕士，跟随刘成德、张文轩等先生学习汉语言文字学，全面学习了训诂学、音韵学、语法学、方言学，结合自己的教学，完成了硕士论文《现行古代汉语教材比较研究》。王金娥的学术，总是和教学联系在一起，这正是中国古代学术，尤其是民国学术的传统。2009年，王金娥到兰州大学敦煌学研究所攻读博士学位，我是她的指导教师。因为这个缘由，入学后不久，她就把敦煌文献中的蒙书和教材作为博士论文选题，次年这个选题又获得教育部人文社科项目资助，于是敦煌蒙书的整理研究就成为她近年来的最重要的科研工作。

  教育是中国古代最重要的文化工作。西周后期，"学在官府"的机制被打破，官学下移，私学诞生。以孔子为代表的一批学者开始聚徒讲学，他们把前代的典籍进行整理归类，修订为五种最重要的教材：古代史教材《书》、文学教材《诗》、行为规范教材《礼》、哲学教材《易》、近代史教材《春秋》，由于"有教无类"，多得到了前所未有普及，这些教材得以广泛的流传，成为读书人必读的经典"五经"，并由此推动了文化和学术的繁荣，思想和言论的自由，开创了中国历史的轴心时代。可以说，编订教材成就了伟大的圣人孔子。在现代教育史上，编辑教材成为学术大师者可参随手举例。所以，一个时代的教材，反映的是那个时代的知识、信仰、价值判断、审美追求，研究一个时代的教育和教材，最能够抓住这个时代的文化特点。

王金娥博士对敦煌写本中的教育和教材进行过比较深入的研究，尤其是对敦煌的教材，做过全面的搜集和考察，摊子铺得比较大。这次她选择了比较有特色、内容相对完整、有代表性的十种敦煌写本中的蒙书《新合六字千文》《开蒙要训》《孔子备问书》《古贤集》《百行章》《太公家教》《武王家教》《辩才家教》《新集严父教》《崔氏夫人训女文》，按照传统古籍整理的方式，分题解、录文、校释三部分进行了整理。"题解"部分总体介绍写卷的基本情况、学界的研究情况；"录文"部分结合各写卷对文献进行识录；"校释"部分对文献进行校勘、注释。本书在校释部分做的工作多，对不同写本的文字异同做了是非判断，文中的典故一一指明出处，比较难懂的词语做了疏通解释，为读者提供了可靠的敦煌蒙书的校注本。

现存敦煌教材主要抄写于归义军时期，这批材料，在中国教材史上有自己独特的价值。因为它们是敦煌民间的教材，是当时的官学，尤其是寺学中所用的。除了官学寺学之外，社会上也用它作为识字和传播知识的文本。这里要说明一点，近年国际学术界兴起了"古文书学"，古文书学意义上的"文书"应该具有以下性质或特征：第一，它是未经后人改动过的原始资料。第二，它以发件人向收件人表达意图者为主。第三，它应具有完整格式。敦煌的教材有一部分可以归属到古文书范围，那么就有"由一方将自己的意图传达给另一方"的性质特征。所以，敦煌的教材是由什么人编的，或什么人用作教材的，教材的内容是什么，核心观点是什么，这些教材的接受者是哪些人，比如学郎、僧人、农夫等，都是我们应当研究的问题。

把一种文书放到它所使用的情境之中，这是研究深化的重要方式。比如敦煌写本 P.2187、S.3491 抄有《破魔变一卷》，取材于佛传故事，写佛陀成道之际，魔王波旬极为恐慌，怕释迦成佛后于己不利，于是亲率魔军去阻挠。如来镇定自若，以佛力击退了魔军的轮番进攻。魔王恼羞成怒，又派三魔女施展种种伎俩对释迦色诱，企图败坏其道，又被佛陀一一识透，终以慈悲之心感化降服魔众。故事屡见于各种佛经，以《佛本行集经》所载较详。在破魔故事之前，附有一段"押座文"，其作用是用来安定听众。"押座文"之后，再接一段回向之辞，表示转变艺人对当地统治阶层（亦即听众）的祝颂。破魔故事正文之后，还有一段颂辞。这些附加部分说明，本篇曾为沙州统治者曹氏家族讲唱。而当时讲唱变文的仪式和实际情形，由此也可约略想见。而对于敦煌的教材，如果能放到这样的使用环境之中，对它的研究将是很有趣的。

我还想提及一下教材的定义、蒙书的定义等问题。我的理解，教材的范围比较宽泛，是为师生的教学应用而编选的材料。蒙书则是儿童启蒙的教材，一般的启蒙算不算蒙书？可能不能算，不然欧洲启蒙时期的经典著作也是蒙书了。当然，如果经典作为儿童的教材，像《论语》《孝经》，在汉代就作为蒙书的。所以，判断是否是蒙书，主要看把它由一方传达给"另一方"的身份。这样说来，哪些是敦煌蒙书，还是要再认真考虑的。《崔氏夫人训女文》算不算蒙书，它本来是女子出嫁前由母亲教训女儿的诵词，是叮咛女子到婆家以后待人接物方面应当注意的内容，实际上是对新妇的要求和行为规范。所以，我提出这些问题，供金娥博士以后进一步研究时参考。

本课题的研究过程中，金娥遇到诸多困难，尤其是身体的不适给她造成了很大的影响。作者知难而进，用顽强的毅力和执着的拼搏同困难进行了不懈的抗争，为自己的学术事业，为自己的人生写就了靓丽而厚重的花笺。本书的出版，将是她人生的里程碑，新的健康的行程已经开始。

伏俊琏

2020年11月23日

前　言

洸洸华夏大国，巍巍礼仪之邦，素来崇尚教育，尤其重视对儿童的启蒙教育。我国历史上，一个人接受教育的过程分为小学和大学两个阶段，两个阶段的教学内容和目的大有不同。朱熹曾这样说："古者初年入小学，只是教之以事，如礼乐射御书数，及孝弟忠信之事，自十六七入大学，然后教之以理，如致知格物，及所以为忠信孝弟者。"[①] 其中小学就是启蒙教育阶段，我国古代启蒙教育的对象，小则 4 岁，大则 15 岁，主要以 8 岁到 15 岁的儿童少年为主。班固《汉书·艺文志》："古者八岁入小学，故周官保氏掌养国子，教之六书，谓象形、象事、象意、象声、转注、假借，造字之本也。"[②] 更早的《周礼·地官》中也有类似的记载。历史资料显示，古代蒙学阶段主要以识字、习字、书法、算书为启蒙的主要内容，但古人往往会借助汉字和汉语的特点及儿童的认知特征，把要教授的文字结合其表达的文化内涵，大多编成句短音谐，读起来朗朗上口，便于记诵，适合儿童的三言、四言、六言韵文蒙书，将天文、地理、风物、伦理、生活节仪等知识渗透到识字教学中，做到全面启蒙，比如《千字文》《百家姓》《三字经》等。根据文献记载来看，古人启蒙施教的主要场地是书馆、乡学、公学、家学或者驿馆。

要了解古代启蒙教育的真实情况，就不得不立足于古代不同时期的蒙书（启蒙教材）。我国的蒙书编撰有悠久的历史，先秦有《史籀篇》，秦有"三苍"（《仓颉篇》《爰历篇》《博学篇》）；汉朝又有汉"三苍"（《仓颉篇》《训纂篇》《滂熹篇》）；北朝后期至隋朝，有颜之推

---

① 徐梓：《中国传统蒙学述评》，《蒙学须知》，山西教育出版社 1991 年版，第 3 页。
② （东汉）班固：《汉书》，中华书局 1962 年版，第 1720 页。

的《颜氏家训》；唐以后也有大量蒙书出现，著名的有《三字经》《百家姓》《千家诗》等等。后来对应我国古代的"四书五经"，将《三字经》《百家姓》《千字文》《千家诗》俗称为"国学启蒙小四书"，但遗憾的是唐代及以前的识字蒙书除了《急就篇》和《千字文》，其他大多未见传世，或者只存残句断简，这给我们研究古代蒙书以及民间教育留下了很多缺憾。所幸1900年敦煌藏经洞大批文献面世，其中包括大量的敦煌蒙书，这些蒙书的出土使我们得以目睹这些宝贵的"教育资源"，得以初步了解唐五代时期的敦煌地方教育，尤其是敦煌的民间教育，得以弥补学界蒙学及蒙书研究的缺憾。

如何界定"敦煌蒙书"，这是进行敦煌蒙书研究无法回避也不能回避的问题，划定标准不同，则敦煌蒙书概念的外延和内涵都会大受影响。

关于"敦煌蒙书"，起初学界叫法并不相同。1913年王国维先生发表了《唐写本〈太公家教〉跋》，开启了敦煌蒙书研究的序幕。但"敦煌蒙书"概念的提出却比较晚，且有一个漫长的过程。

余嘉锡先生称之为"小学书"。他在《内阁大库本碎金跋》说："诸家目录皆收此书入类书类，盖以其上自乾象、坤仪，下至禽兽、草木、居处、器用，皆分别部居，不相杂厕，颇类书钞、御览之体。然既无所引证，又不尽涉词藻，其意在使人即物以辨其言，审音以知其字，有益多识，取便童蒙，盖小学书也。"①

张志公先生的《传统语文教育初探》视《开蒙要训》《太公家教》为"蒙书"，他说："经过魏晋南北朝到隋唐，蒙学有了进一步的发展，大致表现在三个方面。第一是识字教育，适应新的需要有了新的发展，在《急就篇》的基础上产生了很多新的识字教材，其中最重要的是一直流传使用到清末的《千字文》，再就是编著跟它相近的《开蒙要训》，此外还出现了'杂字'和其他一些蒙学用的字书。第二是出现了新的进行封建思想教育的蒙书，如《太公家教》和《女论语》等。第三是运用以上两类蒙书的编法（用整齐的语韵），产生了新的一类讲掌故故

---

① 余嘉锡：《余嘉锡论学杂著》，河洛图书出版社1976年版，第605—606页。

事的蒙书《兔园册》和《蒙求》等。"①

高明士先生根据写卷题记中显示的"学郎""学士郎""学仕郎""学士""学生"等抄写者身份判定写卷的性质，将其归为"教材""启蒙教材"②。主要列举有《开蒙要训》《太公家教》《燕子赋》《秦妇吟》《王梵志诗》《敦煌廿咏》《李陵、苏武往还书》《贰师赋》《渔父赋歌》《新集吉凶书仪》《新集严父教》《崔氏夫人训女文》《百行章》《俗务要名林》《茶酒论》《杂抄》《孔子相托相问书》《孝经》《论语》《尚书》《毛诗》《逆刺占》《卜筮书》《兔园策》《千字文》《蒙求》《下女夫词》27种。

汪泛舟先生则称这类文献为"儿童课本"，他在《敦煌古代的儿童课本》"编辑凡例"中说敦煌古代儿童课本"约有20余种，总数超过200个写卷"。实际上他在"敦煌古代儿童课本简述（代前言）"中列举了46种之多。主要有《字书》《新集时用要字一千三百言》《诸杂难字一本》《字样》《正名要录》《新商略古今字样》《时要字样》《千字文》《蒙求》《开蒙要训》《百家姓》《姓望书》《郡望姓氏书》《姓氏书》《姓氏录》《百行章》《太公家教》《新集文词九经抄》《文词教林》《新集严父教》《孔子家语》《论语》《孝经》《崔氏夫人训女文》《上大人》《吉凶书仪》《书仪镜》《新定书仪镜》《大唐新定吉凶书仪》《新集吉凶书仪二卷》《九九乘法歌》《立成算经》《算经并序》《汉藏对译字书》《汉藏对译〈千字文〉》《汉藏对译〈佛学字书〉》《大宝集经难字》《大般若经难字》《涅槃经难字》《杂字》《六合千文》《文词教林》《辩才家教》《兔园策府》、分卷《难字》字书、《字宝》（又名《碎金》）等。

郑阿财先生在《敦煌蒙书析论》一文"序言"中称为"敦煌遗书中的蒙书"，后径直称为"敦煌蒙书"。③他认为"蒙书"是蒙养教材，"主要为蒙学教学所用之书，亦即为启蒙而编之书。"④

---

① 张志公：《传统语文教育初探》，上海教育出版社1963年版，第5页。
② 高明士：《唐代敦煌的教育》，《汉学研究》第4卷第2期，1986年12月，第261页。
③ 郑阿财：《敦煌蒙书析论》，原载于汉学研究中心1991年6月编刊的《第二届敦煌学国际研讨会论文集》，后收入《中国敦煌学百年文库》，第381—401页。
④ 郑阿财、朱凤玉：《敦煌蒙书研究》，甘肃教育出版社2002年版，第1页。

自郑阿财先生之后,"敦煌蒙书"这一概念被学界接受,并更加广泛地运用。如张弓先生主编的《敦煌典籍与唐五代历史文化》(上、下)①上卷中"儒学"章中列有"蒙书"一节,探讨了蒙书的著录与分类,引用余嘉锡《内阁大库本〈碎金〉跋》的观点,认为蒙书在唐代已具字书、蒙求、格言三大门类。

判定标准不同,"敦煌蒙书"的概念界定也就有别。高明士先生以写卷抄写者的身份作为判定这类"教材"的标准,他根据王重民先生《敦煌遗书总目索引》,列举了27种蒙书。②汪泛舟先生按照写卷的用途,将这些"课本"分为识字、教育、应用三类。③郑阿财先生《敦煌蒙书析论》一文以内容和性质为标准来判定敦煌蒙书,④在他与朱凤玉先生合著的《敦煌蒙书研究》中,将这一观点进行了完善,认为判断敦煌蒙书,"当以体式和功能考察","只要具有启蒙功能者当视为蒙书"。⑤在字书一类收了《千字文》《新合六字千文》《开蒙要训》等蒙童诵习蒙书,亦收了其他字书中如《杂集时用要字》《碎金》《百家碎金》等"颇有属蒙书性质者",而对于《论语》《孝经》等"系自笔记杂抄非供童蒙诵习"的写卷,虽然也是童蒙诵习的主要典籍,但诵习者不仅限于童蒙,所以也不收。根据这一原则,《敦煌蒙书研究》共叙录了25种敦煌蒙书,计250件抄本。这25种敦煌蒙书分别是《千字文》《新合六字千文》《开蒙要训》《百家姓》《俗务要名林》《杂集时用要字》《碎金》《百家碎金》《上大夫》《杂抄》《孔子备问书》《蒙求》《古贤集》《兔园册府》《九九乘法歌》《新集文词九经抄》《文词教林》《百行章》《太公家教》《武王家教》《辩才家教》《新集严父教》《崔氏夫人训女文》《夫子劝世词》《王梵志诗》(一卷本)。

---

① 张弓:《敦煌典籍与唐五代历史文化》(上),中国社会科学出版社2006年版。
② 高明士:《唐代敦煌的教育》,《汉学研究》第4卷第2期,1986年12月,第261页。
③ 汪泛舟:《敦煌古代的儿童课本》,甘肃人民出版社2000年版,代前言,第1—14页,"凡例"第1页。
④ 郑阿财:《敦煌蒙书析论》以写卷的内容和性质作为判定标准,将敦煌蒙书分为识字类蒙书、知识类蒙书和思想类蒙书。详见《中国敦煌学百年文库》,甘肃文化出版社1999年版,第384页。
⑤ 郑阿财、朱凤玉:《敦煌蒙书研究》,甘肃教育出版社2002年版,第4页。

郑阿财先生对敦煌蒙书概念的界定是比较科学的，他分析周祖谟先生的《敦煌唐本字书叙录》中五类字书时说："其所谓的字书，当是广义的字书，而非专指识字类蒙书"。然而从概念划分标准的一致性上说，还值得我们再思考。比如《诸杂字》《难字》《杂集时用要字》等字书，就未必是专为童蒙编的，这实际上就如同今之字典，比如《现代汉语词典》《新华字典》等，童蒙可用，但其主要用途绝不是"启蒙"，只要是读书人，人人可得而用之。再如《字宝》，本来就是俗字典，也用于人们翻检俗字所用，其启蒙功能就更令人怀疑了。

综上所述，我们认为界定"敦煌蒙书"概念时应综合考虑以下几方面：

1. 地域性

"敦煌蒙书"特指1900年敦煌藏经洞所出的用于儿童启蒙教育的文献，这些文献普遍流行于唐五代宋初的敦煌一带。

2. 功用性

敦煌藏经洞出土文献，功用各不相同。如敦煌变文、讲经文，主要用来普及佛法，敦煌愿文主要功用是用来发愿的。敦煌蒙书的功能自然是来开蒙、训教的。如《千字文》《百家姓》《上大夫》等主要功能是识字、习字。但敦煌字书情况复杂，敦煌字书内容广泛，周祖谟先生将其分为童蒙诵习字书、字样书、物名分类字书、俗字字书以及杂字难字等杂抄类字书五种（音义书除外）。其实除了第一类"童蒙诵习字书"外，其他四类虽然都可以帮助人们识字，但其主要功能不是用于"童蒙"，而是相当于今之字典、词典。如同今之字典、词典不能完全列入教科书一样，这些唐写本字书就不能归入敦煌蒙书范畴。

再如《论语》《孝经》在敦煌遗书中也有许多写卷，都是传世的经典，虽然是唐朝政府规定的学校必修科目，也是人人都该关注、学习的，但其适用范围不仅仅用于启蒙教育，也不仅仅流行于敦煌，因而就不能算作敦煌蒙书。

3. 世俗性和普遍性

这里说的世俗性主要是相对于佛教经典而言的。敦煌蒙书基本适用于敦煌大众蒙童，有些佛教典籍，虽然可能是寺学学郎学习和抄写的对象，但大多属于佛教教义，这些佛经不能归于蒙书。如吐蕃统治时期、归义军统治时期，敦煌寺学兴盛，有大量的抄经生，其学习的内容主要是佛经，无论从对佛教的信仰而言，还是对佛经的学习而言，抄经都是重要的工作。抄经生或学郎所抄的这些经书就不属于敦煌蒙书的范畴。

根据我们关于"敦煌蒙书"概念的界定，再参照汪泛舟、郑阿财先生的分类，依据蒙书的内容和功用，我们认为，敦煌蒙书是特指敦煌藏经洞所出的，主要用于儿童启蒙教育的教材。敦煌蒙书依据其性质和用途，大致可分为识字、知识素养、家训和应用四类，计27种，226个写卷。①

第一类为识字类蒙书。识字教育是我国古代启蒙教育的重要内容，最早的蒙书也是识字类蒙书。敦煌蒙书也一样，识字类蒙书占很大比例。这些识字类蒙书主要有两类：

一是综合识字类蒙书。主要有《千字文》《新合六字千文》《开蒙要训》等。

二是姓氏识字类蒙书。根据写卷的抄写内容和抄写者身份看，敦煌识字类蒙书中有一些是专门用于姓氏识字的，这也是敦煌蒙书不同于传统蒙书的一个方面。传统姓氏书《百家姓》可谓妇孺皆知，因为以"赵钱孙李"开头，"赵"是宋代皇姓，人们普遍认为是宋代人编著的。敦煌遗书中也有《百家姓》，计有P.4585和P.4630两个写卷，和传世本相同的是都以"赵钱孙李"开头。但对于P.4585《百家姓》写本，学界认定为唐写本。假如这一推断不误，那么《百家姓》产生的时代等问题就值得重新研究了，P.4585《百家姓》的文献价值也值得重新估量了。

三是习字类蒙书。这类蒙书选取日常所用的文字简单排列，用于蒙童的写字训练，形同今天的写字课本。主要有《上大夫》等。

第二类为知识素养类蒙书。古人常常在启蒙识字教育时，将识字和掌握知识紧密结合。敦煌蒙书中也有这样一类，将日常生活中遇到的天文知识、地理知识、动植物知识、历史人物及典故知识，借助于文字，编写成蒙书。敦煌知识素养类蒙书具体如下：

---

① 敦煌文献中还有一类"书仪"，是供人们撰写书札时的实用文写作范本，我们曾认为也属于敦煌蒙书。现结合学界观点，认为还值得再商榷，故剔除，暂不作讨论。

一是综合知识素养类蒙书，主要有《孔子备问书》，通过问答式，介绍天文、地理、人伦等综合知识。二是历史知识素养类蒙书，主要有《蒙求》《古贤集》等。三是习文知识素养类蒙书，要有《兔园策府》。四是德行类蒙书，主要有《百行章》。

第三类为家训类蒙书。家训类蒙书在敦煌蒙书中所占比重较大，主要有下面七种：《太公家教》《武王家教》《辩才家教》《新集严父教》《崔氏夫人训女文》，以及一卷本《王梵志诗》、《夫子劝世词》等。这些蒙书前五种题为"家教""训女文"，一卷本《王梵志诗》《夫子劝世词》虽然以格言诗的形式写就，也没有"家教"之题，但其抄本多与《太公家教》合抄，且内容也多有与《太公家教》相合者，以训教儿女为核心，故此，我们亦将其列入"家训类"蒙书。

第四类为应用类蒙书。敦煌蒙书中还有一类侧重于应用，主要是算书类。计算是人们生活中必不可少的，因而也是古代启蒙教育的重要内容。据汪泛舟先生研究，敦煌文献中的算书写卷多达十个以上[①]，这些算书或讲乘法口诀，或讲乘方知识，或讲对田亩等的测量方法和计算方法，内容通俗、浅近、实用。敦煌算书类蒙书主要有《九九乘法歌》《立成算经》《算经并序》等。

我们认为，整理和研究敦煌蒙书非常有必要，理由主要如下：

第一，敦煌蒙书丰富了唐五代乃至宋初的民间启蒙教育研究资料。处在丝绸之路咽喉要道上的敦煌，自汉朝以来作为东西文化交流的都会，担负起了伟大的历史使命。进入7世纪以后，敦煌先后经历了唐王朝管辖、吐蕃统治和归义军管理三个时期。400多年中，敦煌的蒙学既有与中原教育的一致性，也有敦煌一地的特殊性，因而在中国教育史上占有很重要的地位。然而，官方的史书详于中央学校，而略于地方学校；官方和私家著述，对于地方民间教育发展，大多语焉不详。敦煌蒙书的出现，正好可以弥补唐五代宋初民间启蒙教育研究资料的不足。

第二，整理和研究敦煌蒙书，可以系统汇集敦煌蒙书文献资料，丰富扩充敦煌文献门类。敦煌文献浩如烟海，种类繁多，根据文献性质，

---

① 汪泛舟先生认为这些浅近易懂的算书课本也是敦煌儿童应用课本的重要内容。详见《敦煌古代的儿童课本》前言第14页。

学界已经对敦煌变文、敦煌愿文、敦煌碑铭赞、敦煌曲子词、敦煌书仪、敦煌契约文书等进行了整理，虽然有人认为敦煌蒙书不能和敦煌变文、敦煌愿文等相提并论，但敦煌蒙书毕竟是敦煌文献的重要内容，而且文献数量也很可观，在历史学、语言学、教育学、民俗学等方面的研究价值也不容忽视，所以完全有必要出现一本相应的敦煌蒙书集。

第三，敦煌蒙书有很重要的敦煌蒙学研究价值。敦煌蒙书是敦煌蒙学的重要内容，敦煌蒙书的写卷形态体现了其原生态特点。打开蒙书写卷，呈现给我们的是栩栩如生的教学画卷：蒙童习字时的稚嫩笔迹，教师批改作业时一丝不苟的严谨态度，教师对学童的谆谆教诲和鼓励，学童稚嫩又顽皮的表情，书馆里飘香的笔墨。这里有"严父""太公"的家教，更有"崔氏"母亲对临嫁女儿的谆谆教导。这里的蒙学内容既有"之乎者也""忠孝节义"，也有"阿弥陀佛"……以上这些生动的画面，恰恰反映了敦煌蒙学形式的多样性，内容的丰富性，地域上的独特性，实际上这一切也强化了敦煌蒙学的原生态性。系统地整理、校释敦煌蒙书，有利于比较全面地归纳、呈现敦煌蒙学体系，对研究这一时期敦煌地区的教育史、民俗文化等都有重要的参考价值。

鉴于以上原因，才有了这本《敦煌写本蒙书十种校释》。本书主要是选择比较有地方特色、内容相对完整、有代表性的十种敦煌写本蒙书：《新合六字千文》《开蒙要训》《孔子备问书》《古贤集》《百行章》《太公家教》《武王家教》《辩才家教》《新集严父教》《崔氏夫人训女文》，分题解、录文、校释三部分进行写本的比对、校勘和注释。"题解"部分总体介绍写卷的基本情况、学界的研究情况；"录文"部分结合各写卷对文献进行识录；"校释"部分对文献进行校勘、注释。希望通过对部分敦煌写本蒙书的校释，为学界进一步深层次研究这类文献提供一个比较全面的校释本。

凡　　例

一、各种蒙书录文所选底本和参校本随校记出。

二、各蒙书校释均由"题解""录文""校释"三部分构成。"题解"主要对蒙书写卷情况、内容及研究情况进行说明，"录文"是对蒙书写卷内容的移录，"校释"是对蒙书文字的校勘和解释。其中章节少者先录文再校释，章节多者逐章先录文后校释。"校释"体例一律先校后释。

三、录文据原卷文字识录，若与校本有异文者，则处理如下：凡原卷文字文义可通者，为保持文献内容的原始形态，则以原卷为准，而将校本之异文附于校记，以资参考；原卷文字明显误者，则径直改过，在校记中对原卷文字情况加以说明。原卷中的通假字、异体字和俗字，尽量保留原文，在校记中说明理由。

四、校释中有参照各位前辈的观点，一一说明。大量出自郑阿财、朱凤玉《敦煌蒙书》者简称"郑本"，出自汪泛舟《敦煌古代儿童课本》者，简称"汪本"，其他参考观点所本随各篇校记出。

五、符号的使用：原卷残缺，在残缺位置用［前缺］［中缺］［后缺］表示。所缺文字用□表示，一字一□。凡不能确定所缺字数者，前缺用▬▬表示，中缺用▭▭表示，后缺用▬▬表示。凡原卷有残字，能据校本或上下文辨识，或疑为某字者，则将所补之字外加□表示，如"东西皆芒面落，西京浮谓[据]经"；不能辨识或补足者，从缺字例。凡原卷中脱文，或缺字，可根据校本或上下文补足者，将所补之字置于（　）内，如"若论推（位）让国"，并在校记中加以说明。

六、原卷中有衍文者，径改之，并在校记中说明。

七、原卷中有倒文符号者，径改之；有删除号、重字号者，校记中说明。

八、文中涉及的敦煌文献，使用学界通用的英文缩写，伦敦英国国家图书馆藏敦煌文献斯坦因（Stein）编号［S.］；巴黎法国国家图书馆藏敦煌文献伯希和（Pelliot）编号［P.］；俄罗斯科学院东方研究所圣彼得堡分所藏敦煌文献弗格鲁编号和敦煌编号分别为［Ф］［ДХ］。

目　录

序 …………………………………………………………（1）
前言 ………………………………………………………（1）
凡例 ………………………………………………………（1）

新合六字千文 …………………………………………（1）
开蒙要训 ………………………………………………（26）
孔子备问书 ……………………………………………（56）
古贤集 …………………………………………………（104）
百行章 …………………………………………………（132）
太公家教 ………………………………………………（197）
武王家教 ………………………………………………（224）
辩才家教 ………………………………………………（238）
新集严父教 ……………………………………………（260）
崔氏夫人训女文 ………………………………………（265）

主要参考文献 …………………………………………（268）
后记 ……………………………………………………（274）

新合六字千文

【题解】

敦煌写本《新合六字千文》是在传统蒙书周兴嗣的《千字文》基础上每句加两字，改变成六字一句、两句一韵的新形式识字类蒙书。此蒙书仅存于敦煌写本文献中，后世不传。其训蒙功能亦同于《千字文》，为《千字文》续作改编之作。① 今敦煌写本《新合六字千文》计为两件，皆藏于英国伦敦大不列颠图书馆，卷号分别为 S.5467 和 S.5961。S.5467 为册子本，首完尾残，仅残存两面，计 13 行，第一面首题"六字千文 新集"，第二行存"天地日月"四字，后有大片空白。第二面起于"梁道乃付周兴， 众 水海咸河淡"。S.5961 为卷子本，首完尾残，存 70 行，首题"新合六字千文一卷"，今依 S.5961 首题取题为《新合六字千文》。"新合"即"新集"。以下录文以 S.5961 写卷为底本，以郑阿财、邰惠莉、张娜丽录文及传世《千字文》参校。

该写卷的研究成果并不多，主要有邰惠莉的《敦煌本〈六字千文〉初探》②，该文较早地结合 S.3835《千字文》，对《六字千文》进行录文，还讨论了《六字千文》的增字特点和优劣、《六字千文》的作者、创作时代及抄写时间。后又张娜丽著《〈敦煌本《六字千文》初探〉析

---

① 《千字文》相传系梁武帝指令给事郎周兴嗣所作，成四字句式，叙述天地、气象、博物、社会、历史、教育、伦理等全方位的知识，自梁朝成书以来，取代《急就篇》而成为我国古代最流行的识字、习字教材和习字范本。《隋书·经籍志》著录有《篆书千字文》和《草书千字文》，唐五代时《千字文》更加风行全国，西部边陲的敦煌地区也不例外。正因为如此，仿改编、续编的作品也不在少数。敦煌写本《新合六字千文》正属于《千字文》的改编之作，且仅见于敦煌写本中，未见传世本。

② 邰惠莉：《敦煌本〈六字千文〉初探》，《敦煌研究》1997 年第 1 期，第 148—154 页。

疑——兼述〈千字文〉注本问题》①以及《〈敦煌本《六字千文》初探〉析疑（续）——兼述〈千字文〉注本问题》②，这两篇文章皆为对邰慧莉文章的质疑，并根据微缩胶片重新对校《六字千文》，确认的字数有所增加，也对新确定的句子进行了校注。另郑阿财、朱凤玉著《敦煌蒙书研究》③有详细的写本叙录，为研究该写本提供了便利。

【录文】

新合六字千文

钟銚撰集《千字文》[(1)]，　　　唯拟教训童男。
石勒称兵失次[(2)]，　　　　　　梁帝乃付周兴[(3)]。
员外依文次韵[(4)]，　　　　　　连珠贯玉相承[(5)]。
散骑传名不朽，　　　　　　　　侍郎万代歌称[(6)]。
天地二仪玄黄[(7)]，　　　　　　宇宙六合洪荒[(8)]。
日月满亏盈昃[(9)]，　　　　　　阴阳辰宿列张[(10)]。
四时寒来暑往，　　　　　　　　五谷秋收冬藏。
三年润余为岁[(11)]，　　　　　十二月律吕调阳[(12)]。
神龙云腾致雨，　　　　　　　　结露九月为霜。
黄金生於丽水[(13)]，　　　　　白玉本出昆岗[(14)]。
剑号一名巨阙[(15)]，　　　　　隋侯珠称夜光[(16)]。
燕国果珍李柰，　　　　　　　　蜀郡菜重芥姜。
太昊龙师火帝[(17)]，　　　　　少昊鸟官人皇[(18)]。
伏羲始制文字[(19)]，　　　　　黄帝乃服衣裳[(20)]。

---

① 张娜丽：《〈敦煌本《六字千文》初探〉析疑——兼述〈千字文〉注本问题》，《敦煌研究》2001年第3期，第100—105页。
② 张娜丽：《〈敦煌本《六字千文》初探〉析疑（续）——兼述〈千字文〉注本问题》，《敦煌研究》2002年第1期，第93—96页。
③ 该书在"敦煌写本识字类蒙书"一章中对《新合六字千文》写卷情况作了概述，进行录文，探讨了《新合六字千文》的性质和内容，认为该文献由《千字文》改编而成。详见郑阿财、朱凤玉《敦煌蒙书研究》，甘肃教育出版社2002年版，第40—51页。

若论推（位）让国[21]，有虞尧舜陶唐。
开罗弔民伐罪，唯有周发殷汤[22]。
三郎坐朝问道[23]，无为垂拱平章[24]。
爱育兆人黎首[25]，臣伏四夷戎羌。
万国遐迩壹体，八万率宾归王[26]。
鸣凤梧桐在树[27]，贤人白驹食场[28]。
仁慈化被草木，恩德赖及万方。
盖此八尺身发，四大四支五常[29]。
闵骞恭惟鞠养[30]，曾参岂敢毁伤[31]。
恭姜女慕贞洁[32]，曹植男效才良[33]。
颜回知过必改[34]，子夏德能莫忘[35]。
罔谈彼人之短[36]，靡恃己德之长[37]。
郭汲信使可覆[38]，袁奉器欲难量[39]。
墨子感悲丝染，诗赞跪乳羔羊[40]。
人君景行维贤，虽狂克念作圣[41]。
文王德建名立，行端无移表正[42]。
子推空谷传声[43]，陈王虚堂习听[44]。
受祸因其恶积，享福实缘善庆。
子罕尺璧非宝[45]，大禹寸阴是竞[46]。
若论资父事君[47]，无过曰严与敬。
董永孝当竭力[48]，纪信忠则尽命[49]。
忠臣临深履薄，孝子夙兴温清[50]。
芬芳似兰斯馨，如松柏之茂盛[51]。
百川东流不息，宜郡渊澄取映[52]。
人君容止若思[53]，言辞和雅安定[54]。
若能笃初诚美，慎终如始宜令。
勤恳荣业所基[55]，万古藉甚无竟。
张仪学优登仕[56]，苏秦摄职从政[57]。
召伯存以甘棠，归思去而益詠[58]。
八乿乐殊贵贱[59]，五礼分别尊卑。
居上宽和下睦，伯鸾夫唱妇随[60]。

男八外受傅训，女十入奉母仪。
亲侍诸姑伯叔(61)，姪悌犹子比儿(62)。
孔怀朋友兄弟(63)，昆季同气连支(64)。
交友礼义（投分）(65)，切磋琢磨箴规(66)。
都督仁慈隐侧(67)，哀愍造次弗离(68)。
怀忠节义廉退，抱信颠沛匪亏(69)。
志性安静情逸，心员丰动神疲(70)。
守真志意盈满(71)，必无逐物意移。
坚持四知雅操(72)，尊宫好爵自縻。
君王都邑华夏，绝高东西二京(73)。
东京背邙面洛，西京浮渭据泾(74)。
宫殿（峥）嵘盘郁(75)，楼观飞峻侧惊。
图写奇禽异兽(76)，画彩前圣仙灵。
丙舍第三傍启(77)，武帝甲帐对楹(78)。
鸿胪肆筵设席(79)，太常鼓瑟吹笙(80)。
公卿升阶纳陛，弁转䨺䨺疑星(81)。
右通达于广内(82)，左达通于承明(83)。
宣帝既集坟典，亦聚硕学群英(84)。
杜稿锺隶草嘉(85)，汉帝漆书壁经(86)。
□□府罗将相，瞿路使侠槐卿(87)。
韩起户封八县(88)，□□□□□□。
□□执戟陪辇(89)，三公驱毂振缨。
□□□□□□，□□肥马衣轻(90)。
班超策功茂实，□□□□□□(91)。
□□丈列伊尹，二贤佐时阿衡(92)。
□□□□□□，□□周公孰营(93)。
桓公匡合天下，□□□□□□(94)。
□□能回汉惠(95)，悦感傅说武丁。
□□□□□□，□□多士寔宁(96)。
晋楚二君更霸，□□□□□□(97)。

□侯假途灭虢，
□□□□□□，
张良起翦颇牧，
□□□漠之地，
□□□□□□，
五岳最宗恒岱，
□□焦卢紫塞，
□□□□□□，
其间旷远绵邈，
□□治本于农[107]，
□□□□□□，
税熟贡新于君，
□□性敦朴素，
□□□□□□，
聆音察其理 恶，
□□贻厥嘉猷，
□□□□□□，
人行殆辱近耻，
□□两疏见机[114]，
□□□□□□，
陈黄求古寻论，
□□尘累自遣[117]，
□□□□□□，
枇杷仲秋晚翠，
□□□多委翳[121]，
□□□□□□，
□□□□□□，
□□适口充肠，

迴至践土会盟[98]。
□□酷弊烦刑[99]。
□□□□□□[100]。
驰誉表于丹青[101]。
□□秦皇吞并[102]。
□□□□□□[103]。
鸡田河岸赤城[104]。
□□帝战洞庭[105]。
□□□□□□[106]。
当须务兹稼穑。
□□我艺黍稷。
□□□□□□[108]。
史鱼如矢秉直[109]。
□□谨敕自约[110]。
□□□□□□[111]。
诚欢勉其只植。
□□宠增抗极[112]。
□□□□□□[113]。
解组是谁造逼。
□默性爱寂寥[115]。
□□□□□□[116]。
人忧戚谢欢招[118]。
□□莽卉抽条[119]。
□□□□□□[120]。
落叶飘逐风飙[122]。
□□负天绛霄[123]。
□□□辀攸畏[124]。
□□□□□□。

　　　　　［后缺］

【校释】

(1) 钟𨥥撰集《千字文》：𨥥，各类字书无此字。有人疑为"铢"①。据郑阿财先生考证，史籍亦不见载，故而郑先生疑为"钟繇"。该句是说《千字文》这本训蒙书为钟繇所编撰。《千字文》，相传为南朝梁武帝指令给事郎周兴嗣用一千个不同的字编写的文章。四字一句，对偶押韵，便于记诵，后来用作儿童启蒙课本。以后又有注释、续编和改编本多种。敦煌写本存47件，当知此书在敦煌地区广泛流传。

(2) 石勒称兵失次：指石勒称兵作乱，使得钟繇所编《千字文》受到兵燹之厄而失了次第。石勒（274—333），东晋列国后赵的创立者，羯族。上党武乡人，字世龙。幼时行贩洛阳，为人佣耕，后被掠卖师懽为奴，会成都王颖故将公师藩起兵为颖报仇，勒往投。藩败死，乃归匈奴族刘渊，渊使将兵，攻陷州郡甚多。用汉人张宾为幕僚，据襄国，东晋泰兴二年建立政权，为赵王。后俘刘曜，灭前赵，统一中国北方大部分地区。东晋咸和五年称帝，改元建平，史称后赵。详见《晋书·载记》。

(3) 梁帝乃付周兴：作者认为《千字文》原为钟繇所撰，石勒兵燹之厄使其次第散乱，梁武帝命令员外散给侍郎周兴嗣根据王羲之书法，选取一千个不重复的文字次韵编撰《千字文》。

(4) 员外依文次韵：指周兴嗣依据王羲之书法选千字次韵编撰《千字文》。员外，指周兴嗣。周兴嗣时任员外散给侍郎，故称。次韵，按韵排列次序。

(5) 连珠贯玉相承："承"写卷S.5467作"𣂰"，难识别，今存疑。此句意谓《千字文》编撰如同珠玉贯穿，精妙无比，流传永久。

(6) 散骑传名不朽，侍郎万代歌称：S.5467"朽"作"休"，亦通。S.5467、S.5961"代"均误抄为"伐"，今据文意改之。此二句均赞颂《千字文》广为流传，使得作者周兴嗣蜚声后世。

(7) 天地二仪玄黄：S.5961"二仪"误作"二宜"，今录文据郑阿

---

① 郑阿财、朱凤玉：《敦煌蒙书研究》，甘肃教育出版社2002年版，第45页。

财录文改之。《千字文》作"天地玄黄"。二仪，指天地。三国·魏·曹植《惟汉行》："太极定二仪，清浊始以形。"《周书·武帝纪上》："二仪创辟，玄象着明。"玄黄，指天地之颜色。古代传说玄为天色，黄为地色。《易·坤》："夫玄黄者，天地之杂也，天玄而地黄。"《汉书·扬雄传上》："灵祇既乡，五位时叙，絪缊玄黄，将绍厥后。"颜师古注："玄黄，天地色也。"

（8）宇宙六合洪荒：S.5467"荒"从"氵"，盖受"洪"字形影响。在周兴嗣《千字文》"宇宙"和"洪荒"中间加"六合"二字而成。六合，天地四方；整个宇宙的巨大空间。《庄子·齐物论》："六合之外，圣人存而不论；六合之内，圣人论而不议。"成玄英疏："六合者，谓天地四方也。"又晋·葛洪《抱朴子·地真》："其大不可以六合阶，其小不可以毫芒比也。"洪荒，混沌、蒙昧的状态。亦借指远古时代。

（9）日月满亏盈昃：P.5961"日月"似合抄为一字，作"𣅿"。盈昃，指日月圆满或亏缺。《隋书·高祖纪上》："天覆地载，藉人事以财成；日往月来，由王道而盈昃。"

（10）阴阳辰宿列张：阴阳，当指昼夜。《礼记·祭义》："日出于东，月生于西，阴阳长短，终始相巡。"孔颖达疏："阴谓夜也，阳谓昼也。夏则阳长而阴短，冬则阳短而阴长，是阴阳长短。"辰宿，星宿、星座。《晋书·天文志上》："苟辰宿不丽于天，天为无用，便可言无，何必复云有之而不动乎？"又北魏·张渊《观象赋》："游气眇其高搴，辰宿焕焉华布。"

（11）三年闰余为岁：S.5467"闰"作"润"。

（12）十二月律吕调阳：文献题名"新合六字千文"，文句皆为六言，此句独独例外。抑或原文不作"十二月"？抑或"月"为衍文？今存疑。律吕，古代校正乐律的器具。用竹管或金属管制成，共十二管，管径相等，以管的长短来确定音的不同高度。从低音管算起，成奇数的六个管叫作"律"；成偶数的六个管叫作"吕"，合称"律吕"。后亦用以指乐律或音律。《国语·周语下》："律吕不易，无奸物也。"调阳，调理阳气。汉·桓宽《盐铁论·轻重》："寒气盛，则损之而调阳，是以气脉调和，而邪气无所留矣。"

（13）黄金生扵丽水：扵，即"於"，形体相似而致误。意为黄金多生于丽水。丽水，古水名。《韩非子·内储说上》："荆南之地、丽水之中生金，人多窃采金。"敦煌蒙书《辩才家教》亦云："金生丽水"。

（14）白玉本出昆岗：意谓白玉产于昆仑山。S.5467"岗"误作"光"。盖因诵读时音相混，故抄写亦误。昆岗，即昆冈，古代对昆仑山的别称。元·周霆震《喜雪》诗："玄冥振辔祝融逋，怒势欲遣昆冈摧。"亦称为"昆山"。《史记·李斯列传》："今陛下致昆山之玉，有随和之宝。"又汉·桓宽《盐铁论·力耕》："美玉珊瑚出于昆山，珠玑犀象出于桂林。"

（15）巨阙：古代名剑。三国·魏·曹植《宝刀赋》："踰南越之巨阙，超西楚之太阿。"又宋·沈括《梦溪笔谈·器用》："剑之钢者，刃多毁缺，巨阙是也。故不可纯用剂钢。"

（16）随侯珠，传说中随侯所得的宝珠。《史记·鲁仲连邹阳列传》："故无因至前，虽出随侯之珠，月光之璧，犹结怨而不见德。"亦省作"随珠"。汉·张衡《西京赋》："流悬黎之夜光，缀随珠以为烛。"夜光，即夜明珠。晋·葛洪《抱朴子·祛惑》："凡探明珠，不于合浦之渊，不得骊龙之夜光也；采美玉，不于荆山之岫，不得连城之尺璧也。"南朝·梁·任昉《述异记》卷上："南海有明珠，即鲸鱼目瞳，鲸死而目皆无精，夜可以鉴，谓之夜光。"

（17）太昊龙师火帝：邰惠莉录文"龙师火水帝"，误。周兴嗣《千字文》作"龙师火帝"。太昊，即伏羲氏。《汉书·古今人表》："太昊帝宓羲氏。"颜师古注引张晏曰："太昊，有天下号也。作罔罟田渔以备牺牲，故曰宓羲氏。"昊，通"皞"。"太昊"亦作"太皞""太皥""太暤"。《荀子·正论》："自太皞、燧人莫不有也。"杨倞注："太皞，伏羲也。燧人，太皞前帝王。"汉·王符《潜夫论·五德志》："或皇冯依，或继体育。太暤以前尚矣！"汪继培笺："'暤'与'皞'同。隶书从'皋'之字多作'睾'。"龙师，传说伏羲氏时，有龙马衔图之瑞，乃以龙名其百官师长，故曰"龙师"。《左传·昭公十七年》："大皞氏以龙纪，故为龙师而龙名。"《汉书·百官公卿表上》亦云："以为宓羲龙师名官。"颜师古注引应劭曰："师者长也。以龙纪其官长，故为龙师。"火帝，相传远古时代五帝之一的炎帝。南朝·陈·徐陵《劝进梁元帝表》："云师火帝，非无战阵之风；尧誓汤征，咸用干戈之道。"吴兆宜注引《三皇本纪》："炎帝神农氏以火德王，故曰炎帝，以火名官。"

（18）少昊鸟官人皇：周兴嗣《千字文》作"鸟官人皇"。少昊，亦作"少皞"。传说中古代东夷族首领，名挚（一作质），号金天氏。东夷人曾以鸟为图腾，相传少皞曾以鸟名为官名。《左传·昭公十七年》："郯子曰：'我高祖少皞挚之立也，凤鸟适至，故纪于鸟，为鸟师而鸟名。'"杜预注："少皞，金天氏，黄帝之子，己姓之祖也。"

（19）伏羲始制文字：相传伏羲氏创制了文字。伏羲，古代传说中的三皇之一，风姓。相传其始画八卦，又教民渔猎，取牺牲以供庖厨，因称庖牺。亦作"伏戏""伏牺"。《庄子·缮性》："逮德下衰，及燧人、伏羲始为天下，是故顺而不一。"《庄子·大宗师》："伏戏氏得之，以袭气母。"汉·扬雄《法言·问道》："鸿荒之世，圣人恶之，是以法始乎伏牺而成乎尧。"晋·王嘉《拾遗记·春皇庖牺》："庖者包也，言包含万象；以牺牲登荐于百神，民服其圣，故曰庖牺，亦曰伏羲。"唐·杨炯《少室山姨庙碑》："伏羲画卦，唯观鸟兽之文。"

（20）黄帝乃服衣裳：相传黄帝时始垂衣裳。黄帝，传说为中原各族的共同祖先。少典之子，姓公孙，居轩辕之丘，故号轩辕氏。又居姬水，因改姓姬。国于有熊，亦称有熊氏。以土德王，土色黄，故曰黄帝。《易·系辞下》："神农氏没，黄帝、尧、舜氏作，通其变，使民不倦。"孔颖达疏："黄帝，有熊氏，少典之子，姬姓也。"《史记·五帝本纪》亦云："黄帝者，少典之子，姓公孙，名曰轩辕。生而神灵，弱而能言，幼而徇齐，长而敦敏，成而聪明。"裴骃集解："号有熊。"司马贞索隐："有土德之瑞，土色黄，故称黄帝，犹神农火德王而称炎帝然也。"

（21）若论推（位）让国：S.5961脱"位"字。

（22）开罗弔民伐罪，唯有周发殷汤：郑本作"周伐殷汤"，非也。本句意谓矜恤百姓，伐其有罪之君的有周武王和成王。周发，周武王之名。殷汤，成王之号。桀无道，伐之；商纣无道，伐之。汤与武王皆为矜恤养生，伐无道之君。

（23）三郎坐朝问道：传说尧舜时举十六族，任以为政，并得其人，故端坐朝堂，垂拱无为，问主治道之事。三郎，古代三种郎官的合称。《史记·秦始皇本纪》："以罪过连逮少近官三郎，无得立者。"司马贞索隐："三郎，谓中郎、外郎、散郎。"张守节正义引《汉书·百官表》："有议郎、中郎、散郎，又有左右三将，谓郎中、车郎、户郎。"张娜丽认为"三郎"恐指汉孝文帝。①

（24）无为垂拱平章：垂拱，S.5961及郑本均作"谁拱"，然"谁拱"不辞。根据周兴嗣《千字文》，当为"垂拱"。意为垂衣拱手，谓不亲理事务。《书·武成》："惇信明义，崇德报功，垂拱而天下治。"孔颖达疏："谓所任得人，人皆称职，手无所营，下垂其拱。"后多用以称颂帝王无为而治。如唐·吴兢《贞观政要·君道》亦云："鸣琴垂拱，不言而化。"戈直注："垂拱者，垂衣拱手，无为而治也。"今据《千字文》改之。平章，辨别彰明。《书·尧典》："九族既睦，平章百姓，昭明邕邕，而化天无为。端拱无事，故平章百姓，尧舜如此也。"

（25）爱育兆人黎首：意谓爱护黎民百姓。爱育，爱护养育。《后汉书·方术传上·谢夷吾》："所在爱育人物，有善绩。"兆人，兆民，犹言百姓。《后汉书·光武帝纪上》："汉遭王莽，宗庙废绝，兆人涂炭。"唐·柳宗元《礼部贺皇太子册礼毕德音表》："建天下之本，宗庙以安；致万国之贞，兆人攸赖。"兆，极言众多。《墨子·明鬼下》："人民之众兆亿。"《汉书·百官公卿表》"更名京兆尹"，唐·颜师古注："兆者，众数。"黎首，黎民。周兴嗣《千字文》云："爱育黎首。"

（26）八万率宾归王：八万，郑本录作"八万"，认为当为"八荒"。实则写卷"万"不误，此极言归往者之众。传说周文王在岐山之日，德化慈愍，名流四表。纣王无道，百姓兆亡，皆来奔周。赴其仁圣，负其子而至者，有八十万户，皆来归往。

（27）鸣凤梧桐在树：周兴嗣《千字文》作"鸣凤在树"。此句以凤凰栖息于梧桐比喻周文王、周武王的圣贤之德。《诗经·大雅·生民》："凤凰鸣矣，于彼高岗。梧桐生矣，于彼朝阳。"又《庄子·秋

---

① 张娜丽：《〈敦煌本《六字千文》初探〉析疑——兼述〈千字文〉注本问题》，《敦煌研究》2001年第3期，第105页。

水》:"夫鹓䲰(凤凰),发于南海,而飞于北海;非梧桐不止,非练实不食,非醴泉不饮。"传说周文王在岐山之日,有鸾鷟(凤类)鸣岐;周武王时,集于丰户。谓明王圣主,凤凰来归。亦比喻贤士归附明王圣主。

(28) 贤人白驹食场:语出《诗经·小雅·白驹》:"皎皎白驹,食我场苗。絷之维之,以永今朝。"贤人,即圣人。白驹,麒麟。明王之时,有圣人,乘白驹来朝。

(29) 盖此八尺身发,四大四支五常:即言八尺之身,具有仁义礼智信五常之性。八尺身发,八尺之身总名。四大,道家以道、天、地、人为四大。《老子》:"道大,天大,地大,人大。域中有四大,而王居其一焉。人法地,地法天,天法道,道法自然。"佛教则以地、水、火、风为四大。认为四者分别包含坚、湿、暖、动四种性能,人身即由此构成。因亦用作人身的代称。四支,即四肢。《易·坤》:"君子黄中通理,正位居体,美在其中,而畅于四支,发于事业,美之至也。"孔颖达疏:"四支,犹人手足,比于四方物务也。"五常,指旧时的五种伦常道德,即父义、母慈、兄友、弟恭、子孝。《书·泰誓下》:"今商王受,狎侮五常。"孔颖达疏:"五常即五典,谓父义、母慈、兄友、弟恭、子孝,五者人之常行。"亦指仁、义、礼、智、信五种常行。唐·柳宗元《时令论下》:"圣人之为教,立中道以示于后,曰仁、曰义、曰礼、曰智、曰信,谓之五常,言可以常行之也。"此处当指后者。

(30) 闵骞恭惟鞠养:闵子骞恭敬孝顺。闵骞,闵子骞的省称。即闵损,字子骞,春秋时鲁国人,孔子弟子,以德行著称,七十二贤人之一。据《史记·仲尼弟子列传》记载:子骞少时为后母虐待。冬天,后母以芦花衣损,以丝绵衣及所生二子。子骞寒冷不禁,父不知情,反斥之为惰,笞之,见衣绽处芦花飞出,复查后母之子皆厚絮,愧忿之极,欲出后母。子骞跪求曰:'母在一子寒,母去三子单。'其父饶恕了后妻,从此继母待子骞如同己出,全家和睦。鞠养,抚养、养育。

(31) 曾参岂敢毁伤:语出《孝经·开宗明义章》:"仲尼居,曾子侍……子曰:'夫孝,德之本也,教之所由生也。复坐,吾语汝。身体发肤,受之父母,不敢毁伤,孝之始也。立身行道,扬名于后世,以显父母,孝之终也。夫孝,始于事亲,中于事君,终于立身。'"

（32）恭姜女慕贞洁：S.5961"慕"误作"墓"，"姜"误作"美"，今依据周兴嗣《千字文》改之。恭姜，春秋卫世子恭伯（一作共伯）之妻。世子早死，恭妻遂守志，一心不二。父母欲夺其志嫁之，然姜誓不再嫁。

（33）曹植男效才良：男儿当仿效曹植这样品学兼优的人。敦煌蒙书《千字文》《太公家教》《新集文词九经抄》均有"女慕贞洁，男效才良。"

（34）颜回知过必改：S.5961"回"作"迴"。此句典出《论语·雍也》："哀公问：'弟子孰为好学？'孔子曰：'有颜回者好学，不迁怒，不贰过。不幸短命死矣，今也则无，未闻好学者也。'"因颜回知错必改，所以孔子赞扬他"不贰过"。

（35）子夏德能莫忘：S.5961"德"作"得"。"得""德"通用。

（36）短：S.5961作"矩"。"矩""短"形似而误。

（37）靡恃己德之长：S.5961"恃"误作"侍"。今据周兴嗣《千字文》改。

（38）郭汲信使可覆：语出《论语·学而篇》："有子曰：'信近于义，言可覆也。'""覆"亦作"复"。郭汲，当为"郭伋"。字细侯，东汉扶风茂陵人，守信之典型。《汉书·郭伋传》：郭伋任并州刺史，素结恩德，年满下官，乃有群小儿，皆乘竹弓，来至其门曰："府君何日还？某等欲送府君。"细侯与之期于路。自至其日，郭伋行至其所，停车息马而待之。左右曰："何故也？"细侯曰："吾与童儿期此。"左右曰："童儿之言，何可信也？"细侯曰："不也。与人期，岂可失也。"须臾之间，有数十小儿，皆乘竹马而至，因而欢悦。后人亦称此为竹马之信。

（39）袁奉器欲难量：事见《世说新语·德行》："郭林宗游于汝南，过袁奉高，车不停轨，鸾不辍轭；诣黄叔度，乃弥日信宿。人问其故，林宗曰：'叔度汪汪如万顷之肢，澄之不清，挠之不浊，其器深广，难测量也。'"袁奉，即袁奉高之省称。东汉汝南郡慎阳人，亦为博学之士。

（40）墨子感悲丝染，诗赞跪乳羔羊：周兴嗣《千字文》作"墨悲丝染，诗赞羔羊。"意谓墨子为白丝染色不褪而悲，咏诗赞颂具有羔羊般纯洁品德的人。事见《墨子·所染》："墨子见染丝而叹曰：'染于苍则苍，染于黄则黄，所入者变，其色已变，五入而已则为五色矣。故染不可不慎矣。非独染丝，国亦有染。舜染于许由、伯阳；禹染于皋陶、伯益；汤染于伊尹、仲虺；武王染于太公、周公。此四王者，所染当，故王天下，立为天子。夏桀染于干辛、推哆；商纣染于崇侯、恶来；厉王染于厉公长文、荣夷终；幽王染于傅公夷、蔡公谷。此四王者，所染不当，故国残身死，为天下戮。'"

（41）虽狂克念作圣：语出《尚书》："惟圣罔念作狂，惟狂克念作圣。"

（42）表正：谓以身为表率而正之。《书·仲虺之诰》："天乃锡王勇智，表正万邦，缵禹旧服。"孔传："言天举王勇智，应为民主，仪表天下，法正万国。"

（43）子推空谷传声：S.5961"推"误作"椎"，今改之。敦煌写卷《千字文注》云：昔晋文公于釜山求介子推，不得于山中，使人呼推，响应甚审，终自不见其身。文公以火焚之，推抱树烧死。谷之响自此有之，故空谷传声之也。此事亦见于《琴操·龙蛇歌》。

（44）陈王虚堂习听：在宽敞的厅堂说话声音会很清晰。虚堂，高堂。南朝·梁·萧统《示徐州弟》诗："屑屑风生，昭昭月影。高宇既清，虚堂复静。"

（45）子罕尺璧非宝：事见《左传·相公十五年》："宋人或得玉，献诸子罕，子罕弗受玉。献玉者曰：'已视玉人，玉人以为宝也，故敢献之。'子罕曰：'我以不贪为宝，而以玉为宝，若以与我，皆丧宝也，不若人有其宝。'稽首而告曰：'小人怀璧，不可以越乡。纳此以请死也。'子罕置诸其里，使玉人为之攻之，富而后使复其所。"后有"子罕辞玉"之典故，比喻人有高尚的品德。

（46）大禹寸阴是竞：语出《淮南子·原道训》："圣人不贵尺之璧，而重寸之阴，时难得而易失也。"寸阴，日影移动一寸的时间，后代指短暂的光阴。

（47）资父事君：赡养父亲，侍奉君王。资父，赡养和侍奉父亲。语本《孝经·士》："资于事父以事母而爱同；资于事父以事君而敬同。"唐·白居易《柳公绰父子温赠尚书右仆射等八人亡父同制》："资父事君,移忠自孝。"

（48）董永孝当竭力：《敦煌变文集·孝子传》：董永,千乘人也。少失其母,独养于父,家贫佣力,笃于孝养。至于农月,永以鹿车推父至于畔上,供养如故。后数载,父殁,葬送不办。遂与圣人袋钱一万,即千贯也,将殡其父。葬殡已毕,遂来偿债。道逢一女,愿欲与永为妻。永曰："仆贫寒如是,父终无以殡送,取主人钱一万,今充身偿债为奴,乌敢屈娘子。"妇人曰："心所相乐,诚不耻也。"永不得已,遂与妇人同诣主人。主人曰："汝本言一身,今二人同至,何也？"永曰："买一得二,何怪也。""有何所解也。"答曰："会织绢。"主人云："但与织绢三百疋,放汝夫妻饭还。"织经一旬,得绢三百疋。主人惊怪,遂放二人归回。行至本期之处,妻辞曰："我是天之织女,见君至孝,天地故遣我助君偿债。今既免子之难,不合久在人间。"言讫,由升天。永掩泪不已。天子征永,拜为御史大夫。①

（49）纪信忠则尽命：指纪信救刘邦之事。纪信（？—前204）,字成,秦时陇西成纪（今甘肃天水）人。一说为秦末阆中县（今四川西充）人。汉初刘邦的部将。先随刘邦起兵,为部曲长。公元前204年,纪信在荥阳城被围时,设计假扮刘邦出城投降,使刘邦得以逃脱,而自己被项羽烧死。事见《史记·高祖本纪》《史记·项羽本纪》。

（50）孝子夙兴温清：S.5961作"孝子夙兴温清"。郑本"清"作"清"。实则"清"不误。"清"通"清",凉、寒。温清,亦作"温清",冬温夏清的省称。冬天温被使暖,夏天扇席使凉,侍奉父母之礼。语出《礼记·曲礼上》："凡为人子之礼,冬温而夏清,昏定而晨省。"又如唐·皇甫冉《刘侍御朝命许停官归侍》诗："幸遂温清愿,其甘稼穑难。"

（51）如松柏之茂盛：S.5961"柏"误作"百","盛"误作"咸",今改之。

（52）宜郡渊澄取映：郑本作"宜郡临渊取英"。周兴嗣《千字文》"临渊取映",今据以改之。

---

① 王重民、王庆菽、向达、周一良、启功、曾毅公编：《敦煌变文集》,人民文学出版社1984年版,第904页。

（53）人君容止若思：S.5961作"人君容正若思"，周兴嗣《千字文》作"容止若思"。疑"正"与"止"形似二误，今据《千字文》改之。容止，仪容举止。《左传·襄公三十一年》："周旋可则，容止可观。"也指仪容。

（54）言辞和雅安定：指言语措辞要稳重，显得从容沉静。和雅，温和文雅。《旧唐书·文苑传中·贺知章》："贺知章，器识夷淡，襟怀和雅，神清志逸。"

（55）勤恳荣业所基：S.5961"勤恳"作"懃恳"。懃恳，勤勉不懈貌。也作"懃懃恳恳"。同"勤恳"。《三国志·吴志·周瑜传》："欲使功臣之后，世世相踵，非徒子孙，乃关苗裔，报德明功，懃懃恳恳，如此之至，欲以劝戒后人，用命之臣，死而无悔也。"

（56）张仪学优登仕：语出《论语·子张》："子夏曰：'仕而优则学，学而优则仕。'"张仪（？—前309），战国时魏人，纵横家。相传与苏秦同师事鬼谷子，苏秦游说六国合纵以抗秦，张仪相秦惠王，以连横之策说六国，使六国背纵约而共同事秦。秦惠王死，武王立，六国诸侯闻仪不为武王所信任，皆复合纵以抗秦。仪离秦为魏相一年而卒。《史记》有传。

（57）苏秦摄职从政：苏秦担任官职从政。苏秦（？—前317），战国时东周洛阳人。初说秦惠王吞并天下，不用。后游说燕赵韩魏齐楚六国，合纵抗秦，佩六国相印，为约纵之长。后约纵为张仪所破，苏秦遂至齐为客卿，与齐大夫争宠，被刺死。《史记》有传。

（58）召伯存以甘棠，归思去而益詠：S.5467作"召伯"，S.5961作"邵伯"，郑本亦作"邵伯"。实则"召伯"不误。另，S.5961"傑"误作"嘗"。此二句意思是召伯活着时曾在甘棠树下立政，去世后百姓更加怀念歌咏。语出《诗·召南·甘棠序》："《甘棠》，美召伯也。召伯之教，明于南国。"孔颖达疏、朱熹集传并谓召伯巡行南土，布文王之政，曾舍于甘棠之下，因爱结于民心，故人爱其树，而不忍伤。后世因以"召棠"为颂扬官吏政绩的典实。召伯，即召公。姓姬，名奭，武王之臣，因其封地在召，故称召公或召伯。武王灭纣后，封召公于北燕。其事见《史记·燕召公世家》。

（59）八䋈乐殊贵贱："八䋈"张娜丽作"八佾"。写卷难以辨认，今存疑。周兴嗣《千字文》此句作"乐殊贵贱"。

（60）伯鸾夫唱妇随：伯鸾，指东汉梁鸿，字伯鸾。梁鸿家贫好学不求仕进，与妻孟光共入霸陵山中以耕织为业，夫妻相敬有礼。事见《后汉书·逸民传·梁鸿》。

（61）亲侍诸姑伯叔：S.5961"侍"误作"时"。今改之。

（62）姪悌犹子比儿：姪，同"侄"。

（63）孔怀朋友兄弟：为朋友兄弟要相爱。周兴嗣《千字文》作"孔怀兄弟"。孔怀，原谓甚相思念。《诗·小雅·常棣》："死丧之威，兄弟孔怀。"郑玄笺："维兄弟之亲，甚相思念。"后用为兄弟的代称。北齐·颜之推《颜氏家训·文章》："陆机《与长沙顾母书》述从祖弟士璜死，乃言'痛心拔脑，有如孔怀'。心既痛矣，即为甚思，何故言有如也？观其此意，当谓亲兄弟为孔怀。"

（64）昆季同气连支：S.5961作"昆李同气连支"，"昆李"不辞，当为"昆季"，指兄弟。长为昆，幼为季。北齐·颜之推《颜氏家训·风操》："行路相逢，便定昆季，望年观貌，不择是非。"支，同"枝"。同气连枝，喻指同胞兄弟姐妹同受父母血气，犹如树枝相连。

（65）交友礼义（投分）：交友，郑本作"交有"，不辞，今据《千字文》改之。S.5961"投分"二字残缺，今据周兴嗣《千字文》补之。投分，定交、意气相合。《东观汉记·王丹传》："昱道遇丹，拜于车下，丹答之。昱曰：'家君欲与君投分，何以拜子孙也？'"

（66）切磋琢磨箴规：学习上切磋琢磨，品行上互相告勉。切磋琢磨，亦作"切瑳琢磨"，本为器物加工的工艺名称。《尔雅·释器》："骨谓之切，象谓之磋，玉谓之琢，石谓之磨。"郭璞注："皆治器之名也。"汉·王充《论衡·量知》："骨曰切，象曰瑳，玉曰琢，石曰磨；切瑳琢磨，乃成宝器。"后用以比喻道德学问方面互相研讨勉励。语出《诗·卫风·淇奥》："有匪君子，如切如磋，如琢如磨。"箴规，劝戒规谏。汉·王符《潜夫论·明闇》："过在于不纳卿士之箴规，不受民氓之谣言。"

（67）仁慈：仁爱慈善。《吕氏春秋·简选》："于是行大仁慈，以恤黔首。"隐侧，即恻隐。《孟子·公孙丑上》："今人乍见孺子将入于井，皆有怵惕恻隐之心。"

（68）哀愍造次弗离：具有同情之心，在最危急的情况下也不离弃。造次，仓促、匆忙。《论语·里仁》："君子无终食之间违仁，造次必于是，颠沛必于是。"

（69）抱信颠沛匪亏：怀有诚实之心，在穷困流离的时候也不亏缺。颠沛，动荡不安，四处流浪，困顿窘迫。匪，同"非"。不、不是。《诗·卫风·氓》："匪来贸丝，来即我谋。"

（70）心员丰动神疲：心员，内心圆通。员，同"圆"。《孔丛子·执节》："其为人也，长目而豕视者，必体方而心员。"丰动神疲，身体浮躁好动，精神就疲惫困倦。

（71）守真志意盈满：S.5961"守"误作"字"。《千字文》作"守真志满"。本句意为守住自己纯真的本性和操守，愿望就可以得到满足。

（72）四知雅操：保持高尚的情操。四知，《后汉书·杨震传》："当之郡，道经昌邑，故所举荆州茂才王密为昌邑令，谒见，至夜怀金十斤以遗震。震曰：'故人知君，君不知故人，何也？'密曰：'暮夜无知者。'震曰：'天知，神知，我知，子知。何谓无知！'密愧而出。"又《传赞》："震畏四知。"后多用为廉洁自持、不受非义馈赠的典故。亦作"四知金"。如唐·杜甫《风疾舟中奉呈湖南亲友》诗："应过数粒食，得近四知金。"雅操，高尚的操守。《晋书·山涛传》："足下在事清明，雅操迈时。"

（73）东西二京：指西汉都城长安与东汉都城洛阳。唐玄宗《潼关口号》诗："河曲回千里，关门限二京。"

（74）东京背邙面洛，西京浮渭据泾：S.5961作"东西皆芒面落，西京浮谓据经"，义难通。张娜丽认为"西"为"京"之误抄①。《千字文》作"背邙面洛，浮渭据泾"，今据上下文之义及周兴嗣《千字文》改之。

（75）宫殿（峥）嵘盘郁：S.5961脱"峥"字。今据郑本补之。峥嵘，高峻貌。《文选·班固〈西京赋〉》："于是灵草冬荣，神木丛

---

① 张娜丽：《〈敦煌本《六字千文》初探〉析疑——兼述〈千字文〉注本问题》，《敦煌研究》2001年第3期，第105页。

生,岩峻崦崒,金石峥嵘。"李善注引郭璞《方言注》:"峥嵘,高峻也。"此处之建筑物高峻,此用法又如,宋·欧阳修《鹎鵊词》:"龙楼凤阙郁峥嵘,深宫不闻更漏声。"

(76)图写奇禽异兽:周兴嗣《千字文》作"图写禽兽"。图写,图物写貌、绘画。《后汉书·李恂传》:"(李恂)慰抚北狄,所过皆图写山川、屯田、聚落百余卷,悉封奏上。"

(77)丙舍第三傍启:指正殿两侧的配殿从侧面开启。丙舍,后汉宫中正室两边的房屋,以甲乙丙为次,其第三等舍称丙舍。《后汉书·清河孝王庆传》:"遂出贵人姊妹置丙舍。"王先谦集解引胡三省曰:"丙舍,宫中之室,以甲乙丙丁为次也。"

(78)甲帐:汉武帝所造的帐幕。《北堂书钞》卷一三二引《汉武帝故事》:"上以琉璃珠玉,明月夜光杂错天下珍宝为甲帐,次为乙帐。甲以居神,乙以自居。"

(79)鸿胪肆筵设席:鸿胪,官署名。《周礼》官名有大行人之职,秦及汉初称典客,景帝六年,更名大行令,武帝太初元年,改称大鸿胪,主掌接待宾客之事。东汉以后,大鸿胪主要职掌为朝祭礼仪之赞导。北齐始置鸿胪寺,唐一度改为司宾寺,南宋、金、元废,明复之,清沿置。主官或称卿,或称正卿,副职为少卿,属官因各朝代而异,或有鸣赞、序班,或置丞、主簿。《汉书·百官公卿表上》:"典客,秦官,掌诸归义蛮夷,有丞。景帝中六年更名大行令,武帝太初元年更名大鸿胪。"颜师古注引应劭曰:"郊庙行礼赞九宾,鸿声胪传之也。"

(80)太常鼓瑟吹笙:周兴嗣《千字文》作"鼓瑟吹笙"。太常,官名。秦置奉常,汉景帝六年更名太常,掌宗庙礼仪,兼掌选试博士。历代因之,则为专掌祭祀礼乐之官。北魏称太常卿,北齐称太常寺卿,北周称大宗伯,隋至清皆称太常寺卿。见《汉书·百官公卿表上》《通典·职官七》。

(81)弁转䚻䚻疑星:䚻䚻,字书不见此字,今存疑。周兴嗣《千字文》作"弁转疑星"。弁,古代贵族的一种帽子,通常穿礼服时用之(吉礼之服用冕)。赤黑色的布做的叫爵弁,是文冠;白鹿皮做的叫皮弁,是武冠。《诗·小雅·頍弁》:"有頍者弁。"毛传:"弁,皮弁也。"

（82）右通达于广内：周兴嗣《千字文》作"右通广内"。广内，汉宫廷藏书之所。《汉书·艺文志》"于是建藏书之策"。颜师古注引（三国）魏人如淳曰："刘歆《七略》：'外则有太常、太史、博士之藏，内则有延阁、广内、秘室之府。'"

（83）左达通于承明：周兴嗣《千字文》作"左达承明"。承明，指聚集群臣的承明厅。古代天子左右路寝称承明，因承接明堂之后，故称。汉·刘向《说苑·修文》："守文之君之寝曰左右之路寝，谓之承明何？曰：承乎明堂之后者也。"

（84）亦聚硕学群英：S.5961作"点聚硕学郡英"，今据周兴嗣《千字文》改之。点字难以辨认，今存疑。

（85）杜稿锺隶草嘉：周兴嗣《千字文》作"杜稿锺隶"。杜稿，杜度的草书。杜度，东汉京兆杜陵人。章帝时为齐相，善草书。建除年间章帝诏令其草书上奏章，后世称为章草。锺隶，（三国）魏人钟繇工隶书，世称"钟隶"。

（86）汉帝漆书壁经：S.5961"书"作"舒"，今据《千字文》改之。漆书，用漆书写的竹木简。《东观汉记·杜林传》："杜林字伯山，扶风人，于河西得漆书《古文尚书经》一卷。"壁经，汉代发现于孔子宅壁中藏书。近人认为这些书是战国时的写本，至秦始皇焚书坑儒时，孔子八世孙孔鲋（或谓鲋弟腾）藏入壁中的。亦称"壁书""壁中书"。

（87）衢路使侠槐卿：S.5961"侠"作"狭"。周兴嗣《千字文》作"路侠槐卿。"今据《千字文》及郑本改之。衢路，本指歧路、岔道。此处当指道路。《三国志·魏志·管宁传》："谨拜章陈情，乞蒙哀省，抑恩听放，无令骸骨填于衢路。"槐卿，指三公九卿。

（88）韩起户封八县：S.5961"县"误作"悬"。韩起，疑为"韩信"，今存疑。

（89）□□执戟陪辇：S.5961此句前二字残缺，且"陪"误作"倍"。参照周兴嗣《千字文》，此句当为"高冠执戟陪辇"。陪辇，即陪皇帝出行。

（90）□□肥马衣轻：S.5961此句前二字残缺，参照周兴嗣《千字文》"车驾肥轻"，此句当为"车驾肥马衣轻"。另，此句的前一句已残缺，可据《千字文》补为"世禄侈□□富"。

（91）班超策功茂实，□□□□□□：S.5961下句残缺，据《千字文》可补为"□□勒碑刻铭"。班超（33—103），汉扶风安陵人。班彪之少子，班固弟。父卒，家贫，为官府抄书以养母。曾投笔叹曰："大丈夫无它志略，当效傅介子、张骞立功异域以取封侯，安能久侍笔砚间乎！"明帝永平十六年，率三十六人出使西域，使西域五十余城国获得安宁。超在西域三十一年，官至西域都护，封定远侯。《后汉书》有传。策功茂实，朝廷详细记载了他伟大的功德。

（92）□□丈列伊尹，二贤佐时阿衡：写卷第一句前二字残缺，据《千字文》"磻溪伊尹"，此句可补为"磻溪丈列伊尹"。磻溪，亦作"磻谿""磻磎"。水名。在今陕西省宝鸡市东南，传说为周吕尚未遇文王时垂钓处。亦借指吕尚。《韩诗外传》卷八："太公望少为人壻，老而见去，屠牛朝歌，赁于棘津，钓于磻溪。"晋·李石《续博物志》卷八亦云："汲县旧汲郡，有硖水为磻溪，太公钓处，有太公泉、太公庙。"伊尹，商汤大臣，名伊，一名挚，尹是官名。相传生于伊水，故名。伊尹是汤妻陪嫁的奴隶，后助汤伐夏桀，被尊为阿衡。汤去世后历佐卜丙（即外丙）、仲壬二王。后太甲即位，因荒淫失度，被伊尹放逐到桐宫，三年后迎之复位。《左传·襄公二十一年》："伊尹放大甲而相之，卒无怨色。"杜预注："大甲，汤孙也，荒淫失度。伊尹放之桐宫三年，改悔而复之，而无恨心。"

（93）□□□□□□，□□周公孰营：写卷此二句残缺严重，今据《千字文》"奄宅曲阜，微旦孰营"可补为："奄宅成王曲阜，微旦周公孰营"。另S.5961"孰"误作"熟"，句意难通，当为疑问代词"孰"。周公，西周初期政治家。姓姬名旦，也称叔旦。文王子，武王弟，成王叔。辅武王灭商。武王崩，成王幼，周公摄政。东平武庚、管叔、蔡叔之叛。继而厘定典章、制度，复营洛邑为东都，作为统治中原的中心，天下臻于大治。后多作圣贤的典范。见《史记·鲁周公世家》。

（94）桓公匡合天下，□□□□□□：下句据《千字文》"桓公匡合，济弱扶倾"可补为"济弱扶倾诸侯"。指齐桓公九次会合诸侯，出兵援助诸侯小国。

（95）□□能回汉惠：S.5961 此句前二字残缺，据《千字文》"绮回汉惠"可补为："绮季能回汉惠"。绮季，即绮里季，汉初隐士。"商山四皓"之一。《史记·留侯世家》载：四皓隐居商山，汉高祖征召，不应。后高祖欲废太子，吕后用留侯计，厚礼卑辞，迎请四皓，使辅太子。一日高祖置酒，太子侍，四皓从太子。高祖曰："羽翼成矣。"遂辍废太子之事。亦省作"绮季"。如三国·魏·嵇康《琴赋》："于是遯世之士，荣期、绮季之俦，乃相与登飞梁，越幽壑，援琼枝，陟峻崿，以游乎其下。"

（96）□□□□□，□□多士寔宁：写卷此二句残缺严重。"寔宁"郑本作"实宁"。《千字文》作"俊乂密勿，多士寔宁。"俊乂，指人才，贤才。密勿，勤恳。多士寔宁，国家正是依靠了这么多的贤士才得以安宁。语出《诗经·大雅·文王》："济济多士，文王以宁。"

（97）晋楚二君更霸，□□□□□□：据周兴嗣《千字文》"晋楚更霸，赵魏困横"，下句当为"赵魏两国困横"。此二句意谓晋楚两国国君在齐之后称霸，赵魏两国因连横而受困于秦。

（98）□侯假途灭虢，迴至践土会盟：S.5961 "土"误作"士"。据《左传》，上句缺字当为"晋"。指晋献公向虞国借道伐虢之事。《左传·僖公五年》：晋侯复假道于虞以伐虢。宫之奇谏曰："虢，虞之表也；虢亡，虞必从之……"（虞公）弗听，许晋使。冬，十二月丙子朔，晋灭虢，虢公丑奔京师。师还，馆于虞。遂袭虞，灭之。

（99）□□□□□，□□酷弊烦刑：写卷此二句残缺严重，S.5961 "刑"误作"形"。据《千字文》"何遵约法，韩弊烦刑"可补为："萧何遵循约法，韩非酷弊烦刑。"此二句意谓萧何遵循简约刑法而制定九律，韩非却受困于自己所主张的严酷刑法。

（100）张良起翦颇牧，□□□□□□：周兴嗣《千字文》作"起翦颇牧，用兵最精"。张良，字子房，韩国人，秦末汉初杰出的谋臣，追随并帮助刘邦取得天下，与韩信、萧何并称"汉初三杰"。起翦颇牧，指白起、王翦、廉颇、李牧。白起、王翦是秦国名将，廉颇、李牧是赵国名将，这四位名将带兵打仗最为高明。

（101）□□□漠之地，驰誉表于丹青：据周兴嗣《千字文》"宣威沙漠，驰誉丹青"此上句可补为"宣威沙漠之地"。这两句是说张良、白起、王翦、廉颇、李牧的声望威名传播到沙漠地带（北方），人们很佩服，历代都绘制肖像，美誉载于史册。

（102）□□□□□，□秦皇吞并：写卷此二句残缺严重，据《千字文》"九州禹迹，百郡秦并"可补为："九州禹□足迹，百郡秦皇吞并。"意为九州之内都留下了大禹治水的足迹，全国各郡在秦并六国后归于统一。

（103）五岳最宗恒岱，□□□□□：据《千字文》"岳宗恒岱，禅主云亭"，缺句可补为："□禅□主云亭。"宗，尊崇。云亭，云山和亭山。历代帝王都在云山和亭山主持禅礼。

（104）□□焦卢紫塞，鸡田河岸赤城：S.5961"城"误作"成"，今据《千字文》改之。据《千字文》"雁门紫塞，鸡田赤城"，上句可补为："雁门焦卢紫塞"。雁门，即雁门关。在今山西省代县北部。长城重要关口之一。唐于雁门山顶置关，明初移筑今址。向为山西南北交通要冲。唐·李白《古风》之六："昔别雁门关，今戍龙庭前。"王琦注："《山西通志》：'雁门山在代州北三十五里，双阙陡绝，雁欲过者必由此径，故名。一名雁门塞。依山立关，谓之雁门关。'"亦省作"雁关"。焦卢，即焦山和卢山。紫塞，北方边塞。晋·崔豹《古今注·都邑》："秦筑长城，土色皆紫，汉塞亦然，故称紫塞焉。"鸡田，是古代西北塞外的地名，那里有中国最著名的也是最偏僻的古驿站，在今天的宁夏回族自治区鸡田县。赤城，山名。多以称土石色赤而状如城堞的山。在今浙江省天台县北，为天台山南门。《文选·孙绰〈游天台山赋〉》："赤城霞举而建标。"李善注："支遁《天台山铭序》曰：'往天台，当由赤城山为道径。'孔灵符《会稽记》曰：'赤城，山名，色皆赤，状似云霞。'"

（105）□□□□□，□□帝战洞庭：据《千字文》"昆池碣石，钜野洞庭"可补为："昆池禹导碣石，钜野帝战洞庭。"昆池，即昆明池。汉武帝于长安近郊所凿。宋已湮没。隋·江总《秋日侍宴娄苑湖应诏诗》："玉轴昆池浪，金舟太液张。"碣石，山名。在今河北省昌黎县北。碣石山馀脉的柱状石亦称碣石，该石自汉末起已逐渐沉没海中。

《书·禹贡》："导岍及岐……太行、恒山，至于碣石，入于海。"《汉书·武帝纪》："行自泰山，复东巡海上，至碣石。"钜野，古湖泽名。在今山东省巨野县北五里。《史记·孔子世家》"鲁哀公十四年春，狩大野"。裴骃集解引汉服虔曰："大野，薮名，鲁田圃之常处，盖今巨野是也。"洞庭，湖名，即洞庭湖。《韩非子·初见秦》："秦与荆人战，大破荆，袭郢，取洞庭、五渚、江南。"

（106）其间旷远绵邈，□□□□□□：据《千字文》"旷远绵邈，岩岫杳冥"，下句可补为："□□岩岫杳冥"。意为土地辽阔悠远，没有穷尽；名山奇谷幽深秀丽，气象万千。

（107）□□治本于农：S.5961"治"误作"之"。郑本亦作"之"，误，今据周兴嗣《千字文》"治本于农"改之。

（108）□□□□□□，□□我艺黍稷；税熟贡新于君，□□□□□□：此四句据《千字文》"俶载南亩，我艺黍稷；税熟贡新，劝赏黜陟"，此四句可补为："□□俶载南亩，□□我艺黍稷；税熟贡新于君，劝赏黜陟于臣"。

（109）□□性敦朴素，史鱼如矢秉直：S.5961"史"误作"吏"，据《千字文》"孟轲敦素，史鱼秉直"改之。上句可补为："孟轲性敦朴素"。史鱼，春秋时卫国大夫。也称史鳅，字子鱼，名佗。卫灵公时任祝史，故称祝佗。曾多次向卫灵公推荐蘧伯玉，临死嘱家人不要"治丧正室"，以劝卫灵公进贤去佞。史称"尸谏"。《论语·卫灵公》："直哉史鱼！邦有道，如矢；邦无道，如矢。"

（110）□□□□□□，□□谨敕自约：据《千字文》"庶几中庸，劳谦谨敕"，此二句可补为："庶几中庸□□，劳谦谨敕自约。"意为做人要合乎中庸的标准，必须勤劳谦虚，谨慎检点，懂得约束自己。

（111）聆音察其理恶，□□□□□□：上句末字残损模糊，疑为"恶"。《千字文》作"聆音察理，鉴貌辨色"。下句据《千字文》可补为："鉴貌辨其色□"。意为听人说话，要判断对与错，看人容貌辨其脸色。

（112）□□□□□□，□□宠增抗极：根据《千字文》"省躬讥诫，宠增抗极"，此二句可补为："□□省躬讥诫，□□宠增抗极。"意为听到别人的批评、劝诫时就要反省，备受恩宠时也不要得意，要会对抗权贵。

（113）人行殆辱近耻，□□□□□□：据《千字文》"殆辱近耻林皋幸即"，下句可补为："□□林皋幸即"。意为如果知道有危险耻辱的事快要发生就退隐山林，还可以幸免于祸。

（114）□□两疏见机：两疏，汉疏广与其侄疏受的合称。广为太傅，受为少傅，因年老同时主动辞官，受到人们尊重。唐·孟浩然《送告八从军》诗："正待功名遂，从君继两疏。"见机，从事物细微的变化中预见其先兆。语本《易·系辞下》："君子见几而作，不俟终日。"

（115）□□□□□□，□默性爱寂寥：据《千字文》"索居闲处，沉默寂寥"，此二句可补为："□□索居闲处，沉默性爱寂寥"。意为独居，悠闲度日，整天不用多言，清静无为也是好事。

（116）陈黄求古寻论，□□□□□□：S.5961"黄"作"镤"。据《千字文》"求古寻论，散虑逍遥"，下句可补为："□□散虑逍遥"。意为探求古人古事，读点至理名言，就可以排除杂念，自在逍遥。

（117）□□尘累自遣：据《千字文》"欣奏累遣"所缺二字当为"欣奏"。意为喜悦的事情可以进奏，烦心的事情可以排遣。

（118）人忧戚谢欢招：郑本作"人忧戚谢去欢"，S.5961"招"字前有"欢"字，今据《千字文》"戚谢欢招"改之。意为消除烦恼，就会快乐。

（119）□□□□□□，□□莽卉抽条：据《千字文》"渠荷的历，园莽抽条"，此二句可补为："渠□荷□的历，园□莽卉抽条。"的历，花开鲜艳的样子。此二句意为池塘中的荷花开得很艳，园林内的花草发出嫩芽。

（120）枇杷仲秋晚翠，□□□□□□：S.5961"枇"作"楷"，今据郑本及《千字文》改。据《千字文》"枇杷晚翠，梧桐蚤凋"，下句可补为："梧桐□□蚤凋"。蚤，通"早"。

（121）□□□多委翳：据《千字文》"陈根委翳"，所缺文字可补为："陈根□多委翳"。委翳，萎谢。委，通"萎"。宋·王安石《芝阁记》："于是神奇之产，销藏委翳于蒿藜榛莽之间。"

（122）落叶飘逐风飘：S.5961作"风飘"，郑本"风飘"作"风遥"，《千字文》作"风摇"。落叶随风飘动。风飘，所风飘动。《文选·班固〈幽通赋〉》:"飘飘风而蝉蜕兮,雄朔野以扬声。"张铣注:"如随风飘去,故云飘也。"

(123)□□□□□,□□负天绛霄:据《千字文》"游鹍独运,凌摩绛霄",此二句可补为:"游鹍□□独运,凌摩负天绛霄。"意为远游的鲲鹏独自翱翔,直冲云霄。

(124)□□□□□,□□□辀攸畏:据《千字文》"寓目囊箱,易辀攸畏",此二句可补为:"□□寓目囊箱,□□易辀攸畏。"寓目,犹过目、观看。《左传·僖公二十八年》:"子玉使斗勃请战,曰:'请与君之士戏,君冯轼而观之,得臣与寓目焉。'"囊箱,袋子和箱子。辀,轻车。《说文·车部》:"辀,轻车也。"

开蒙要训

【题解】

《开蒙要训》为我国古代重要的识字类蒙书之一，据学界研究，该书大约成书于魏晋六朝时期，唐五代时期普遍流传于敦煌地区，此书后世不传。据郑阿财先生研究，敦煌写本《开蒙要训》写卷共有37件，有卷子本，也有册子本。其中藏于英国不列颠图书馆者14件，卷号分别为 S.705、S.1308、S.5431、S.5449、S.5463、S.5464、S.5513、S.5584、S.6128、S.6131、S.6224、S.9448、S.9449、S.9470。藏于法国巴黎国家图书馆者17件，其卷号分别为：P.2487、P.2578、P.2588、P.2717、P.3029、P.3054、P.3102、P.3147、P.3166、P.3189、P.3243、P.3311、P.3408、P.3486、P.3610、P.3875、P.4972。中国首都图书馆藏1件，见《敦煌劫余录续编》。上海图书馆藏1件，卷号为017（812388）。散录2件，分别见于罗振玉《贞松堂藏西陲秘籍残丛》、李木斋藏《李氏鉴藏敦煌写本目录》[①]。对于这些写卷，郑阿财、朱凤玉《敦煌蒙书研究》均有叙录，此处不赘述。张新朋从调查研究中又认定了俄藏31个《开蒙要训》卷号，分别为：Дх.2485B、Дх.2654、Дх.2655、Дх.10258、Дх.4410、Дх.6236、Дх.1442、Дх.895、Дх.3991、Дх.18959、Дх.12715、Дх.12673、Дх.18960、Дх.12600、Дх.12601、Дх.4799、Дх.4907、Дх.5260、Дх.5990、Дх.10259、Дх.5427、Дх.5451B、Дх.5839、Дх.6586、Дх.6136、Дх.6582、Дх.11048、Дх.10277、Дх.10740、Дх.11066、Дх.19083，再加上 P.5031（8）、北2686（夜3）V 以及吐鲁番阿斯塔

---

① 郑阿财、朱凤玉：《敦煌蒙书研究》，甘肃教育出版社2002年版，第51—58页。

那67号墓文书（66TAM67：3）亦有唐写本《开蒙要训》残片2片；《大谷文书集成》中有3574、3577、3582、3583等10片《开蒙要训》残片；斯坦因第三次中亚考察，由土峪沟石窟寺获得《开蒙要训》残片1件，敦煌文献中涉及《开蒙要训》的卷号有79个之多，张新朋亦有详细叙录①。敦煌写本《开蒙要训》有P.2487、P.2578、P.3054、P.3610、P.3875 5件首位完整的卷号，下面以P.3054为底本，以其他本以及"郑本"、张新朋本（以下称"张本"）为参校本。

有关《开蒙要训》的研究，肇始于刘复先生，1932年刘复先生据P.2578卷子辑录，收于《敦煌掇琐》②。后有罗常培《唐五代西北方音研究》关注了注音本《开蒙要训》，并将其列为研究唐五代西北方音的五种材料之一③；[日]吉田雅子《敦煌写本〈开蒙要训〉にみられる音注字と广韵との比较》④《敦煌写本〈开蒙要训〉的音韵体系——押韵、异文、音注》⑤、汪泛舟的《〈开蒙要训〉初探》⑥、宋新民的《敦煌写本〈开蒙要训〉叙录》⑦等对《开蒙要训》从音韵、写卷情况等方面进行了专门研究。对《开蒙要训》进行综合研究的有郑阿财、朱凤玉的《敦煌蒙书研究》⑧、张新朋的《敦煌写本〈开蒙要训〉研究》⑨等，其中郑阿财、朱凤玉的《敦煌蒙书研究》第一次全面研究《开蒙要训》，对37个写卷进行了叙录，对全文进行了校录；张新朋的《敦煌写本〈开蒙要训〉研究》不仅认定了30多个新的《开蒙要训》卷号，

---

① 张新朋：《敦煌写本〈开蒙要训〉研究》，博士学位论文，浙江大学，2008年，第22—23页。
② 刘复：《敦煌掇琐》，中央研究院历史语言研究所专刊之二，1932年，第305—311页。
③ 罗常培：《唐五代西北方音》，商务印书馆2012年版，第28—29页。
④ [日]吉田雅子：《敦煌写本〈开蒙要训〉にみられる音注字と广韵との比较》，《东洋大学院纪要》1983年第20期，第149—166页。
⑤ [日]吉田雅子：《敦煌写本〈开蒙要训〉的音韵体系——押韵、异文、音注》，《东洋大学院纪要》1986年第23期，第226—242页。
⑥ 汪泛舟：《〈开蒙要训〉初探》，《敦煌研究》1999年第2期，第138—145页。
⑦ 宋新民：《敦煌写本〈开蒙要训〉叙录》，《敦煌学》1989年第15辑，第165—177页。
⑧ 郑阿财、朱凤玉：《敦煌蒙书研究》，甘肃教育出版社2002年版，第51—68页。
⑨ 张新朋：《敦煌写本〈开蒙要训〉研究》，博士学位论文，浙江大学，2008年，第91页。

还进行了详细写卷叙录和蒙书校录。

【录文】

开蒙要训一卷
马仁寿撰

乾坤覆载[1]，日月光明。四时来往[2]，八节相迎[3]。春花开艳，夏叶舒荣[4]。蘩林秋落[5]，松竹冬青。雾露霜雪，云雨阴晴。晦暮昏暗[6]，晓暝霞生[7]。雷雹䰠电[8]，霹雳震惊[9]。冰寒冻冷，暖热温情。五岳嵩华，霍泰恒名[10]。江河淮济，海纳吞并。湍波漂浪[11]，沉溺涡浤[12]。舢艘舰艇[13]，浮泛流停[14]。君王有道，恩惠弘廓[15]。万国归投，兆民欢跃[16]。谄佞潜藏，奸邪憩恶[17]。臣佐辅弼[18]，匡翊勤恪[19]。赏赉功勋[20]，封赐禄爵。谦会嘉宾[21]，奏设伎乐。酬觞饮酒[22]，劝酌酬醒[23]。讽诵吟咏[24]，吼唤纵横[25]。喧笑歌舞，闹动音声。琵琶鼓角[26]，琴瑟箫筝[27]。箜篌竽箫[28]，筑磬笛笙[29]。孝敬父母，承顺弟兄[30]。翁婆曾祖，嫂侄孙婴[31]。伯叔姊妹，姑姨舅甥[32]。婚姻娉嫁[33]，夫妇媒成[34]。油灯蜡烛[35]，炬照辉盈[36]。贫贱富贵，奴婢使令。牤勤壮健[37]，运辇提擎[38]。孤惸鳏寡[39]，老弱衰儜[40]。睡眠寝寐[41]，愤闷烦情[42]。帏帐床榻[43]，毡褥威仪[44]。屏风倚䩞[45]，幔幕悬垂[46]。甗甀鬴瓯[47]，盂甋须弥[48]。簎箪蘧蒢[49]，荐席铺施[50]。縿丝抚茧[51]，绵絮缫繀。纺褐裘装[52]，麻葛葺枲[53]。纻练单紃[54]，布绢绌绁[55]。绫纱缯綵，罗縠锦绣[56]。鲜纹双矩[57]，纰缦紧绐[58]。针缕绽缀，补袄穿陋[59]。接续缝繈[60]，綍络纩就[61]。桂裆裈袴[62]，衫襦襟袖。襟襕领纽，襟襻新旧。帔巾帊幞[63]，袍被裙究。缉续纑繶[64]，女人佣作。机梭筬筜[65]，蹴胜轩簬[66]。苎𦯧织幅，经引纺络。紫绛苏纺[67]，绯红碧绿。缃缥绀绮，斑黄皂帛。篋𥳽箱柜[68]，衣裳叠㡆[69]。鞋袜靴箄[70]，屦履屟屣。妆奁镜匣，脂粉熏泽。烟支黡黛，梳鎞钗只[71]。髻发鬌髺[72]，须髯髭鬓。头额颊颐，齿舌唇口。眉眼鼻耳，颈项臂肘。腰膂胸腋[73]，腕抓指拇。髀膞腿胫，跟踝脚手。胁肋脊背，腓䯒膝后。脾肾肠肚，肺肝心部。髓脑筋骨，瘦瘠羸丑。病患疾疹(74)，痛痒疼躯。癞秃胗瘫，癣疥瘕疸(75)。疮痍痈疖，肿㶿肌肤(76)。脓血臭污，铍灸疗除(77)。瘕瘶欬嗽(78)，洩唾呵嘘(79)。癃残挛跛(80)，㿗矮侏儒。癫痫戆蠢(81)，痴騃顽愚(82)。聋盲哑吃，坊巷街衢。羞耻惭戁(83)，愧恶乡间(84)。珍宝货赂，翳璧砗磲(85)。颇黎玛瑙(86)，琥珀珊瑚。琉璃瑇瑁(87)，金银玉珠。鈖锡鍮镴(88)，铜铁之徒。锢鏴销镕(89)，炉冶铸鑵。鼎镬釜鏾(90)，锉鑢镬钀(91)。土锅鍸铫(92)，鎗鏊㙋桉(93)，铧鏨钁镢(94)，斧凿錾锻(95)。镰釤钩锯，错鑢锥钻(96)。耧犁耕耩(97)，锄刨垄畔。植薤稀疏(98)，概密稠短(99)。亢旱焦枯，沟渠溉灌。柯柌㯕柄，芟刈撩乱。削斫斩刵(100)，蹂按押按。权杷桃拨(101)，枕策聚散。捶积苦持，浸渍淹澜。举质券契(102)，保证赊获。违限不偿，抵捍拒格。示语靡从(103)，摘挐撮搦(104)。蹴踏拳筑(105)，拗揆搭掴。推抹拽挩(106)，骂詈嗔责。逃窜隐避，徵掣债索。诉辞辩牒，曹府恐嚇(107)。駈驰驮乘(108)，走骤跳蹀。缓急迟䭿，决驶奔驿(109)。车辕毂辋(110)，轮辐軨輀(111)，釭铜钏辖(112)，鞅靯鞲韛(113)。篷篰篷簝(114)，㦖慊㬎㹃(115)。雕镌刻镂(116)，划削镑鐁(117)。镂刮剠捋，朽腐随宜。尖㖞偏庆(118)，侧正倾敧(119)。瑕疉于隙(120)，填塞拈捭(121)。罇壶盉钵(122)，杯椀盏卮(123)。盘擎罍楪(124)，瓢杓筯匙(125)。罌瓨瓶盆(126)，瓫瓮甑炊。浆洣酪饭(127)，羮臛粥糜(128)。菹荠鲊脯(129)，鲜鲙鱼鲅(130)。店肆兴贩(131)，悭怙悭惜(132)。酤卖接侍，丰饶添益(133)。肉饼菜茹，煸炼煮炙(134)。煎熬焦煏(135)，盐豉调适(136)。腩煎䐽炙(137)，臓臕脸腊(138)。餯饐粗粆(139)，䊞锄㜶䬪。饘䭧䭃铗，糒䭏䭣餪徹。馄饨馅馉，糙粒研䉳(140)。䵃啮齩䵎，喫啵饱满(141)。贪婪费耗，馋慷乖懒。粳糧糯秫(142)，禾粟穬稻。糜黍谷麦，豌豆荏荞(143)。碓磓碾磨，杵臼舂捣(144)。𪺷面筛麸，龐涩细好(145)。飏簸穅糩，秕麨箕蒿(146)。稍穰稭荚，晒曝干燥。菱莲荷藕，芙蓉枝草。谷涧嵾壑(147)，崖崩岸倒。烧燃柴薪，担携负抱。构架椽柱，楸檩檽梁。欂扉鸱吻(148)，雀栖檐廊。廁厮厢庑(149)，板栈厅堂。庵庐屋舍，置牖安窗。开钥䕓楔，备御宁康。库藏脰贮，窖窖圜仓(150)。泥镘梯蹬，砖墼垒墙⁽¹⁵¹⁾。扫洒庭院⁽¹⁵²⁾，料理园场⁽¹⁵³⁾。畦菀种莳，栽插端行。槐榆椿槠，桐梓柘桑。楥楂椑柿，柑橘槟榔⁽¹⁵⁴⁾。苽桃李柰⁽¹⁵⁵⁾，枣杏梨棠⁽¹⁵⁶⁾。葱蒜韭薤⁽¹⁵⁷⁾，茱萸椒姜。芸苔荠蓼，葫荽芬芳。蔓菁葵芥，萝葡兰香⁽¹⁵⁸⁾。斜蒿藜藿⁽¹⁵⁹⁾，笋蕨芹黄⁽¹⁶⁰⁾。𠛰掘抗堑，竖棘埋枪。保壁篱栅，周迊遮防⁽¹⁶¹⁾。胎卵湿化，蚰蜒蜈蚣⁽¹⁶²⁾。蚊虻蚤虱，蜂蝶螗螂⁽¹⁶³⁾。虾蟆蚌蛤⁽¹⁶⁴⁾，龟鳖鲨𱉝⁽¹⁶⁵⁾。鲇鲤鳢鳎⁽¹⁶⁶⁾，鲸鲵鳟鲂。蚯蛇蝮蝎，蟒腹身腔。鹭鹊鸠鸽，鸿鹤凤凰。鸡鸭鹅雁，鹑鸠鸳鸯⁽¹⁶⁷⁾。鹰雕鹞鹘⁽¹⁶⁸⁾，翅翮翱翔。麝香麋鹿，猿猴狍獐。熊罴狐兔，虎豹豺狼。驴马牛犊，狲狗猪羊⁽¹⁶⁹⁾。骆驼骡象⁽¹⁷⁰⁾，餧饲肥强。骃骝骓骄，骢𱃮𱃯𱃰。鞍鞯鞦辔⁽¹⁷¹⁾，鞝鞹鞯缰⁽¹⁷²⁾。鞯𱃱𱃲𱃳，带鞘辔镑⁽¹⁷³⁾。鈚䪖箭镞，销弩钝钢⁽¹⁷⁴⁾。劫贼剥夺⁽¹⁷⁵⁾，怕怖惧忙⁽¹⁷⁶⁾。偷盗私窃，越蓦非常⁽¹⁷⁷⁾。追踪逐迹，忖度思量。谋计智略，掩捉搜赃。诈伪诳惑，𱃴诱夸张⁽¹⁷⁸⁾。捋蒲摊赌⁽¹⁷⁹⁾，酬赛输觞。围棋握槊⁽¹⁸⁰⁾，戏弄披倡⁽¹⁸¹⁾。牢狱囚禁，系缚𱃵殃。检验查访⁽¹⁸²⁾，勿妄诬谤。栲梓鞭棒⁽¹⁸³⁾，枷锁杻桁⁽¹⁸⁴⁾。判无阿党⁽¹⁸⁵⁾，岂枉贤良。笔砚纸墨，记录文章。童蒙习学⁽¹⁸⁶⁾，易解难忘⁽¹⁸⁷⁾。

开蒙要训一卷。

【校释】

（1）乾坤：P.2487、P.3311等作"乹坤"。"乹"为"乾"之异文。乾坤，指天地。《易·说卦》："干，天也，故称乎父；坤，地也，故称乎母。"又《汉语大词典》引《抱朴子·仁明》："三光垂象者，干也；厚载无穷者，坤也。"覆载：即天覆地载。意谓庇养包容。如《礼记·中庸》："天之所覆，地之所载。"

（2）四时：指春、夏、秋、冬四季。四时来往，指四季更替。

（3）八节：P.2578作"茚"，今据底本、P.2487、P.3029及郑本。八节，八个节气。即立春、春分、立夏、夏至、立秋、秋分、立冬、冬至。《周髀算经》（下二）："凡为八节二十四气。"《注》："二至者，寒暑之极；二分者，阴阳之和，四立者，生长收藏之始；是为八节。"

（4）夏叶舒荣：P.3311作"下叶亏荣"，误。今据底本及P.2487、P.2578、P.3610、P.3875等录文"夏叶舒荣"。本句意为夏天树叶滋生繁茂。舒，伸展，这里指草木生长。荣，草木繁茂。

（5）藂林秋落：秋，S.5464右部作"木"，张新朋认为"受'林'字类化而误"①。本句意为丛聚的林木。"藂"同"丛"，"丛"之异体，这种用法古已有之。《孟子·离娄》（上）："为丛驱雀者，鹯也。"《楚辞·招魂》："五谷不生，藂菅是食些。"《注》："柴棘为藂，……藂，一作丛。"

（6）晦暮昏暗：昏暗，底本及P.3875A残缺，P.3311作"婚暗"，P.3311V先作"婚闇"，"闇"右旁有删除符号"卜"，"闇"后接"暗"。P.2487、P.2578、P.3610均作"昏暗"。S.5431作"暗昏"，在"昏"字右上角有倒文符号。本句意为昏暗的傍晚。晦，昏暗。暮，傍晚。汪泛舟先生释为："黄昏和傍晚。"② 不妥。

（7）晓暝（míng）霞生：P.2578、S.5464作"晓瞑霞生"。晓，S.5464从"目"，误。本句意为随着拂晓时的昏暗退去，朝霞就出现了。晓，天明。暝，昏暗。

（8）覢（shǎn）电：P.3147、P.2717A作"闪电"。"闪"为"覢"之假借字。《说文解字·见部》："覢，暂见也，从见炎声。"盖因闪电乍见乍灭，故称覢。杨树达《积微居小学金石论丛·长沙方言续考》："玄应《一切经音义》卷六云：'电，关中名覢。'按长沙今言电曰扯覢，书作闪。"按：今甘肃方言多称闪电为火覢。今写作"闪"。

（9）霹雳震惊：震，P.2717A、P.3147作"振"。霹雳，响雷，震雷。汉·枚乘《七发》："其根半死半生，冬则烈风漂霰飞雪之所激也，夏则雷霆霹雳之所感也。"又唐·韩愈《送高闲上人序》："日月列星，风雨水火，雷霆霹雳。"

（10）五岳嵩华，霍泰恒名：P.3311V作"五岳黄华，霍秦恒名"。"秦"当为"泰"之误。P.2717A、P.2717B作"太"。"太"为"泰"之古文。岳，S.5464作"嶽"，实则"岳"为古文。嵩，P.3311作

---

① 张新朋：《敦煌写本〈开蒙要训〉研究》，博士学位论文，浙江大学，2008年，第91页。
② 汪泛舟编著：《敦煌古代儿童课本》，甘肃人民出版社2000年版，第6页。

"黄"，盖因形似而误。这两句意为五岳是指嵩、华、霍、泰、恒五大名山。五岳，我国五大名山的总称。古书中有不同记述：①指东岳泰山、南岳衡山、西岳华山、北岳恒山、中岳嵩山。如《周礼·春官·大宗伯》："以血祭祭社稷、五祀、五岳。"郑玄注："五岳，东曰岱宗、南曰衡山、西曰华山、北曰恒山、中曰嵩高山。"《史记·封禅书》《汉书·郊祀志》亦持此说。又《初学记》卷五引《纂要》："嵩、泰、衡、华、恒，谓之五岳。"即今所谓五岳。②指东岳泰山、南岳霍山、西岳华山、北岳恒山、中岳嵩山。《尔雅·释山》："泰山为东岳，华山为西岳，霍山为南岳，恒山为北岳，嵩高为中岳。"郭璞注："〔霍山〕即天柱山。"③指泰山、衡山、华山、岳山、恒山。《周礼·春官·大司乐》："凡日月食，四镇、五岳崩。"郑玄注："五岳，岱在兖州、衡在荆州、华在豫州、岳在雍州、恒在并州。"《尔雅·释山》："河南，华；河西，岳；河东，岱；河北，恒；江南，衡。"郭璞注："岳，吴岳。"《开蒙要训》以嵩山、华山、霍山、泰山、恒山为五岳。霍，霍山，即安徽天柱山。天柱山在今安徽霍山县西北。据《史记·封禅书》：汉武帝"登礼灊之天柱山，号曰'南岳'"。汉·应劭《风俗通·山泽·五岳》则谓"南方衡山，一名霍山"。

（11）湍波漂浪：湍急的水流中泛着波浪。漂浪，犹漂流。《三国志·魏志·傅嘏传》："又昔孙权遣兵入海，漂浪沉溺，略无孑遗。"

（12）沉溺涡浤：P.2487、P.3311V、P.3610等作"涡泓"，P.2578作"涡浤"。今从之。古汉语中"泓""浤"通用。P.3311V"沉溺"后衍出"舩"字。沉溺，没入水中；涡，水的旋流。浤，水势浩大的样子。

（13）舩（chuán）艘（sōu）舰艇：舩，P.3029作"舡"，"舡""舩"同"船"。均指船只。汉·扬雄《太玄·进》："次八进于渊，君子用舩。"艘，船的总称。晋·葛洪《抱朴子·勖学》："欲凌洪波而遐济，必因艘楫之器。"舰，大型的战船，也泛指船只。《三国志·吴志·周瑜传》："刘表治水军，蒙冲斗舰，乃以千数。"艇，轻便的小船。《淮南子·俶真训》："越舲蜀艇，不能无水而浮。"高诱注："蜀艇，一版之舟。"

（14）浮泛流停：P.2487、P.2578、P.3610等作"浮泛流停"，

P.3054作"浮泛流亭"。"亭"通"停",停止。敦煌文献中多次用法。《敦煌变文集·维摩诘经讲经文》:"解奏宫商,织女而忽然亭罢。"

（15）恩惠弘廓：弘,P.2588右部为"工",误。本句意为恩惠弘大。廓,广大、宽阔。

（16）兆民欢跃：民,S.5431、P.3147、P.3408以及P.3209有不同程度的缺笔；P.2717A、S.5464、P.2588均作"人"。缺笔和"人"皆为避讳表达方式。欢,P.2717A作"劝",误。本句意为老百姓欢呼跳跃。兆民,古称天子之民,后泛指众民、百姓。《礼记·月令》："（孟春之月）命相布德和令,行庆施惠,下及兆民。"郑玄注："天子曰兆民。"

（17）奸邪憩恶：邪,S.5464、P.2717A作"耶",误。本句意为停止作恶。憩,休息,歇息。《旧唐书·刘总传》："每公退,则憩于道场。"引申为停止。

（18）臣佐辅弼：佐,S.5464作"佑",P.2717B作"左",皆误。辅弼,亦作"辅拂"。辅佐；辅助。《国语·吴语》："昔吾先王,世有辅弼之臣,以能遂疑计恶,以不陷于大难。"

（19）匡翊勤恪：P.3610、P.3054、P.3147、S.5431、S.5584等作"懃恪"。"懃"同"勤"。S.5464作"勒",盖形近而误。本句意为匡正辅佐,勤勉恭敬。匡翊,匡正辅佐。《旧唐书·李峘传》："时岘为凤翔太守,匡翊肃宗,兄弟俱效勋力。"勤恪,勤勉恭谨。《后汉书·袁绍传》："勤恪之功,不见书列,而州郡牧守,竞盗声名。"

（20）赏赉功勋：赉,S.5464作"頼",P.2717作"春",均为误字。勋,P.3610、P.2487、S.5431等作"勲"。"勲"为"勋"之异文。本句意为对建有功勋的人加以赏赐。赏赉,赏赐、赐予。亦作"赉赏"。《后汉书·黄琼传》："太中大夫边韶等,咸称冀之勋德,其制度赉赏,以宜比周公。"

（21）讌会嘉宾：即宴会嘉宾。讌,P.3486、P.3610、S.5431等,均作"醼"；P.3147、S.5464、S.705等作"讌"；P.2578作"嚥"。张本作"嚥",郑本、汪本作"讌"。Дx.2655作"宴"。本句意为聚会在一起吃酒饭。

（22）酤觞饮酒：今依郑本。本句意为举杯饮酒酣畅淋漓。觞,盛满酒的杯。

（23）劝酌酬酲：劝，P.2717作"欢"，误。酌，P.2588、P.2487均作"的"，误。酬，劝酒，敬酒。《诗·小雅·楚茨》："为宾为客，献酬交错。"郑玄笺："主人又自饮酌宾曰酬。"酲，酒醉后神志不清。《诗·小雅·节南山》："忧心如酲，谁秉国成。"毛传："病酒曰酲。"

（24）讽诵吟咏：S.5464作"风诵吟咏"，误。本句意为泛指诵读。讽，背诵。诵，朗读。《周礼·春官·大司乐》："以乐语教国子兴、道、讽、诵、言、语。"郑玄注："倍文曰讽，以声节之曰诵。"按，倍，通"背"。吟咏，有节奏地诵读；吟诵玩味。南朝·梁·刘勰《文心雕龙·神思》："吟咏之间，吐纳珠玉之声；眉睫之前，卷舒风云之色。"

（25）吼唤纵横：P.2487作"吼唤從横"、P.2578作"吼唤蹤横"、P.3054作"吼唤□□"。P.3147作"吼唤縱横"。本句谓诵读自由。

（26）琵琶鼓角：P.2717作"枇杷"。其他写卷作"琵琶"。琵琶鼓角皆为乐器名。琵琶，弹拨乐器。初名批把，见《释名·释乐器》。此类乐器原流行于波斯、阿拉伯等地，汉代传入我国。后经改造，圆体修颈，有四弦、十二柱，俗称"秦汉子"。一说，我国秦末，百姓苦长城之役，弦鼗而鼓之，琵琶即始于此。（见晋·傅玄《〈琵琶赋〉序》。）南北朝时又有曲项琵琶传入我国，四弦，腹呈半梨形，颈上有四柱，横抱怀中，用拨子弹奏，即现今琵琶的前身。鼓角，战鼓和号角，两种乐器。军队亦用以报时、警众或发出号令。《后汉书·公孙瓒传》："袁氏之攻，状若鬼神，梯冲舞吾楼上，鼓角鸣于地中，日穷月急，不遑启处。"

（27）琴瑟箫筝：筝，P.2717作"争"，误。琴、瑟、箫、筝皆指乐器。琴，乐器名。指古琴。传为神农创制。琴身为狭长形，木质音箱，面板外侧有十三徽。底板穿"龙池""凤沼"二孔，供出音之用。上古作五弦，至周增为七弦。古人把琴当作雅乐。《诗·小雅·鹿鸣》："我有嘉宾，鼓瑟鼓琴。"瑟，拨弦乐器。春秋时已流行，常与古琴或笙合奏。形似古琴，但无徽位，有五十弦、二十五弦、十五弦等种，每弦有一柱。上下移动，以定声音。《诗·唐风·山有枢》："子有酒食，何不日鼓瑟。"箫，一种竹制管乐器。古代的箫用许多竹管编成，有底；后代的箫只用一根竹管做成，不封底，直吹。也叫洞箫。筝，拨弦乐器。形似瑟。传为秦时蒙恬所作。其弦数历代由五弦增至十二弦、十三弦、十六弦。汉·应劭《风俗通·声音·筝》："筝，谨按《礼·乐记》'筝，五弦筑身也。'今并凉二州筝形如瑟，不知谁所改作也。或曰秦蒙恬所造。"

（28）箜篌竽籥：箜，P.2717作"空"，误。S.5464作"竿籥"，郑本、汪本、张本均作"箪籥"，"箪"与"篁"（今简化为"竽"）。形体极相似，盖为识读之误？箜、篌、竽、籥皆为乐器名。箜篌，古代拨弦乐器名。有竖式和卧式两种。《史记·孝武本纪》："祷祠泰一、后土，始用乐舞，益召歌儿，作二十五弦及箜篌瑟自此起。"裴骃集解引徐广曰："应劭云：武帝令乐人侯调始造箜篌。"竽籥，即觱篥。古代管乐器之一种，多用于军中。《北史·高丽传》："乐有五弦、琴、筝、竽籥、横吹、箫、鼓之属，吹芦以和曲。"

（29）筑磬笛笙：筑，S.5464作"竹"，汪本认为"竹""筑"古代通用。郑本、张本作"筑"。磬，汪本作"磬"，郑本、张本作"磬"。筑、磬、笛、笙皆为乐器名。筑，古弦乐器名。有五弦、十三弦、二十一弦三种说法。其形似筝，颈细而肩圆，弦下设柱。演奏时，左手按弦的一端，右手执竹尺击弦发音。战国时已流行。《战国策·齐策一》："临淄甚富而实，其民无不吹竽、鼓瑟、击筑、弹琴、斗鸡、走犬、六博、蹋鞠者。"磬，古代打击乐器。状如曲尺。用玉、石或金属制成。悬挂于架上，击之而鸣。《诗·商颂·那》："既和且平，依我磬声。"又《左传·襄公十一年》："凡兵车百乘，歌钟二肆，及其镈、磬，女乐二八。"杜预注："镈、磬，皆乐器。"笛，笛子，管乐器名。笙，管乐器名。《说文·竹部》："笙，十三簧，象凤之身也。笙，正月之音。物生，故谓之笙。大者谓之巢，小者谓之和。古者，随作笙。"

（30）承顺弟兄：承，P.3610、S.5584、P.3486等作"丞"，底卷、P.2588、S.705、S.5464等作"承"，今从之。郑本、汪本作"承"，张本作"丞"。顺，P.2578作"忄"字旁，误。弟，P.2717等作"苐"，Дх.5427作"第"。"第"，"弟"之假借。

（31）嫂侄孙婴：P.2578、P.3054、P.3875等作"嫂姪孙婴"，

P.2487、P.3610等作"㛮姪孙㜣"。"㛮"为"嫂"的俗体,"姪"同"侄","㜣"同"婴"。郑本、汪本作"嫂侄孙婴",张本作"嫂姪孙婴"。

（32）甥：P.3610作"生"。"生"通"甥"。《三国志·吴志·陆逊传》："既不听许,而逊外生顾谭、顾承、姚信,并以亲附太子,枉见流徙。"

（33）婚姻娉嫁：指婚嫁。娉,通"聘",指下聘礼。实则"娉"为本字,"聘"为借字。古代婚礼,男方遣媒向女方问名求婚谓之娉。《说文·女部》："娉,问也。"段玉裁注："凡娉女及聘问之礼,古皆用此字……而经传概以'聘'代之。"

（34）夫妇媒成：夫,S.5584作"大",误。媒,S.5464作"谋",亦误。本句指通过媒人结为夫妇。媒,说合婚姻之人。《诗·豳风·伐柯》："取妻如何？匪媒不得。"郑玄笺："媒者,能通二姓之言,定人室家之道。"

（35）油灯蜡烛：蜡烛,P.2717作"鑞烛",其他卷多作"爉烛","爉"同"蠟"（今简化为"蜡"）。

（36）炬照辉盈：P.2717等作"炬炤晖盈"。"炤"同"照",为"照"之俗体。"晖"同"辉",义指光辉。

（37）牞（jiū）勦（jiǎo）壮健：牞,底卷作"勤",误。P.2578、S.5584作"勒",汪本亦录作"勒",义难通。P.2487、P.3610、P.3875A作"牞",郑本、张本作"牞",今从之。《玉篇》："牞,牛大力。"勦,讨伐。汉·班固《封燕然山铭》："鑠王师兮征荒裔,勦凶虐兮截海外。"

（38）运辇提擎：辇,P.2717作"練",误。另P.3054"擎"前衍出"惊"字,右旁似有删除符号。

（39）孤惸（qióng）鳏寡：P.3610作"惇",义难通,当为误字。惸,指无兄弟的人。引申为孤独无依的人。《周礼·秋官·大司寇》："凡远近惸独老幼之欲有复于上而其长弗达者,立于肺石,三日。"郑玄注："无兄弟曰惸,无子孙曰独。"鳏,成年无妻或丧妻者。《书·尧典》："有鳏在下,曰虞舜。"孔传："无妻曰鳏。"寡,成年丧夫者。

（40）老弱衰儜（níng）：弱，P.2717作"若"，误。儜，郑本作"佇"，误。儜，怯弱。《晋书·文苑传·王沈》："百辟君子，奕世相生，公门有公，卿门有卿。指秃腐骨，不简虫儜。"

（41）睡眠寝寐：睡眠，P.3610作"眠睡"，其他写卷作"睡眠"，今从后者。

（42）愦闷烦情：愦闷，P.3054、P.2578作"愦闷"，P.2487、P.3610作"愦闷"。今从"愦闷"。"愦闷"即忧思烦闷。汪泛舟认为仅P.2578作"愦闷"，非也。P.2578为注音卷，为"愦闷"。"愦"右旁有注音字"奋"。① 愦，昏乱、神志不清。《战国策·齐策四》："（孟尝君）谢曰：'文倦于事，愦于忧而性懧愚，沉于国家之事，开罪于先生。'"鲍彪注："愦，乱也。以忧思昏乱。"

（43）帏帐床榻：P.2487作"帷怅床蹋"，P.3610作"帷怅床搨"②，P.2578作"帷帐床蹋"，底本作"帷帐床榻"。今从之。

（44）毡褥威仪：P.2487作"氈褥威仪"，P.3610作"氊褥威仪"，P.2578作"毡褥威仪"。

（45）屏风倚鄣：P.2717"屏"作"併"。"併"通"屏"。鄣，同"障"，指屏风、屏障。《梁书·周舍传》："以荻为鄣，坏亦不营。"

（46）幔幕悬垂：P.2487、P.2578、P.3054作"㦒幕悬垂"，P.3610作"㠃幕悬垂"。"㦒"为"幔"之俗体。"曼"通"幔"。P.2717V作"缦幕悬襄"按：汪本作"缦"。"幔""缦"通用。

（47）氍（qú）毹（shū）毾（tà）𣰆：P.2578、P.2717V、P.3610作"氍毹毾𣰆"。皆为毛织品。氍毹，一种毛织或毛与其他材料混织的毯子。可用作地毯、壁毯、床毯、帘幕等。《乐府诗集·相和歌辞十二·陇西行》："请客北堂上，坐客毡氍毹。"毾，毛织物。

（48）孟颠须弥：孟颠，即于阗。古西域国名，在今新疆和田一带。须弥，梵语sumeru的译音。或译为须弥楼、修迷卢、苏迷卢等。有"妙高""妙光""安明""善积"诸义。原为古印度神话中的山名，

---

① 汪泛舟：《敦煌古代儿童课本》，甘肃人民出版社2000年版，第11页。
② 敦煌写卷中，部首"忄""巾"形体多混用，"木"多混为"扌"。

后为佛教所采用，指一个小世界的中心。山顶为帝释天所居，山腰为四天王所居。四周有七山八海、四大部洲。

（49）𦱤簟蘪蔄：P.3610作"𦱤簟薄蔄"，P.2717V作"耶簟蒲蔄"，P.2487、P.2578作"𦱤簟蘪蔄"，今从P.2487。均为植物名。𦱤簟，竹名。蘪，多年生草本植物，生水边，高四尺多，丛生。茎可编席、制绳、鞋等物。《仪礼·丧服》："疏屦者，蘪蒯之菲也。"蔄，草名。即灯芯草。茎可编席和蓑衣。《急就篇》卷三："蒲蒻蔺席帐帷幢。"

（50）荐蓆铺施：P.3048作"荐席铺施"。荐席，亦作"席荐"，指草席。《韩非子·存韩》："韩事秦三十余年，出则为扞蔽，入则为席荐。"

（51）繰丝抚茧：P.2717V、P.2578作"缲"。"缲"同"繰"。本句意为抽茧出丝。《礼记·祭义》："夫人缫，三盆手。"《孟子·滕文公下》："诸侯耕助，以供粢盛；夫人蚕缫，以为衣服。"

（52）纺褐裘装：P.2717V作"纺毷求壮"，P.3610作"褐纺裘装"、P.2578、P.3054作"纺毷裘装"、P.2487作"纺褐裘装"。

（53）麻葛蔂紫：葛，P.3147、S.1308等作竹字头。紫，P.2487、P.2588等作"紫"。S.5464作"赀"，皆误。

（54）紵（zhù）练单紃（xún）：紵，P.2578右边作"宁"。Дx.10740左边作"守"字旁。皆误。麻、丝等可以织成带子。紵，苎麻。《诗·陈风·东门之池》："东门之池，可以沤紵。"单紃，丝带。紃，绦子，用丝线编织成的圆形细带，可以镶衣、枕等物之边。《礼记·内则》："执麻枲，治丝茧，织纴组紃。"郑玄注："紃，绦。"孔颖达疏："薄阔为组，似绳者为紃。"

（55）布绢䌷䌷（shī）：䌷，P.3875作"绝"，误。P.3102右边作"施"。布、绢、䌷、䌷皆为织物。布，用麻、葛、丝及棉花等织成的可制衣物的材料。绢，平纹的生丝织物，似缣而疏，挺括滑爽。《墨子·辞过》："治丝麻，捆布绢，以为民衣。"䌷，同"绸"。䌷，粗绸。唐·白居易《村居苦寒》诗："褐裘覆䌷被，坐卧有余温。"

（56）罗縠锦绣：P.3610、P.2487、P.2588等作"榖"，形似而

误。P.2578 作"罗縠锦 绸 ",然" 绸 "旁注音字为"守"。

（57）鲜纹双矩：底卷及 P.2578、P.3610 作"仙纹双矩"，P.2578 作"鲜纹双矩"，今从后者。矩，P.3408 作"〖图〗"。汪本作"距"。郑本作"矩"。

（58）纰缦紧绉：纰，P.3147、P.3610、S.5431 等右边皆为"化"，盖与"纰"形似而误。纰缦，经纬稀疏的帛。唐·元稹《离思》诗之三："第一莫嫌材地弱，些些纰缦最宜人。"紧，《说文·臤部》："紧，缠丝急。"绉，织出皱纹的丝织品。

（59）补袜穿陋：袜，P.3054、P.3408 作"袄"。P.2717V 似作"布"。本句意指缝补衣物的破旧之处。

（60）接续缝缦：写卷字体均不甚清晰。P.3610 作"〖图〗续缝〖图〗"，P.2578 作"接续缝缦"，今从之。接，汪本从 S.5464 作"纟"旁。

（61）緫络繎就：P.2487、P.2578、P.3610、P.3875 等"〖图〗"不从"纟"，而从"衤"。

（62）〖图〗裆裤袴：裤袴，P.3408 作"袴裤"。"裤袴"亦作"裈裤"，指裤子。《北史·斛律光传》："今军人皆无裤袴；复宫内参，一赐数万匹，府藏稍空，此是何理？"

（63）帔巾帊幞：幞，P.3610、S.5431 作"襟"。本句意为帔巾、手帊、幞头。

（64）缉续纑紫：续，P.3610、P.3102、S.5431、S.1308 等作"绩"。亦通。指纺织和缠绕麻线。

（65）机梭筬筁：筬筁，P.2578、P.3408、P.3610 等作"筬〖图〗"。郑本、汪本作"筬筁"，今从之。张本作"筬筟"。筬筁指用竹子做成的织具。

（66）蹑胜軡篗：P.3610 作"蹑〖图〗〖图〗〖图〗"。P.2578 作"〖图〗〖图〗〖图〗"P.3048 作"〖图〗〖图〗〖图〗"。此句诸写卷及郑本、汪本、张本录文各不同，意思难解，今存疑俟考。

（67）紫绛苏纺：底本及 P.2578 作"紫绛苏枋"，P.3610 作"紫绛苏芳"，P.2717V 作"紫江苏枋"，P.3408 作"紫绛苏纺"。今从 P.3408。汪本作"紫绛苏芳"，认为"苏芳"源马来语，亦作"芳方""苏枋"，是一种染木名。① 郑本亦作"紫绛苏芳"。

（68）篚籚箱柜：P.3408、P.3610 作"篚帘箱遗"。"遗"当为误字。P.2487"箱"作"相"，亦误。本句均指箱子柜子。

（69）衣裳叠襞（bì）：裳，P.3486 作"赏"，误。襞，据底本及 P.3610、P.2487、S.5464 等录文。襞指折叠衣物。《汉书·扬雄传上》："芳酷烈而莫闻兮，不如襞而幽之离房。"颜师古注："襞，叠衣也。"

（70）鞋袜靴𦊆：P.3610 等作"鞋靴袜脚"。不确，俟考。张新朋认为"脚"或因底本不同而致。②

（71）梳鎞钗只：P.2487、P.3054、P.3610 均作"梳枇钗只"。P.3408"梳"后脱字。"梳枇"同"梳鎞"，即"梳篦"，梳头工具。

（72）髲发鬟髻：郑本、张本作"髲髻发鬟"。均指头发。髲，假发。《三国志·吴志·薛综传》："珠崖之废，起于长吏觌其好发，髠取为髲。"髻，在头顶或脑后盘成各种形状的发髻。《后汉书·马廖传》："长安语曰：'城中好高髻，四方高一尺。'"

（73）腰膂（lǚ）胸腋：腰，P.3147 作"要"，为"腰"之本字，"腰"为后起字。膂，S.5464 作"背"，亦通。此句指腰、脊骨、胸和腋。膂，脊骨。《书·君牙》："今命尔予翼，作股肱心膂。"孔颖达疏："膂，背也。"

（74）病患疾疹：疾疹，P.3610 作"疾疢"。P.2487 作"疾疠"。

（75）癣（xuǎn）疥（jiè）瘑（guó）疽（jū）：均为皮肤病。癣，皮肤感染霉菌后引起的一种疾病。疥，疥疮。《庄子·则阳》："漂疽疥痈，内热溲膏是也。"瘑，疮。《广韵·平戈》："瘑，疮也。"疽，指局部皮肤肿胀坚硬的毒疮。

（76）肿𤴯（xìn）肌肤：P.3610 作"肿𤴯肥肤"。本句指肌肤发

---

① 汪泛舟：《敦煌古代儿童课本》，甘肃人民出版社 2000 年版，第 16 页。
② 张新朋：《敦煌写本〈开蒙要训〉研究》，博士学位论文，浙江大学，2008 年，第 105 页。

炎肿痛。焮，本指燃烧、烧灸。引申为肿痛。

（77）铍灸疗除：P.2487、P.2578、P.3610均作"铍灸"。"炙"与"灸"形似而误。本句意谓用铍灸疗法根除疾病。铍，铍针，古代一种医疗器械。下端剑形，两面有刃。多用以刺破痈疽，排除脓血。

（78）瘕（jiǎ）瘶欬（kài）嗽：瘶，底卷"疒"下作"希"，S.5464"疒"下作"林"，不确，今从郑本、汪本、张本。本句指腹痛、咳嗽等疾病。瘕，腹中结块的病。《素问·大奇论》："肾脉小急，肝脉小急，心脉小急，不鼓皆为瘕。"马莳注："瘕者，假也。块似有形，而隐见不常，故曰瘕。"欬，同"咳"。咳嗽。《礼记·内则》："升降出入揖游，不敢哕噫、嚏咳。"

（79）洩唾呵嘘：P.2487"呵嘘"前衍出"歌"字，且其右旁有删除符号。郑本、汪本作"啼唾呵嘘"。汪泛舟认为"啼，悲啼之义"①，意难通。洩，排泄、倾泻。唾，吐、呕吐。呵嘘，嘘气、吹气。

（80）癃残挛跛：底卷"癃"字作"疒"下"夆"，今从郑本、汪本。本句皆指身体残疾。癃，跛、腿瘸。《淮南子·墬形训》："土地各以其类生，是故山气多男，泽气多女，障气多喑，风气多聋，林气多癃，木气多伛。"高诱注："自此上至山气多男，皆生子多有此病也。"残，残缺；缺损。挛，抽搐、痉挛。《素问·皮部论》："其（邪）留于筋骨之间，寒多则筋挛骨痛。"王冰注："挛，急也。"跛，足瘸。《易·履》："跛能履，不足以与行也。"《北史·李谐传》："因瘿而举颐，因跛而缓步，因謇而徐言，人言李谐善用三短。"

（81）癫痫赣（zhuàng）惷：P.2487、P.3610作"癫痫⿱⿻一丨⿱丨一 惷"，"⿱⿻一丨⿱丨一"盖为"赣"之别体。癫痫，突然发作的暂时性大脑机能紊乱。俗称羊痫风或羊癫风。赣，通"戆"。愚、傻。《荀子·儒效》："狂惑戆陋之人，乃始率其羣徒，辩其谈说。"杨倞注："戆，愚也。"惷，愚蠢。《淮南子·泛论训》："存亡之迹若此其易知也，愚夫惷妇皆能论之"。高诱注："惷亦愚，无知之貌也。"

（82）痴騃顽愚：意为愚蠢。痴，癫狂、神志不清。騃，愚、呆。

---

① 汪泛舟：《敦煌古代儿童课本》，甘肃人民出版社2000年版，第20页。

《汉书·息夫躬传》："左将军公孙禄、司隶鲍宣皆外有直项之名，内实骏不晓政事。"颜师古注："骏，愚也。"

（83）羞耻惭戁（nǎn）：耻，P.3610、P.2588、P.3102、S.5431作"恥"，"恥"为"耻"之异体。另，汪本据P.2578，误将"戁"之注音字"赧"迻录为正文。① 惭愧、恐惧。戁，恐惧、悚惧。《诗·商颂·长发》："不戁不竦，百禄是总。"毛传："戁，恐；竦，惧也。"

（84）愧恧（nù）乡闾：愧，S.1308作"槐"，盖形似而误。本句意为愧对于乡闾。恧，惭愧。《方言》第六："恧，惭也……山之东西，自愧曰恧。"汉·司马相如《封禅文》："盖周跃鱼陨航，休之以燎，微夫此之为符也，以登介丘，不亦恧乎？"

（85）翳（yì）璧砆碔：璧，P.2588、S.5431、S.5464等作"壁"，误。本句皆指玉石。翳璧，隐于石中的玉。砆碔，次于玉的美石。《广雅·释地》："蜀石、碔、玫、砆碔……石之次玉。"

（86）颇黎玛瑙：黎，S.5464作"梨"，汪本录作"梨"。今从郑本、张本。本句即指玻璃和玛瑙。颇黎，亦作"颇璨"，即玻璃。

（87）琉璃瑇瑁：即琉璃和玳瑁。琉璃，一种有色半透明的玉石。《后汉书·西域传·大秦》："土多金银奇宝、有夜光璧、明月珠、骇鸡犀、珊瑚、虎魄、琉璃、琅玕、朱丹、青碧。"瑇瑁，亦作"玳瑁"。本为爬行动物，形似龟。甲壳黄褐色，有黑斑和光泽，可做装饰品。后来也指用其甲壳制成的装饰品。《汉书·东方朔传》："宫人簪瑇瑁，垂珠玑。"

（88）鈆（qiān）锡鍮（tōu）镴（là）：锡，底卷及P.2578、S.5464等右边作"易"，今据P.3610、P.2487及郑本、张本录文。本句皆为金属名称。鈆，同"铅"。鍮，亦作"鍮"，指黄铜矿或自然铜。《敦煌变文集·维摩诘经菩萨品变文甲》："以小计大，将鍮喻金。"镴，锡和铅的合金。通常称焊锡或锡镴。用以焊接金属，也可制造器皿等。《周礼·夏官·职方氏》："其利金锡竹箭。"汉·郑玄注："锡，镴也。"

---

① P.2578为注音卷，正文亦作"羞耻惭戁"，"戁"右下角以"赧"注音。汪泛舟先生误将"赧"为正文。详见汪泛舟编著《敦煌古代儿童课本》，甘肃人民出版社2000年版，第21页。

（89）锢鏴销镕：鏴，底本及 P.3610、P.2487、S.5431 等作"鏴"，P.2578 作"镄"，张本据此。锢，用金属熔液填塞空隙。《说文·金部》："锢，铸塞也。"

（90）鼎镂釜鬹（hì）：鬹，P.3610、P.3054 作"![字]"。P.2487、P.2578 作"鬹"，今从之。皆为炊具。鬹，鬲也。古代一种炊器。《周礼·考工记·陶人》："鬲实五觳，厚半寸，唇寸。"孙诒让正义："其用主于烹饪，与釜、鍑同。"

（91）铫镰鍑爨：皆为炊具。铫，炊具，锅类。鍑，锅类，形制不一。《汉书·匈奴传下》："胡地秋冬甚寒，春夏甚风，多赉鬴鍑薪炭，重不可胜。"颜师古注："鍑，釜之大口者也。鍑音富。"爨，烧火煮饭。《左传·宣公十五年》："易子而食，析骸以爨。"杜预注："爨，炊也。"也指灶。

（92）土锅鍏（xuān）铫（yáo）：铫，S.5464 右边作"比"，误。铫，一种带柄有嘴的小锅。三国·魏·曹操《上器物表》："御物有纯银粉铫一枚。"

（93）鎗（qiāng）鏊（áo）堦桉：鎗，P.3610、S.5464 等作"铛"，汪本据此录文。堦桉，汪泛舟认为"堦"同"阶"，"桉"通"按"。"堦桉"为"根据"之义。① 似难通，根据上文，亦当为炊具。今存疑俟考。鎗，鼎、铛。唐·李贺《始为奉礼忆昌谷山居》诗："长鎗江米熟，小树枣花春。"鏊，一种平底锅，常用以烙饼。

（94）铧鏊钁（jué）锸（chán）：铧，底本作"鍈"，张新朋认为"铧""鍈"是古异体字。② 难通，今存疑俟考。鏊，底本及 P.3102、P.2487 等作"鏊"，P.2578 等作"锹"。"鏊"与"锹"为异体字。皆为翻土农具。铧，一种人力翻土农具。《太平御览》卷七六四引《淮南子·齐俗训》："故伊尹之兴土功也，修脚者使之跖铧。"高诱注："长脚者跖得土多，锸入土深也。"锹，一种掘土器。用熟铁或钢打成片状，前一半略呈圆形而稍尖，后一半末端安有长木把。北魏·贾思勰《齐民

---

① 汪泛舟：《敦煌古代儿童课本》，甘肃人民出版社 2000 年版，第 24 页。
② 张新朋：《敦煌写本〈开蒙要训〉研究》，博士学位论文，浙江大学，2008 年，第 113 页。

要术·种桃柰》:"栽法,以锹合土掘移之。"钁,钁头,一种掘土农具,类似镐。鑱,一种掘土器。装上弯曲的长柄,用以掘土,称长鑱。唐·杜甫《干元中寓居同谷县作歌》之二:"长鑱长鑱白木柄,我生托子以为命。"

(95) 斧凿錾(zàn)锻:錾,底本左边为"钅",右边为"聚",不确,存疑俟考。今据郑本、汪本录文。指斧子、凿子、砧石等工具。錾,小凿。雕凿金石的工具。锻,锻铁的砧石。《诗·大雅·公刘》:"涉渭为乱,取厉取锻。"毛传:"锻,石也。"郑玄笺:"锻,石所以为锻质也。"

(96) 错鑢锥钻:锥,P.2487、P.2588作"铢",误。本句皆为锉磨工具。错,锉刀。汉·刘向《列女传·鲁臧孙母》:"错者所以治锯,锯者所以治木也。"鑢,磋磨骨角铜铁等的工具。《礼记·大学》:"如切如磋,如琢如磨。"宋·朱熹集注:"磋以鑢锡,磨以沙石,皆治物使其滑泽也。"

(97) 耧犁耕耩(jiǎng):耧,底本作"禾"字旁,P.3610、P.2487等作"木"字旁,误。耕耩底本亦作"禾"字旁,盖为"耕耩"的俗体。今据郑本、汪本录文。以耧犁等农具耕田。耩,耕地。《广雅·释地》:"耩,耕也。"王念孙疏证:"耕与耩一声之转。今北方犹谓耕而下种曰'耩'矣。"

(98) 稙(zhī)薙(tì)稀疏:稙,S.5464作"植",形近而误。疏,底本及P.2478、P.3610等作"疎"。疎,同"疏",亦作"疎"。薙,底本、P.3610等作"稚",亦通。稙指先种的谷物。《诗·鲁颂·閟宫》:"稙穉菽麦。"毛传:"先种曰稙,后种曰穉。"高亨注:"稙,早种的谷类。"薙,除草。《礼记·月令》:"(季夏之月)是月也,土润溽暑,大雨时行,烧薙行水,利以杀草。"郑玄注:"薙谓迫地芟草也。"疏,稀疏。

(99) 穊(jì)密稠短:穊,P.2487、P.2588作"足"字旁,误。密,底卷作"蜜",亦通。P.3875A作"蜜",盖音近而误。今据郑本录文。穊指稠密。《史记·齐悼惠王世家》:"深耕穊种,立苗欲疏;非其种者,鉏而去之。"

(100) 削斫斩刿:P.3054作"梢斫斩刿",其他作"削斫斩刿"。

郑本、汪本、张本皆作"削斫斩锉"。

（101）权杷挑拨：挑拨，P.2487以及汪本、张本作"挑拨"。今存疑俟考。

（102）举质券契：P.2478、P.3610、S.5431作"质举券契"。

（103）示语靡从：靡从，不从。

（104）摘挐撮搦：摘，P.2487、P.2588等作"擒"，郑本、汪本据此录文。撮，P.3610、S.5431等作"㭬"，盖形似而误。挐，同"拿"，捉、持。《说文·手部》："挐，持也。"桂馥义证："持也者，挐，通作拏。拘捕有罪曰挐，今俗作拿。"撮，用三指取物；抓取。搦，握、持。《后汉书·藏洪传》："抚弦搦矢，不觉涕流之覆面也。"

（105）蹴踏拳筑：踏，S.5464作"蹋"，"踏"之异体。P.2588作"路"，盖形近而误。拳，底本作"搻"，亦通。架，底本及P.3610作"筑"。P.2578作"架"。

（106）推挟拽挽：郑本作"推挽拽捆"，汪本、张本作"推挟拽挽"。今存疑俟考。挽，捶打。《谷梁传·宣公十八年》："邾人戕缯子于缯。戕，犹残也，挽杀也。"范宁注："挽谓捶打残贼而杀。"

（107）曹府恐嚇：P.2487亦作"曹府恐嚇"。嚇，发怒声。《庄子·秋水》："于是鸱得腐鼠，鹓鶵过之，仰而视之曰'嚇'。"恐嚇，今作"恐吓"。P.3610作"曹府恐𡧛"，张本据P.2578、P.3875A、S.5464、S.705、S.2588、P.3102等录为"曹府恐窾"。郑本作"曹府恐窍"，不知所从何来。S.1308作"曹府窾窾"。

（108）駈（qū）驰驮乘：駈，同"驱"。鞭马前进。

（109）决駃奔驿：P.3610作"决駃騂驿"。

（110）车辕毂辋：毂，P.3610作"轂"，形似而误。毂辋：车毂与车轮外框。毂，车轮的中心部位，周围与车辐的一端相接，中有圆孔，用以插轴。《诗·秦风·小戎》："文茵畅毂，驾我骐馵。"朱熹集传："毂者，车轮之中，外持辐内受轴者也。"辋，车轮的外框。《释名·释车》曰："辋，冈也，冈罗周轮之外也。"

（111）轮辐輪（líng）轒：輪，车栏，即车厢前面和左右两面横直交结的栏木。《楚辞·九辩》："倚结輪兮长太息，涕潺湲兮下沾轼。"

朱熹集注："軨，车轼下纵横木也。"也指小车。

（112）釭锏钏辖：P.3610作"钏锏釭轴"。P.2487、P.2578作"釭锏枕轴"，张本据此作"釭锏枕轴"。汪本作"釭锏辖轴"，郑本作"釭锏枕轴"。釭，亦读作"gōng"。《说文》："釭，车毂中铁也。"《管子·轻重乙》："一车必有一斤、一锯、一釭、一钻、一凿、一銶、一轲，然后成为车。"赵守正注："釭：车轮上承受车轴的铁器。锏，嵌在车轴上的小方铁。可以保护车轴并减少摩擦。"《说文·金部》："锏，车轴铁也。"王筠句读："轴之周匝皆凿寸长小方槽，纳方铁于中，以与釭相敌也。《释名》：'锏，间也。间釭轴之间，使不相摩也。'此说最明了。脂车即脂此锏。"枕，车箱底部前后横木。《周礼·考工记总序》"车轸四尺"郑玄注："轸，舆后横木。"唐·贾公彦疏："云轸舆后横木者，即今之车枕一也。"轴，车轴，即贯于毂中持轮旋转的圆柱形长杆。

（113）鞅鞍（xuàn）韛（gōu）鞴：据汪本、张本录文。此句皆为皮革制品。鞅，套在牛马颈上的皮带。一说在马腹上。《左传·僖公二十八年》："晋车七百乘，韅、靷、鞅、靽。"杜预注："在腹曰鞅。"陆德明释文："鞅，《说文》云：'颈皮也。'"韛，革制臂套。唐·杜甫《见王监兵马使》诗之一："一生自猎知无敌，百中争能耻下韛。"仇兆鳌注："韛，捍臂也，以皮为之。"鞴，同"鞞"，皮靴。

（114）籧（qú）篨篷簦：P.3610作"籧䈪"，盖受"篷"同化所致。籧篨，粗竹席。《方言》第五："簟，其粗者谓之籧篨。"《晋书·皇甫谧传》："以籧篨裹尸，麻约二头，置尸床上。"

（115）㦎慊显㗎：P.2487、P.3875作"㦎慊"，今从之。汪泛舟先生录文"㦎慊"二字不从"忄"，从"巾"，且将"㦎"音识读为"bǐ"。

（116）雕锩刻镂：P.3610作"彫锥刻镂"；P.3875作"雕锥刻镂"；P.2487、P.2578、P.3054作"雕锩刻镂"，今从之。"彫"乃"雕"之本字。

（117）划（chǎn）削镑（pāng）鐁（sī）：据汪本、张本录文。郑本作："铲削镑鐁"。此句皆为金属类工具。划，同"铲"，农具名。铲子。北魏·贾思勰《齐民要术·耕田》："《纂文》曰：'养苗之道，鉏不如耨，耨不如划。'划柄长三赤（尺），刃广二寸，以划地除草。"削，一种有柄而微弯的两刃小刀，汉代多用以刮削简牍上的文字。《周礼·考工记·筑氏》："筑氏为削，长尺，博寸，合六而成规。"郑玄注："今之书刃。"贾公彦疏："郑云'今之书刃'者，汉时蔡伦造纸，蒙恬造笔，古者未有纸笔，则以削刻字，至汉虽有纸笔，仍有书刃，是古之遗法也。"镑，铲子的别名。明·徐光启《农政全书》卷二一："划：俗又名镑。"鏉，《汉语大辞典》解释为"一种铜制的盥洗用具"。此处实当指金属刀类。今存疑。

（118）尖喎偏戾：P.3610"戾"从"亻"。汪本作"龙祸偏戾"。认为"龙祸"源于古代有关狗的凶兆故事。①

（119）侧正倾欹：倾欹，P.2487作"倾欺"；P.3610作"倾攲"；P.2578、P.3875作"倾敧"。

（120）瑕衅（xìn）于隙：于隙，底本作"罅隙"。衅，仇隙、争端。《战国策·韩策三》："秦举兵破邯郸，赵必亡矣。故君收韩，可以无衅。"一本作"釁"。

（121）填塞拈捭：汪本作"垣塞粘卑"，义难通。今据P.2578、P.3610、P.3875等录文。

（122）罇壶盆钵：P.3610作"罇囊盆钵"；底本及P.2487、P.3875等作"罇壶魁钵"。郑本作"樽壶盆钵"，今从汪本、张本录文。

（123）杯椀盏卮：杯，P.3610作"盆"，S.5464、S.1308等作"否"，皆误。S.388作"盃"，为"杯"之异体字。此句皆为器皿名称。椀，同"碗"。盏，浅而小的杯子。《方言》第五："盏，杯也。自关而东，赵魏之间曰椷，或曰盏。"郭璞注："盏，最小杯也。"卮，同"卮"。古代一种酒器。《汉书·高帝纪上》："上奉玉卮为太上皇寿。"

---

① 汪泛舟先生认为此句为"龙祸偏戾"，正好与下句"侧正倾欹"相呼应。上句指有关视狗为凶兆变异现象的故事。如《史记·吕太后本纪》所记载"三月中，吕后祓，还过轵道，见物如苍犬，据高后掖，忽弗复见。卜之，云赵王如意为祟，高后随病掖伤。"《汉书·外戚传》："太后持天下八年，病犬祸而崩。"下句则指戚夫人排斥吕后、吕后杀害戚夫人之事。详见汪泛舟编著《敦煌古代儿童课本》，甘肃人民出版社2000年版，第31页。

颜师古注:"卮,饮酒圆器也。"

(124)盘擎罍楪:擎,汪本作"檠"。盘,同"槃",木盘。古代承水器皿。《礼记·内则》:"进盥,少者奉盘,长者奉水。"郑玄注:"盘,承盥水者。"擎,通"檠"。有脚的盘碟。罍,通"櫑"。器物名。盛食品的扁盒,中有隔,形制不一。楪,器皿名。底平浅,比盘子小。多用于盛食物。后多作"碟"。唐·白居易《七年元日对酒》诗之三:"三杯蓝尾酒,一楪胶牙饧。"

(125)瓢杓筯匙:杓,S.5464作"枸",形似而误。本句皆为舀东西器皿。筯,同"箸"。南朝·宋·刘义庆《世说新语·忿狷》:"王蓝田性急。尝食鸡子,以筯刺之,不得,便大怒,举以掷地。"

(126)甖(yīng)瓯瓶盆:郑本作"甖瓷瓶榼",张本作"甖瓯瓶榼",根据后句"盆瓮甑炊"可知,张本为是。甖,同"罂",小口大腹的容器。多为陶制,亦有木制者。《方言》第五:"自关而东,赵魏之郊谓之瓮,或谓之罂。"榼,古代盛酒或贮水的器具。《左传·成公十六年》:"使行人执榼承饮。"

(127)浆㳄酪饭:P.3610作"浆㳄酪饭";底本及P.3875作"浆㳄酪饭",今从之。学者们录文莫衷一是。今存疑俟考。

(128)羹臛粥糜:臛,S.5464作"曤",当为"臛"之误。糜,P.2487、P.2588等该字下部作"糸",误。此句皆为食物名称。羹,用肉类或菜蔬等制成的带浓汁的食物。《诗·商颂·烈祖》:"亦有和羹。"唐·孔颖达疏:"羹者,五味调和。"臛,肉羹。粥糜,亦作"糜粥",即指粥。《礼记·问丧》:"水浆不入口,三日不举火,故邻里为之糜粥以饮食之。"唐·孔颖达疏:"糜厚而粥薄。"写卷或作"縻",当为误写。

(129)葅(zū)荠鲝(zhǎ)脯:葅,郑本作"薤",今据底本改。鲝,底本作"酢",意不符,当为"鲝"之误字。葅,腌菜。《诗·小雅·信南山》:"疆场有瓜,是剥是葅。"郑玄笺:"淹渍以为葅。"鲝,用腌、糟等方法加工的鱼类食品。《释名·释饮食》:"鲝,葅也,以盐、米酿鱼以为葅,熟而食之也。"

(130)鲜鲙(kuài)鱼鲏(pī):鲙,P.3610、S.5431作"脍",

"鲙"为"脍"之异体字。本句皆指鱼类食物。切得很细的鱼或肉。《论语·乡党》："食不厌精，脍不厌细。"唐·陆德明释文："脍，又作鲙。"鲅，剖开的鱼片。北魏·贾思勰《齐民要术·脯腊》："作浥鱼法……去直鳃，破腹作鲅，净疏洗，不须鳞。"缪启愉校释："'鲅'，音披，破鱼叫'鲅'，据下文'两两相合'，是将一鱼破成两片，上盐后依旧两片合拢成一鱼。"

（131）店肆兴贩：贩，P.2487作"饭"，郑本亦作"饭"，义难通。P.3610作"返"，形似而误。

（132）恡（lìn）怙（hù）悭（qiān）惜：怙，底本作"㥽"不确，俟考。本句意皆为怜惜。恡，同"吝"。吝惜。《逸周书·寤儆》："不骄不恡，时乃无敌。"今存疑。悭，节约；吝啬。

（133）丰饶添益：P.2578作"丰饶忝益"，"忝"，通"添"。另P.3243作"□镜添益"。

（134）煸炼煮炙：P.3610作"𦠁㭊"。P.3243作"□炼煮炙"。其他写卷字迹模糊难辨。

（135）煎熬焦煏（bì）：各写卷"焦"左右结构，从火缶声。或写作"炙"（左右结构），当为"炙"之异体。煮、烤。焦。亦作"炰"。煮。北魏·贾思勰《齐民要术·蒸焦法》："焦猪肉法……于铜铛中焦之，一行肉，一行擘葱，浑豉、白盐、姜、椒，如是次第布讫，下水焦之。"煏，用火烘干。《玉篇·火部》："煏……火干也。"北魏·贾思勰《齐民要术·伐木》："凡非时之木，水沤一月，或火煏取干，虫则不生。"

（136）盐豉调适：底本及P.3610等作"盐豉调适"，今从之。P.2487、P.3875作"塯豉调适"。塯，土块。义不符，盖为抄写之误。

（137）腩𤋎䐣炙：汪本作"腌𤋎腩䐣"。写卷文字形体书写各异，难以辨认，今存疑俟考。

（138）䑋䑋脸腊：䑋，底本作"脸"，误。郑本左边作"月"，右边作"咸"，盖据P.3610、P.2487录文。P.3243作"鹹䑋酸醋"，汪本盖据此录文。腊，汪本作"醋"，张本作"酢"。

（139）饐餿粗粆：写卷模糊，据郑本录文。本句皆为古代的食品。

以蜜和米面，搓成细条，组之成束，扭作环形，用油煎熟，犹今之馓子。又称寒具、膏环。《楚辞·招魂》："粔籹蜜饵，有餦餭些。"王逸注："言以蜜和米面，熬煎作粔籹。"

（140）糁（sǎn）粒研斲：研，S.1308作"斫"，形似而误。本句意为米粒碾碎。糁，同"糁"，米粒、饭粒。斲，为"斲"之正写形式。

（141）喫（chī）啖（dàn）饱满：吃饱。喫，S.5431作"氵"旁，误。"喫"为"吃"之异体。啖，食、吃。北齐·颜之推《颜氏家训·风操》："江宁姚子笃，母以烧死，终身不忍啖炙。"卢文弨补注："啖……与啗、噉并同，食也。"

（142）粱粮糯秫（shú）：底本作"粳糯秈秫"，与其他卷不同，今据郑本录文。梁米、粟米之黏者，多用以酿酒。《礼记·内则》："饘、酏、酒、醴、芼、羹、菽、麦、蒉、稻、黍、粱、秫，唯所欲。"孙希旦集解："秫，黏粟也；然凡黍稻之黏者，皆谓之秫，不独粟也。"

（143）豌豆𦭯荞：𦭯荞，P.3610作"稾荞"。底本模糊难认，汪本作"荏荞"。今存疑俟考。

（144）杵臼舂捣：捣，P.2487、P.3875等作"祷"，系误字。

（145）麄（cū）涩细好：郑本作"鹿涩细好"，不当。本句意为粗涩细好。麄，亦作"麁""麤"。粗糙、粗劣。

（146）秕𧀼箕蒿：蒿，底本作"槀"，不确。P.2487、P.3875作"篙"。今据郑本及P.3610录文。

（147）谷涧嵠壑：谷，P.3610、P.2487、S.5431等作"峪"盖受后面"嵠"类化。嵠，"溪"之异体。《孔子家语·三恕》："夫水似乎德：其流也则卑下倨邑，必循其理，此似义；浩浩乎无屈尽之期，此似道；流行赴百仞之嵠而不惧，此似勇。"

（148）槫扉鸱吻：槫，P.3243作"抟"，汪本作"木"字旁，郑本作"博"，张本作"搏"，皆不确。鸱，P.2487、P.3610等作"鵄"。吻，S.705作"飞"，误。此句皆为房屋构件。槫，屋栋、檩子。北魏·贾思勰《齐民要术·种槐柳楸梓梧柞》："柞，宜于山阜之曲……十年中椽，可杂用。二十岁中屋槫。"鸱吻，即鸱吻。古代宫殿屋脊正脊两端的一种饰物。初作鸱尾之形，一说为蚩（一种海兽）尾之形，象征辟除火灾。后来式样改变，折而向上似张口吞脊，因名鸱吻。"鵄"同"鸱"。

（149）厠廠廂序：厠，亦作"厕"，便所。《史记·项羽本纪》："沛公起如厕。"廠，亦作"厂"，犹棚舍。北魏·贾思勰《齐民要术·养羊》："架北墙为厂。"廂，亦作"厢"，正屋两边的房屋；厢房。古代亦指正堂两侧夹室之前的小堂。《尔雅·释宫》："室有东西厢曰庙。"郭璞注："夹室前堂。"郝懿行义疏："按，庙之制中为大室，东西序之外为夹室，夹室之前小堂为东西厢，亦谓之东西堂。"序，厅堂、客堂。《释名·释宫室》："大屋曰庑……并冀人谓之序。序，正也。屋之正大者也。"《广韵·上马》："序，厅也。"《说文·广部》"庌"。

（150）窨（yìn）窖囷（chuán）仓：郑本、汪本、张本同。P.3610、P.3189、S.5431作"窨囤囷仓"。囷，P.2487、S.1308作"篅"。本句皆为贮存之所。窨，地下室、地窖。《后汉书·光武帝纪下》"诏死罪系囚皆一切募下蚕室"唐·李贤注："蚕室，宫刑狱名。宫刑者畏风，须暖，作窨室蓄火如蚕室，因以名焉。"囷，同"篅"。存放谷物的圆囤。用竹篾或草制成。《释名·释宫室》："囷，以草作之，团团然也。"

（151）砖墼（jī）垒墙：砖，张本作"塼"，P.3610、P.2487等作"磚"。用砖墼砌墙。墼，未烧的砖坯。亦指用泥土或炭屑捣成的圆块。《急就篇》卷三："墼垒廥廄库东箱。"颜师古注："墼者，抑泥土为之，令其坚激也。"

（152）扫洒庭院：扫洒，P.2487、P.3243、P.3875写作"洒扫"，"灑"同"洒"，异体字。

（153）料理园场：P.3610作"料治园场"。P.3243作"料理垣场"，"垣"当为误字。

（154）柑橘槟榔：写卷字多从"扌"。按，敦煌文献中"木""扌"混用。

（155）苽桃李柰：底本作"苽桃柰李"，"李"右旁有倒文符号。P.3610误作"奈"。

苽，同"瓜"。柰，果树名。也指柰树的果实。

（156）枣杏梨棠：棠，P.2487作"堂"，P.3610作"裳"，皆为抄写之误。棠，树名，有赤白两种。赤棠木理坚韧，实涩无味；白棠，亦称甘棠、棠梨，实似梨而小，可食，味甜酸。《山海经·西山经》："（昆仑之丘）有木焉，其状如棠。"

（157）葱蒜韭薤（xiè）：据郑本、汪本录文。葱，张本作"艹"下"怂"声。薤，多年生草本植物。地下有圆锥形鳞茎，叶丛生，细长中空，断面为三角形，伞形花序，花紫色。新鲜鳞茎可作蔬菜，干燥鳞茎可入药。

（158）萝葡兰香：底本及P.2487、P.2578、P.3243、P.3610、P.3875均作"萝葡兰香"。汪本作"萝卜兰香"，费解。

（159）斜蒿藜藿：P.2487、P.3875作"蔚蒿藜藿"。底本及P.3243等作"斜蒿藜藿"，今从之。

（160）笋蕨芹黄：今从P.3243迻录。P.3154、P.3610、P.2578作"笋蕨尊櫱"。P.3875作"笋蕨荨櫱"。汪本作"笋蕨篝荇"。今存疑俟考。

（161）周迊遮防：迊，底本及P.3610、P.2487等均作"迊"，为"匝"之异体。张本、汪本、郑本均录为"匝"。

（162）蛐蜒蜣蜋：皆为小虫名。蛐蜒，节足动物，像蜈蚣而略小，体色黄褐，有细长的脚十五对，生活在阴湿地方，捕食小虫，有益农事。汉·王逸《九思·哀岁》："巷有兮蛐蜒，邑多兮螳螂。"蜣蜋，亦作"蜣螂"。昆虫。全体黑色，背有坚甲，胸部和脚有黑褐色的长毛，会飞，吃粪屎和动物的尸体，常把粪滚成球形，产卵其中。俗称屎壳郎、坌屎虫。晋·葛洪《抱朴子·广譬》："玄蝉之洁饥，不愿为蜣螂之秽饱。"

（163）蜂蝶螗螂：螗，P.3610、P.3875、S.5431等作"螳"。螗螂：亦作"螳螂"，昆虫名。全身绿色或土黄色，头呈三角形，触角呈丝状，胸部细长，翅两对，前脚呈镰刀状。捕食害虫，对农业有益。卵块灰黄色，称螵蛸，产桑树上名桑螵蛸，可入药。《初学记》卷三十引北齐·颜之推《听鸣蝉》诗："螗蜋翳下偏难见，翡翠竿头绝易惊。"

（164）虾蟆蚌蛤：底本脱此句。蟆，P.3610等右边作"麻"。虾，同"虾"。虾蟆，亦作"虾䗫"。亦作"蛤蟆"。青蛙和蟾蜍的统称。

《史记·龟策列传》："月为刑而相佐，见食于虾蟆。"

（165）龟鳖鲂鳉：底本脱此句。郑本作"龟鳖鲂螳"，据上文可知非是。汪本、张本为是，作"鳉"。

（166）鲇鲤鳢鲗（yáng）：P.3610作"鲇鲤鳢鲫"。郑本亦是。鲗指赤鲡。体呈鲜红色。

（167）鹑鸠鸳鸯：皆为鸟名。鸠，同"雉"，俗称野鸡。

（168）鹰雕鹞鹘：P.2487V作"鹰彫鹞鹘"。"雕""彫"相混。汪本作"鹰鵰鹭鹘"。鹘，鸟类的一科，也叫隼。

（169）豘狗猪羊：豘，S.705该字左边作"牛"，P.2487、P.3875、S.1308作"月屯"。豘，盖"豚"之异体。皆指小猪。

（170）骆駞骡象：写卷多作"骆駞"。骡，P.3610、S.5431作"螺"，误。象，有些卷作"马象"，误。駞，同"驼"。骆駞，即骆驼。

（171）鞍鞯（jiān）鞦辔（pèi）：据郑本录文。鞍，马鞍。鞯，马鞍下的垫子。鞦，络在牲口股后尾间的绊带。辔，驾驭马的缰绳。

（172）靷（yǐn）鞋（bàn）鞚（kòng）缰：鞋，底本及P.2487、S.1308等作"绊"，张新朋认为是"古异体字"。① 本句指套马的皮带马龙头和缰绳。靷，引车前行的皮带。骖马的外辔穿过服马的游环，系于车轴，以引车前进。《左传·哀公二年》："邮良曰：'我两靷将绝，吾能止之。'"孔颖达疏："古之驾四马者，服马夹辕，其颈负轭，两骖在旁，挽靷助之。"鞋，驾车时套在牲口后股的皮带。《左传·僖公二十八年》："晋车七百乘，韅、靷、鞅、鞋。"杜预注："在腹曰鞅，在后曰鞋。"鞚，马笼头。《太平御览》卷三五八引晋·傅玄《良马赋》："纵衔则往，揽鞚则止。"

（173）带鞘辔镑：镑，底本及P.3243、P.3875作"傍"。

（174）销弩钝钢：P.3610作"弹弩钝鍟"；P.3243作"销弩钝刚"。汪本作"弹弩纯钢"，郑本、张本作"销弩钝刚"。存疑俟考。

（175）劫贼剥夺：夺，底本及P.3243作"脱"，意难通，存疑俟考。

---

① 张新朋：《敦煌写本〈开蒙要训〉研究》，博士学位论文，浙江大学，2008年，第137页。

（176）怕怖惧忙：怕，P.3189作"伯"，误。怖，底本及P.2578作"悑"，该形似而误。汪泛舟认为P.2578卷子作"惊"，① 非是，实为"惧"，旁有注音字"具"。

（177）越蓦非常：越蓦，底本作"跳骞"。"骞"误作"骞"。据郑本录文。汪本作"跳骞"。张本作"越蓦"。皆难通，今存疑俟考。

（178）䛡诱夸张：P.2487似作"语诱夸张"。亦通。

（179）摴（chū）蒲摊赌：摴，底本作"搋"，不确。P.2487、S.1308作"樗"。蒲，P.2487作"蒱"。今据郑本、张本录文。本句所言均为博戏。摴蒲，古代博戏名。汉即有之，晋时尤盛行。以掷骰决胜负，得采有卢、雉、犊、白等称，视掷出的骰色而定。其术久废。后为掷骰的泛称。三国·魏·曹丕《艳歌何尝行》："小弟虽无官爵……但当在王侯殿上，快独摴蒲、六博，对坐弹棋。"摊，即摊钱。唐·李匡乂《资暇集》卷中："钱戏有每以四文为一列者，即史传所云意钱是也，俗谓之摊钱，亦曰摊铺。"

（180）围碁握槊：围，P.3189作"团"，盖形似而误。碁，S.5463作"基"，亦误。握，P.2487等误作"木"旁。P.3601作"掘"，亦不妥。槊，S.5449作"塑"，亦误。围碁，即围棋。握槊，古时类似双陆的一种博戏。

（181）戏弄披倡：戏弄，即戏弄参军，亦称弄参军。是古代的一种滑稽戏表演。其始末，据宋·胡仔《苕溪渔隐丛话后集·唐人杂记上》引《复斋漫录》记载："余按《乐府杂录》云：'戏弄参军，自汉馆陶令石耽，有赃犯，和帝惜其才，免罪，每宴乐，令衣白衫，命优伶戏弄辱之，经年，乃放为参军。'然则戏弄参军，自汉已然矣，不始于唐世也。披倡，即倡优表演。"

（182）检验查访：P.3610作"检校查访"。

（183）栲梓鞭棒：栲，底本及P.3601等作"拷"，根据句意可知非是。梓，P.3610作"持"。P.2487似为"执"。今存疑俟考。

（184）枷锁杻桁：锁，P.3610、P.2487作"鏁"，底本及P.3243作"锁"。郑本作"锚"，不知所据。汪本、张本作"鏁"，"锁"之异

---

① 汪泛舟：《敦煌古代儿童课本》，甘肃人民出版社2000年版，第47页。

体。杻，S.5463作"抽"，误。桁，P.3601、P.3189等作"械"。张本录文"械"。

（185）判无阿党：P.3610"判付阿党"，其他卷作"判无阿党"。又党，S.5449作"傥"，误。

（186）童蒙习学：童，S.5449作"章"，误。习学，P.2487、P.3610作"初学"，亦通。

（187）易解难忘：忘，底本及P.3243作"妄"，P.2487作"安"，皆为抄写误字。今据郑本、汪本、张本录文。

孔子备问书

【题解】

《孔子备问书》是敦煌所出通俗类蒙书之一，后世不传，历代史志亦不见著录。该蒙书内容上从普通民众的日常生活出发，主要就天文、地理、历史、官职、礼仪等常识进行启蒙教育。形式上采用问答式，先提出问题，通过回答来表达人们对天文、地理、人情等知识的认识观点，反映了当时社会生活与庶民思想的真实面貌，当是历史上不可多得的敦煌原生态训蒙文献。《孔子备问书》现仅存4个写卷，均藏于法国巴黎国家图书馆，写卷编号分别为 P.2579、P.2581、P.2594、P.3756。四个写卷皆为卷子本，在行款的排列上，皆采用每行大字体为问，双行小字体为答的形式。其中 P.2579 首尾俱残，亦缺题，起于"□阴，阴主煞"，讫于"何谓五藏，肝脾肾"，以大字体来看共存35行。P.2581首完尾残，计存116行（含首题），首题为："孔子备问书一卷"，首题行款下有"周公注""学道得道"，"学道得道"字体大小与前二者略有不同。起于"孔子周公曰：'何为天地？'"，讫于"何谓事君之道？恪勤尽忠，务于肃敬，献可谏否"。P.2594 为卷背抄写，首完尾缺，存仅6行（含首题），首题为："孔子备问书一卷，周公注"。起于"孔子周公曰：'何为天地？'"讫于"问曰天何以圆？地何以方？天不圆无运动，地不方何以安靖，此之是也"。P.3756 首尾俱残，残存17行。起于"十二时"，讫于"问曰何以小阳，何"。今录文以 P.2581 为底本，以郑阿财、朱凤玉先生《敦煌蒙书研究》录文及其他各写卷参校，鉴于前面已有写卷情况说明，故观照各写卷，录文隐去"周公注""学道得道"等文字。

关于《孔子备问书》的研究，一直没有得到学界足够的重视，研究成果较少，主要有郑阿财先生论文《敦煌写本孔子备问书初探》以及郑阿财、朱凤玉所著《敦煌蒙书研究》"综合知识类蒙书"一节，另有王晶的硕士学位论文《敦煌写本蒙书〈孔子备问书〉探究——兼论敦煌蒙书》。

【录文】

孔子备问书

孔子周公曰[1]：何谓天地？

答曰：运气未分[2]，幽幽冥冥，上下曚洪[3]，无影无形，不浊不清，难分之气，天地得成。清气上浮为天，浊气下沉为地。一黄一青，清浊之气分为阴阳[4]，阴阳之气变为五行[5]。阴阳交错万物得生，吾今为从，以|如|根本[6]。

【校释】

（1）孔子周公曰：P.2581、P.2594均存此句，此处孔子周公盖为作者假托之辞。如同敦煌蒙书《太公家教》中的"太公"。

（2）运气未分：指天地尚未分开。运气，运行之气。传说太古时候，整个宇宙混沌一团，天地不分，盘古开天以后，阴阳之气运行，天地乃分。《艺文类聚》引三国时吴人徐整《三五历记》："天地混沌如鸡子，盘古生其中。万八千岁，天地开辟，阳清为天，阴浊为地。盘古在其中，一日九变，神于天，圣于地。天日高一丈，地日厚一丈，盘古日长一丈。如此万八千岁，天数极高，地数极深，盘古极长。……故去地九千里。"

（3）上下曚洪：指天地曚洪。曚洪，即鸿蒙。指辽阔、混沌的宇宙。曚，昏暗。《淮南子·修务训》："明镜之始下型，曚然未见形容。及其粉以玄锡，摩以白旃，鬓眉微豪，可得而察。"《文选·曹植〈王仲宣诔〉》："会遭阳九，炎光中蒙。"李善注引《说文》："曚，不明也。"

（4）清浊之气分为阴阳：P.2581"清"误作"青"。阴阳，古代指宇宙间贯通物质和人事的两大对立面。指天地间化生万物的二气。《易·系辞上》："阴阳不测之谓神。"《新唐书·宦者传上·鱼朝恩》："阴阳不和，五谷踊贵。"

（5）五行：我国古代称构成各种物质的五种元素水、火、木、金、土为五行，古人常以此说明宇宙万物的起源和变化。《书·甘誓》："有扈氏威侮五行，怠弃三正。"孔颖达疏："五行，水、火、金、木、土也。"

（6）以 如 根本：郑本作"以之为根本"。然 P.2581、P.2594 似为"一如根本"。文字模糊难辨，今存疑俟考。

【录文】

问曰：天何谓禁？

天圆地方，运盖为禁也[1]。

天为地盖者何？

天地之气，理大难测。观之运盖，为之禁非，人难能决之。

【校释】

（1）天圆地方，运盖为禁也：我国古代的一种天体学说。认为天像一个斗笠（即盖），地像覆着的盘子。天在上，地在下，日月星辰随天盖而运动，其东升西没是由于近远所致，不是没入地下。《晋书·天文志上》："古言天者有三家：一曰盖天，二曰宣夜，三曰浑天……蔡邕所谓《周髀》者，即盖天之说也。其本庖牺氏立周天历度，其所传则周公受于殷高，周人志之，故曰《周髀》。髀，股也；股者，表也。其言天似盖笠，地法覆盘，天地各中高外下。"运盖，即天盖。

【录文】

问曰：天何以圆？地何以方？

答曰：天不圆，无运动[1]；地不方，何以安靖[2]？

【校释】

（1）运动：运行移动。汉·董仲舒《雨雹对》："运动抑扬，更相动薄。"又宋·曾巩《谢熙宁八年历日表》："窃以治历于中，所以察天时之运动；班正于外，所以一王度之推行。"

（2）安靖：P.2594"地不方，何以安靖"句后空白，另起一行小字，写有"此之是也也"等字，该写卷内容亦终于此。安靖，即安静。"靖"通"静"。下同。

【录文】

问曰：天何以运动？地何以安靖？

天不运动，无以通气[1]；地不安靖，无以生物[2]。天运［动］则四时行[3]，地安靖［则］万物生[4]。

【校释】

（1）通气：当谓气脉通达。《易·说卦》："天地定位，山泽通气。"《汉书·郊祀志下》："山泽通气，然后能变化。"

（2）生物：生长万物。

（3）天运［动］则四时行：P.2581脱"动"字，今据上文补之。四时行，四季交替运行。

（4）地安靖［则］万物生：P.2581脱"则"字，今据上文补之。

【录文】

问曰：天动何旋[1]？几时一迊[2]？

天运西行谓之在旋，十二时一迊也。

【校释】

（1）天动何旋：天是如何运转的。旋，旋转。《楚辞·招魂》："旋入雷渊，麋散而不可止些。"王逸注："旋，转也。"

（2）几时一迊：多少个时辰转动一圈。几时，几个时辰。迊，同"匝"，周、圈。匝，《东观汉纪·明德马皇后传》："（后）为四起大髻,但以发成尚有余,绕髻三匝。"又唐·元稹《志坚师》诗:"灵武朝天辽海征,宇宙曾行三四匝。"

【录文】

何谓十二时[1]?

日之所处本具:正南午[1]、日昳未[3]、晡时申[4]、日入酉[5]、黄昏戌[6]、人定亥[7]、日出卯[8]、食时辰[9]、隅中巳[10]、夜半子[11]、鸡鸣丑[12],故曰十二时是也[13]。

【校释】

(1) 十二时:指十二个时辰。中国古代把一天分为十二个时辰,每个时辰相当于今之两个小时。相传古时人们根据十二生肖中动物的出没时间来命名每个时辰。这种记时制早在西周时就已经使用,后世沿用。汉代时十二时分别指夜半、鸡鸣、平旦、日出、食时、隅中、日中、日昳、晡时、日入、黄昏、人定。人们又用十二地支来记这十二时辰,分别为子时、丑时、寅时、卯时、辰时、巳时、午时、未时、申时、酉时、戌时、亥时。

(2) 午:本为地支第七位,古代以地支记时,指午时。相当于今之十一点至十三点。

(3) 日昳未:太阳偏西为未时。又叫"日昳"。昳,太阳偏西、日落。《史记·天官书》:"昳至餔,为黍;餔至下餔,为菽。"未时,相当于今之十三点至十五点。

(4) 晡时申:申时,又称晡时。相当于今之十五点至十七点。

(5) 日入酉:酉时,又称日入。相当于今之十七点至十九点。

(6) 黄昏戌:戌时,又称黄昏。相当于今之十九点至二十一点。

(7) 人定亥:亥时,又称人定。相当于今之二十一点至二十三点。

(8) 日出卯:卯时,又称日出。相当于今之五点至七点。

(9) 食时辰:辰时,又称食时。相当于今之七点至九点。

(10) 隅中巳:巳时,又称隅中。相当于今之九点至十一点。

(11) 夜半子:子时,又称夜半。相当于今之二十三点至一点。

(12) 鸡鸣丑:丑时,又称鸡鸣。相当于今之一点至三点。

（13）故曰十二时是也：从写卷所列时辰看仅有十一时，非十二时。此句前当脱"平旦寅"三字。

【录文】

何谓日月？
太阳之昌为日⁽¹⁾，太阴之昌为月⁽²⁾，故曰日月也。

【校释】

（1）太阳之昌为日：P.2581如是说。郑本认为"昌"当为"晶"。下句"昌"同此。①
（2）太阴之昌为月：P.2581"太阴"误抄为"太阳"，今改之。

【录文】

日月何行？
天西行谓之在行也。
日月东行，何以西没[1]？
天西行，日月东行，天一日一夜一匝，日三百六十五日一迊，月三十日一迊。天行疾，日月行迟；天力大，日月力少，是以行迟也。
问曰：日月逆行[2]，天顺行，日月去天远近？
日月者阴阳之气节，日月去天远[3]，去地近。天有卅重，地卅六万里。上至日月星辰[4]，高下无盖，所居长 若 如平地是也[5]。

【校释】

（1）西没：在西边消失。没，消失。
（2）逆行：倒着运行。意谓日月与天的运行方向相反。
（3）日月天远：P.2581"去"误作"气"，今改之。
（4）上至日月星辰：P.2581"辰"误作"晨"。今改之。
（5）所居长 若 如平地是也：写卷P.2581此句模糊不清，今与

---

① 郑阿财、朱凤玉录文为"太阳之昌（晶）为日，太阳（阴）之昌（晶）为月。"详见郑阿财、朱凤玉《敦煌蒙书研究》，甘肃教育出版社2002年版，第197页。

P.3756 参校得此句。另郑本录文："所居长□如本地是也"，① "本地"误，义亦难通，根据两个写卷比对情况，当为"平地"。

【录文】

问曰：日月为圆、为方？
四天上人因无光，视日月方，四天下人因无光，见日月圆者也。(1)

【校释】

（1）四天上人因无光，视日月方，四天下人因无光，见日月圆者也：此句意谓因为没有光四禅天之上看日月是方的，四禅天之下看日月是圆的。四天，即四禅天，佛教用语。佛教有三界诸天之说。三界，指欲界、色界、无色界。色界诸天又分为四禅：初禅为大梵天之类；二禅为光音天之类；三禅为遍净天之类；四禅为色究竟天之类。色究竟天为色界的极处。参见《法苑珠林》卷五。

【录文】

问曰：日月谁造？
日月菩萨造。一日一月照四天下，终而复始也(1)。
问曰：日月菩萨七宝造，东面黄金，西面白银，南面琉璃，上盖碧玉真珠，下磨尼珎宝(2)，以助日月，日月明明，照耀四天下。

【校释】

（1）终而复始也：P.2581 作"终如复始也"。P.3756 作"终而复始也"，今从之。
（2）磨尼珎宝：P.2581 作"磨尼七宝"，今据 P.3756 迻录。磨尼，即"摩尼"，梵语宝珠的译音。也作"末尼"。晋·葛洪《抱朴子·广譬》："摩尼不宵朗，则无别于碛砾。"珎，同"珍"。

【录文】

问曰：天有几重？

---

① 郑阿财、朱凤玉：《敦煌蒙书研究》，甘肃教育出版社 2002 年版，第 197 页。

天有卅三重。

有问：有人否？

亦有人，其人不煞害众生[1]。

问曰：天高几许[2]？纵广几里？

天有浮云，上盖虚空，上玄下黄，浩浩无有边畔。须弥山处中[3]，四面各方卅八万里。天地围绕，周逦不可穷尽，长短广阔未能精识[4]，非是凡人能决之也。

问曰：天有几梁？地有几柱？

天无梁，地无柱，但有云气，支支相柱。

【校释】

(1) 煞害众生：即杀害众生。煞，通"杀"。

(2) 几许：P.2581作"许几"。P.3756作"几许"。今从P.3756迻录。

(3) 须弥山处中：佛教认为是世界中心。须弥山，梵语sumeru的译音。或译为须弥楼、修迷卢、苏迷卢等。有"妙高""妙光""安明""善积"诸义。原为古印度神话中的山名，后为佛教所采用，指一个小世界的中心。山顶为帝释天所居，山腰为四天王所居。四周有七山八海、四大部洲。《释氏要览·界趣》："《长阿含》并《起世因本经》等云：四洲地心，即须弥山。此山有八山遶外，有大铁围山，周回围绕，并一日月昼夜回转照四天下。"唐·段成式《酉阳杂俎·天咫》："释氏书言，须弥山南面有阎扶树，月过，树影入月中。"亦简称"须弥"。

(4) 精识：辨识精准。

【录文】

问曰：何谓七政[1]？

日月五星，是为七政。阴阳变易[2]，以定四时也。

问曰：何谓日月五星[3]？

太阳之昌为日，太阴之昌为月。主五星者，东方岁星，主春；南方荧惑星[4]，主夏；西方太白星，主秋；北方辰星[5]，主冬；中央镇星，主四季也[6]。

【校释】

（1）七政：古天文术语。说法不一，这里指日、月和金、木、水、火、土五星。《书·舜典》："在璇玑玉衡，以齐七政。"孔传："七政，日月五星各异政。"孔颖达疏："七政，谓日月与五星也。"《史记·五帝本纪》"以齐七政"裴骃集解引郑玄注同此说。

（2）阴阳变易：阴阳变化。易，改变。

（3）五星：指水、木、金、火、土五大行星，即东方岁星（木星）、南方荧惑（火星）、中央镇星（土星）、西方太白（金星）、北方辰星（水星）。

（4）荧惑星：P.2581、P.3756均误作"莹或星"，今改之。

（5）北方辰星：郑本改录"辰星"为"晨星"，实则写卷作"辰星"不误。古人所说的"五星"指水、木、金、火、土五大行星，即东方岁星（木星）、南方荧惑（火星）、中央镇星（土星）、西方太白（金星）、北方辰星（水星）。《史记·天官书论》："水、火、金、木、镇星，此五星者，天之五佐。"汉·刘向《说苑·辨物》亦云："所谓五星者，一曰岁星，二曰荧惑，三曰镇星，四曰太白，五曰辰星。"

（6）中央镇星，主四季也：P.3756此句脱"也"字，且句后接"此之是也"。今据P.2581迻录。

【录文】

五星各主何行以合阴阳之气⁽¹⁾？

东方岁星⁽²⁾，其色青，主木；南方荧惑星⁽³⁾，其色赤，主火；西方太白星⁽⁴⁾，其色白，主金；北方辰星⁽⁵⁾，其色黑，主水；中央镇星⁽⁶⁾，其色黄，主土。是以日月五星以合阴阳之气也。

【校释】

（1）五星各主何行以合阴阳之气：P.2594作"五星主五行所以合阴阳之气也"。

（2）岁星：即木星。《说文·止部》："岁，木星也。越历二十八宿，宣徧阴阳，十二月一次。"《国语·周语下》："昔武王伐殷，岁在鹑火。"韦昭注："岁，岁星也。鹑火，次名。"

（3）荧惑星：P.2581、P.3756"惑"皆误作"或"。

（4）太白星：即金星。太阳系中接近太阳的第二颗行星，也是各大行星中离地球最近的一个。我国古代把金星叫作太白星，早晨出现在东方时叫启明，晚上出现在西方时叫长庚。

（5）辰星：即水星。《史记·天官书》："刑失者，罚出辰星。"张守节正义引《天官占》："辰星，北水之精，黑帝之子，宰相之祥也。"《广雅·释天》："辰星谓之爨星，或谓之免星，或谓之钩星。"郑本作"晨星"。与句意不合，今存疑。

（6）镇星：即土星。我国古代以为土星每二十八年运行一周天，好像每年坐镇二十八宿中的一宿，故名。《史记·天官书》："太岁在甲寅，镇星在东壁。"《资治通鉴·后周太祖广顺三年》："镇星行至角亢。"胡三省注："镇星，土星也。"

【录文】

问曰：何以顺全月？何以数尽？

因太阳之昌，一周三百六十五日以为一岁；日者太阳之气，卅日一终，因白所气记识。一月卅日，十二月一周，三百六十五日一岁。

问曰：周迊几度？

三百六十五度，二千九百三十二里也。

问曰：日月行有错几度？

一日一夜六十度，卅日一周，十二月为一岁也。

问曰：五星何精[1]？变为何神？

岁星木精[2]，下为神农；荧惑火精[3]，下为风雨；太白金精，下为神农；辰星水精，下为雨师；镇星土精[4]，下为仙公此也。

【校释】

（1）精：精灵、灵魂。《荀子·赋》："血，气之精也；志，意之荣也。"杨倞注："精，灵。"汉·王充《论衡·无形》："汉兴，老父授张良书，已化为石，是以石之精为汉兴之瑞也。"汉·王充《论衡·书虚》："五帝三王无佑，孔子之死独有天报，是孔子之魂圣，五帝之精不能神也。"

（2）木精：岁星。《后汉书·襄楷传》："今年岁星久守太微，逆行西至掖门，还切执法。岁为木精，好生恶杀，而淹留不去者，咎在仁德不修，诛罚太酷。"

（3）荧惑火精：P.2881"惑"作"或"。火精，太阳。汉·王充《论衡·说日》："夫日，火之精也；月，水之精也。"

（4）土精：指土星。《左传·襄公二十八年》"岁在星纪而淫于玄枵"。唐·孔颖达疏："五星者，五行之精也。历书称木精曰岁星，火精曰荧惑，土精曰镇星，金精曰太白，水精曰辰星。"

【录文】

问曰：何谓四天？

春曰苍天；夏曰昊天[1]；秋曰青天；冬曰黄天。

问曰：何谓天地人？

天在人上，地在人下，人居中间，上承于天，下随于地，四时祭祀，不失其时，故曰：天地人。此法三才也[2]。

问曰：何谓神鬼？

天曰神。地曰祇[3]，人曰鬼是也。

【校释】

（1）昊天：指一定季节的天空。《尔雅·释天》："夏为昊天。"郭璞注："言气皓旰。"《诗·王风·黍离》"悠悠苍天"孔颖达疏引今文《尚书》欧阳生说："春曰昊天。"

（2）三才：指天、地、人。《易·说卦》："是以立天之道曰阴与阳，立地之道曰柔与刚，立人之道曰仁与义。兼三才而两之，故《易》六画而成卦。"汉·王符《潜夫论·本训》："是故天本诸阳，地本诸阴，人本中和。三才异务，相待而成。"

（3）祇：亦作"秖"。地神。汉·扬雄《甘泉赋》："集虖礼神之囿，登乎颂祇之堂。"唐·颜师古注："地神曰祇。"

【录文】

问曰：何谓阴阳？

天地之气变为寒暑,寒暑之气变为阴阳,阴阳之气变为生五行也[1]。

问曰:何以大阳?何以小阳?

春分之日,万物萌芽,从地气而生[2],始成长也。春者,木也。木之阳气渐弱,故曰[小阳][3]。夏至之日,万物滋长,百草茂盛,鸟兽孵化[4],烟焰在上[5],暑气甚热,夏暑者,是火之子,火王暑气在上[6],故曰大阳也[7]。

问曰:何以小阴?何以大阴?

阴主煞,秋分之日,万物结实,五谷成熟,阳气渐衰[8],故曰小阴。冬分之日,万物燋枯[9],百虫蛰藏[10],水渐阴结成霜雪,寒气在上,故曰大阴,此是也。

【校释】

(1) 阴阳之气变为生五行也:此句"生"当为衍文。

(2) 从地气而生:P.2581 作"从地气如生",P.3756 作"从地气而生"。今据 P.3756 录文。

(3) 故曰[小阳]:P.2581 脱"小阳"二字,P.3756 则脱"小"字,今据以补之。

(4) 孵化:P.2581、P.3756 字体模糊,似作"浮化",今改录之。

(5) 烟焰在上:P.3756 作"曨炎",今存疑俟考。

(6) 火王暑气在上:P.2581 脱"上"字,今据 P.3756 补之。

(7) 故曰大阳也:P.3756 脱"也"字,今据 P.2581 补之。且 P.3756 此句后尚有小字"此之是也"、大字"何为小阳何",写卷自此残缺。而"小阳"当为"小阴"之误,据 P.2581 可知。

(8) 渐衰:P.2581 似作"渐丧",郑本作"渐衰"。今存疑俟考。

(9) 燋枯:干枯。燋,通"焦"。汉·王充《论衡·感虚》:"十日并出,万物燋枯。"

(10) 蛰藏:伏匿、潜藏。《淮南子·墬形训》:"夫熊罴蛰藏,飞鸟时移。"又唐·司空曙《闻春雷》诗:"自怜迁逐者,犹滞蛰藏余。"蛰,动物冬眠,潜伏起来不食不动。《易·系辞下》:"龙蛇之蛰,以存身也。"虞翻注:"蛰,潜藏也。"晋·干宝《搜神记》卷十二:"虫土闭而蛰，鱼渊潜而处。"

【录文】

问曰：何以冬寒、夏热、春暖、秋凉？

冬者水主之气渐寒，水者主寒，阴气在上，阳气在下，故曰冬寒。夏热[1]，太阳用事[2]。春者木主之气，木者水之子，太阳木王，主于阴阳之间，故曰春暖。秋凉者，金王之气，太阴用事，阴阳迭代[3]，阴气上治，阴气主冷，阳气主热[4]，故曰秋凉。此之是也。

问曰：夏天甚热，井泉何以冷？冬天甚寒，井泉何以暖？

义与前者同。夏者太阳用事，阴阳迭代，阳气上治，阳气主热，阴气主冷，井泉冷暖随其阴阳而巡还[5]，此之是也。

【校释】

（1）夏热：P.2581、P.2579 均作"夏热"。郑本作"下热"，不妥。此处"夏热"与下文"秋凉"相对应，是说夏天热是因为"太阳用事"。古人认为阴气主阴，而阳气主热。此处又涉及四季时序问题，有春、秋，自然有"夏"，而非"下"，此明矣。

（2）太阳用事：即太阳当令。《史记·律书》："无射者，阴气盛用事，阳气无余也。"又《汉书·丙吉传》云："方春少阳用事，未可大热。"

（3）阴阳迭代：指阴阳更替。迭代，更相代替、轮换。北周·庾信《哀江南赋》序："春秋迭代，必有去故之悲。"

（4）阳气主热：P.2581 "阳"误作"阴"，今据 P.2579 改之。

（5）巡还：谓循环往复。

【录文】

问曰：天地若高若下？

天东高西下[1]；日月西高东下[2]；星辰西行，水则东流。皆曰下而流也[3]。

众星尽皆西行，北辰何以不动？

北辰星为大针[4]，天用运转，天以北辰喻如车轴，是以不动。

【校释】

（1）天东高西下：P.2581"下"误作"夏"。今据 P.2579 迻录。此句意谓天东高西低。

（2）日月西高东下：P.2581"下"作"夏"。今据 P.2579 迻录。此句意谓日月西高东低。

（3）皆曰下而流也：P.2581 无此句。今据 P.2579 迻录。

（4）北辰星为大针：P.2581 作"北辰西为大针"，义难通。今据 P.2579 迻录。

【录文】

问曰：何曰天子[1]？

万物治内[2]，谓之天子。人者禀受胎气，头圆法天，足方法地，左青龙[3]，右白虎[4]，前朱雀[5]，后玄武[6]。金银为骨体，车居为四支[7]，磨尼为眼睛[8]，琉璃为心主[9]。天子不能下治，故遣此人治民[10]，故曰天子。此之为也[11]。

【校释】

（1）何曰天子：P.2581 作"何曰天子"，而 P.2579 则作"何谓天子"。皆通。

（2）万物治内：P.2581、P.2579 皆似作"方物海内"，义难通。今从郑阿财、朱凤玉先生录文。

（3）青龙：东方七宿角宿、亢宿、氐宿、房宿、心宿、尾宿、箕宿的总称。《淮南子·兵略训》："所谓天数者，左青龙，右白虎，前朱雀，后玄武。"高诱注："角、亢为青龙。"

（4）白虎：西方七宿奎、娄、胃、昴、毕、觜、参的总称。《史记·天官书》："参为白虎。"《后汉书·郎𫖮传》："罚者曰白虎，其宿主兵。"李贤注："《天官书》曰：'参为白虎……下有三星，曰罚，为斩艾之事。'故主兵。"

（5）朱雀：二十八宿中南方七宿井、鬼、柳、星、张、翼、轸的总称。七宿相连呈鸟形；朱色像火，南方属火，故名。《史记·天官书》:"南宫朱鸟。"唐·杨炯《浑天赋》:"南宫则黄龙赋象,朱鸟成形,五帝之座,三光之庭。"

（6）玄武:二十八宿中北方七宿斗、牛、女、虚、危、室、壁的合称,以其排列之形如龟而得名。《史记·天官书》:"北宫玄武。"司马贞索引:"南斗六星,牵牛六星,并北宫玄武之宿。"唐·杜甫《魏将军歌》:"酒阑插剑肝胆露,勾陈苍苍玄武暮。"

（7）车居为四支:车居,郑本认为"车居"当为"砗琚"①。检《汉语大词典》:车居,通"砗磲",指次于玉的美石。《广雅·释地》亦云:"蜀石、碔、玫、砗磲……石之次玉。""车居为四支"是说用玉石作为四肢。盖"车居"为联绵词,遂有多种形体,作"车居""砗琚""砗磲"。另,"支"为"肢"之古字。《易·坤》:"君子黄中通理,正位居体,美在其中而畅于四支。"又北齐·颜之推《颜氏家训·勉学》:"（田鹏鸾）为周军所获。问齐主何在,绐云:'已出,计当出境。'疑其不信,欧捶服之。每折一支,辞色愈厉,竟断四体而卒。"

（8）磨尼:通"摩尼"。梵语宝珠的译音。也作"末尼"。晋·葛洪《抱朴子·广譬》:"摩尼不宵朗,则无别于碛砾。"

（9）琉璃为心主:以琉璃为心脏。琉璃,亦作"瑠璃",一种有色半透明的玉石。《后汉书·西域传·大秦》:"土多金银奇宝、有夜光璧、明月珠、骇鸡犀、珊瑚、虎魄、琉璃、琅玕、朱丹、青碧。"心主,P.2581、P.2579均作"心主",然"心主"不辞,疑为"心王",佛教语。本指法相宗所立五位法中的心法,包括眼识、耳识、鼻识、舌识、身识、意识、末那识和阿赖耶识,与心所有法相对。见《百法明门论》。亦泛指心。心为三界万法之主,故称。《涅槃经·寿命品》:"头为殿堂,心王居中。"

（10）治民:P.2581"民"缺笔,作"民"P.2579"民"亦避讳缺笔,作"民",由此可知此写卷为唐人抄写。

（11）此之为也:P.2581无此句,今据P.2579迻录。为,当为"谓"之误。

---

① 郑阿财、朱凤玉:《敦煌蒙书研究》,甘肃教育出版社2002年版,第200页。

【录文】

问曰：何谓三纲⁽¹⁾？

君臣一，父子二，夫妻三，此是三纲。

何谓六支？

君一，臣二，父三，子四，夫五，妻六，此之是也。

问曰：何谓皇后⁽²⁾？

君臣治国，父子治家，夫妻治室，此之是也。

问曰：三纲何法⁽³⁾？

□与天子，以周皇后所生之子⁽⁴⁾，三日大赦天下，以显诸侯，三岁为五宅，代父禅位承命，以号令为天子是也⁽⁵⁾。

【校释】

（1）三纲：谓君臣、父子、夫妇之道。是由汉儒董仲舒提出，后经封建统治者加以系统化的一套封建教条。《白虎通·三纲六纪》云："三纲者，何谓也？谓君臣、父子、夫妇也。……故含文嘉曰：'君为臣纲，父为子纲，夫为妻纲。'"详见董仲舒《春秋繁露·基义》。

（2）皇后：大君。谓天子。《书·顾命》："皇后凭玉几，道扬末命。"蔡沈集传："皇，大；后，君也。"

（3）三纲何法：P.2579 作"三纲何治"，"治"为误字。

（4）□与天子，以周皇后所生之子：P.2579 脱"以"字。郑阿财先生认为此句与前句"□与天子"之间不句读，① 然句义难通。今存疑俟考。

（5）三日大赦天下，以显诸侯，三岁为五宅，代父禅位承命，以号令为天子是也：P.2581 抄文为"三日大赦天下显侯三岁为五宅代父禅位承命以号令为天子"。郑本录文盖本此，录文并句读为"三日大赦天下；显侯三岁为五宅，代父禅位承命，以号令为天子。"② 今检 P.2579 写卷，据之录文并句读如上。

---

① 郑阿财、朱凤玉：《敦煌蒙书研究》，甘肃教育出版社 2002 年版，第 200 页。
② 郑阿财、朱凤玉：《敦煌蒙书研究》，甘肃教育出版社 2002 年版，第 200 页。

【录文】

问：何［谓］五行？

一曰水，二曰火，三曰木，四曰金，五曰土是也。

问：五行所属何方？

木居东方，火居南方，金居西方(1)，水居北方，土居中央。各处其方(2)，顺则相生，逆则相煞(3)，谓之阴阳也(4)。

问曰：何名相煞？

火能销金(5)，金能尅木(6)，木能尅土，土能尅水，水能尅火，故相煞。

问曰：何名谓王相？

春木王，夏火王，秋金王，冬水王也。

问曰：何谓木王火相？

春木，阳用事，故曰木王，是水之子，故曰王者尊也，其所胜故曰：土能生金，此而主(7)，自馀放此也。

【校释】

(1) 金居西方：P.2581脱此句，今据P.2579迻录。

(2) 各处其方：P.2581脱"各"字，今据P.2579迻录。

(3) 相煞：相克。煞，克、制约。汉·班固《白虎通·五祀》："春祀户祭所以特先脾者何？脾者，土也。春，木王煞土，故以所胜祭之也。"

(4) 谓之阴阳也：P.2579脱"也"字。

(5) 火能销金：P.2581作"火能消金"，P.2579作"火能销金"。古代"消"通"销"。意谓熔化。汉·王充《论衡·雷虚》："当治工之消铁也，以土为形，燥则铁下，不则跃溢而射。"

(6) 金能尅木：五行中金制约木。尅，约束、克制。后来简化为"克"。《后汉书·周举传》："成汤遭灾，以六事克己；鲁僖遇旱，而自责祈雨，皆以精诚转祸为福。"

(7) 此而主：P.2579"此而主"前衍出"曰"字。

【录文】

问：何以日辰？

天有十日⁽¹⁾，地有十二辰⁽²⁾，遂乃称之，故曰日辰。

何谓十日？

甲、乙、丙、丁、戊、己、庚、辛、壬、癸是也。

问曰：天有十日，合为五行？

甲乙为木，在东方；丙丁为火，在南方；戊己为土，在中央；庚辛为金，在西方；壬癸为水，在北方。此之是也⁽³⁾。

问曰：地有十二辰，何方？

子在正北，丑在子东，卯在寅南，寅在卯北，辰在卯南，巳在庚东，未在午西，申在酉南，戌在酉北，亥在子西。此是十二之辰所居之处是也。

问曰：十二辰何所配？

寅为虎，卯为兔⁽⁴⁾，辰为龙，巳为蛇，午为马，未为羊，申为猴，酉为鸡，戌为狗，亥为猪，子为鼠，丑为牛，故曰十二时⁽⁵⁾。此是也⁽⁶⁾。

问曰：配几时为一岁？

四时共为一岁，三百六十五日一岁也⁽⁷⁾。

【校释】

（1）天有十日：即所谓天干，为甲、乙、丙、丁、戊、己、庚、辛、壬、癸的总称。

（2）地有十二辰：指地支，为子、丑、寅、卯、辰、巳、午、未、申、酉、戌、亥的总称。也叫"岁阴"。传统用做表示次序的符号。

（3）此之是也：P.2581脱"此之"二字，今据P.2579补之。

（4）兔：P.2581误作"土"，今据P.2579改之。

（5）故曰十二时：P.2581脱"曰"字。今据P.2579补之。

（6）此是也：P.2581无此句。

（7）四时共为一岁，三百六十五日一岁也：P.2581"四时共为一"后脱"岁"，又"百"前"三"字。今据P.2579改之。

【录文】

何谓四时？

春、夏、秋、冬，此之是也。

何谓为春[(1)]？

正月、二月、三月为春[(2)]。春者，日暖也[(3)]。

何谓为夏？

四月、五月、六月为夏。夏者[(4)]，暑热也。

何谓为秋？

七月、八月、九月为秋[(5)]。秋者，日凉冷也[(6)]。

何谓为冬？

十月、十一月、十二月为冬。冬者，日极寒也[(7)]。

【校释】

（1）何谓为春：各写卷均作"何为为春"，据后文，当为"何谓为春"。

（2）正月、二月、三月为春：P.2581"正月"前衍出"春"字。

（3）春者，日暖也：P.2581脱"春者""日"等字。今据P.2579迻录。

（4）夏者：P.2581脱"者"，今据P.2579补之。

（5）七月、八月、九月为秋：P.2581脱"为秋"二字。

（6）日凉冷也：P.2581脱"日"字。

（7）日极寒也：P.2581脱"日"字。

【录文】

何谓四孟[(1)]？

孟者，始也。正月孟春，四月孟夏，七月孟秋[(2)]，十月孟冬。此是四孟[(3)]。孟者极也[(4)]，盛也。

何谓四仲[(5)]？

仲者，中也。二月仲春，五月仲夏，八月仲秋，十一月仲冬[(6)]。此是四仲也。

何谓四季⁽⁷⁾？

季者，末也⁽⁸⁾。三月季春，六月季夏，九月季秋，十二月季冬，此是为四季⁽⁹⁾。

【校释】

（1）孟：指四季中每季的第一个月。《逸周书·周月》："岁有春夏秋冬，各有孟仲季，以名十有二月。"又《礼记·月令》："孟春之月，日在营室。"

（2）七月孟秋：P.2579 脱"孟"字。

（3）此是四孟：P.2581 作"此是为四孟"。

（4）孟者极也：P.2581 作"孟者极也"。P.2579 作"孟者猛也"。

（5）仲：中间、居中的。《逸周书·周月》："凡四时成岁，有春、夏、秋、冬，各有孟、仲、季以名十有二月。"又《淮南子·天文训》："太阴在四仲，则岁星行三宿。"高诱注："仲，中也。四中，谓太阴在卯、酉、子、午四面之中也。"

（6）十一月仲冬：P.2581 脱"一"，作"十月仲冬"。今据 P.2579 补之。

（7）四季：即三月、六月、九月和十二月。季，指四季中每季的第三个月。

（8）末也：P.2579"末"误作"未"。

（9）此是为四季：P.2581 作"此四季末也"。P.2579 作"此是为四季"，其后衍出"季者末也"，"末"仍误作"未"。今论文依据 P.2579，但删除衍文。

【录文】

何谓八节？

立春、春分、立夏、夏至、立秋、秋分、立冬、冬至，此之是也。

问：一节几日？

一节卅五日也。

何谓立春？

冬至后卅五日，阴气日变，阳气日升，百草萌芽⁽¹⁾，故曰立春也。

何谓立夏？

春分后卅五日，阳气日馀，百草生长，万物茂盛，此之立夏也[2]。

何谓立秋？

夏至后卅五日，阴气日盛[3]，阳气日衰，故曰立秋也。

何谓立冬？

秋分后卅五日，阳气日下[4]，阴气日上，百草皆死，故曰立冬也。

何谓冬至？

至者，极也。立冬之后卅五日，阴气日极是也[5]，故曰冬至是也[6]。

何谓夏至？

至者，极也。立夏后卅五日，阴气极长[7]，夏至极主[8]，炎暑极上，故曰夏至也。

【校释】

（1）萌芽：P.2579作"萌牙"。亦通。"牙"通"芽"。古代多此用法，义指萌芽、萌生。如，《后汉书·蔡邕传》："利端始萌，害渐亦牙。"晋·葛洪《抱朴子·吴失》："骀駼翳于冥昧，朱华牙而未秀。"又《新唐书·长孙无忌传》："祸隙已牙，败不旋踵矣。"

（2）此之立夏也：P.2579作"是谓之夏也"。按，郑阿财、朱凤玉先生录文作"此之夏是也"，不知所本何卷？

（3）阴气日盛：P.2581脱"日"字，今据P.2579补之。

（4）阳气日下：P.2581脱"下"，今据P.2579补之。按，P.2579"何谓立冬？秋分后卅五日，阳气日下，阴气日上，百草皆死，故曰立冬也。"在"何谓立夏"句前，今据P.2581调整录文。

（5）阴气日极是也：P.2581脱"是"字，P.2579脱"也"字。

（6）故曰冬至是也：P.2581脱"是也"二字。

（7）阴气极长：P.2579作"阳气极长"，误。

（8）夏至极主：P.2579作"夏至极王"，P.2581作"夏至极主"。均难通，将今存疑。

【录文】

月建何处[1]？

正月建寅⁽²⁾，二月建卯⁽³⁾，三月建辰⁽⁴⁾，四月建巳⁽⁵⁾，五月建午⁽⁶⁾，六月建未⁽⁷⁾，七月建申⁽⁸⁾，八月建酉⁽⁹⁾，九月建戌⁽¹⁰⁾，十月建亥⁽¹¹⁾，十一月建子⁽¹²⁾，十二月建丑⁽¹³⁾，是为月建处也。

【校释】

（1）月建何处：月建在哪里。月建，指旧历每月所建之辰。古代以北斗七星斗柄的运转作为定季节的标准，将十二地支和十二个月份相配，用以纪月，以通常冬至所在的十一月（夏历）配子，称建子之月，类推，十二月建丑、正月建寅、二月建卯，直到十月建亥，如此周而复始。如《淮南子·天文训》："大时者，咸池也；小时者，月建也。"

（2）建寅：古代以北斗星斗柄的运转计算月分，斗柄指向十二辰中的寅即为夏历正月。《淮南子·天文训》："天一元始，正月建寅。"

（3）建卯：夏历二月。《新唐书·肃宗纪》："建卯月辛亥，大赦。"

（4）建辰：夏历三月。《新唐书·肃宗纪》："建辰月壬午，大赦。"

（5）建巳：夏历四月。

（6）建午：夏历五月。

（7）建未：夏历六月。

（8）建申：夏历七月。

（9）建酉：夏历八月。

（10）建戌：夏历九月。《国语·周语中》"夫辰角见而雨毕。"三国·吴·韦昭注："建戌之初，寒露节也。"

（11）建亥：夏历十月。《国语·周语中》"清风至而修城郭宫室。"三国·吴·韦昭注："谓火见之后，建亥之初也。"

（12）建子：指以夏历十一月（子月）为岁首的历法。唐·杨炯《公卿以下冕服议》："夫改正朔者，谓夏后氏建寅，殷人建丑，周人建子。"即指夏历十一月。

（13）建丑：指以夏历十二月（丑月）为岁首的历法。即指夏历十二月。

【录文】

问曰：何谓三农三要⁽¹⁾？

春蚕，夏麦，秋禾，此为三要是也⁽²⁾。

何谓晦朔⁽³⁾？

月建为朔，月建为晦是也⁽⁴⁾。

何谓旦夕？

日出为旦，日没为夕⁽⁵⁾。

【校释】

（1）三农三要：写卷 P. 2579 "三"作"上"。三农，春、夏、秋三个农时。《文选·东京赋》："三农之际，曜威中原"。三要，三个重要方面。明·薛瑄《从政录》："养民生、复民性、禁民非，治天下之三要。"

（2）此为三要是也：P. 2581、P. 2579 "三"均作"上"。

（3）晦朔：农历每月末一日及初一日。《后汉书·律历志下》："晦朔合离，斗建移辰，谓之月。"又晋·郭璞《游仙诗》之七："晦朔如循环，月盈已见魄。"晦，农历每月的最后一日。《春秋·僖公十五年》："己卯晦，震夷伯之庙。"杨伯峻注："己卯，九月三十日。"朔，月相名。旧历每月初一，月球运行到地球和太阳之间，和太阳同时出没，地球上看不到月光的月相。《说文·月部》："朔，月一日始苏也。"《后汉书·律历志下》："日月相推，日舒月速，当其同所，谓之合朔。"

（4）月建为晦是也：P. 2579 脱"是"字。

（5）日出为旦，日没为夕：P. 2581 作"日出旦，日没夕"。亦通。

【录文】

何谓六甲⁽¹⁾？

甲子、甲戌、甲午、甲申、甲寅、甲辰是也⁽²⁾。

问曰：六十甲子⁽³⁾？

甲子、乙丑、丙寅、丁卯、戊辰、己巳、庚午、辛未、壬申、癸酉、甲戌、乙亥、丙子、丁丑、戊寅、己卯、庚辰、辛巳、壬午、癸未、甲申、乙酉、丙戌、丁亥、戊子、己丑、庚寅、辛卯、壬辰、癸巳、甲午、乙未、丙申、丁酉、戊戌、己亥、庚子、辛丑、壬寅、癸卯、甲辰、乙巳、丙午、丁未、戊申、己酉、庚戌、辛亥、壬子、癸丑、甲寅、乙卯、丙辰、丁巳、戊午、己未、庚申、辛酉、壬戌、癸亥也⁽⁴⁾。

问曰：六甲谁造？

皇帝太史尧所造，具答此是也⁽⁵⁾。

【校释】

（1）六甲：用天干地支相配计算时日，其中有甲子、甲戌、甲申、甲午、甲辰、甲寅，故称六甲。《汉书·食货志上》："八岁入小学，学六甲五方书计之事，始知室家长幼之节。"王先谦补注引顾炎武曰："六甲者，四时六十甲子之类。"又引周寿昌曰："犹言学数干支也。"又《汉书·律历志上》："故日有六甲，辰有五子，十一而天地之道毕，言终而复始。"

（2）甲子、甲戌、甲午、甲申、甲寅、甲辰是也：写卷 P.2579"是"后有衍文"为"。

（3）甲子：甲，天干的首位；子，地支的首位。古代以天干和地支递次相配，如甲子、乙丑、丙寅之类，统称甲子。从甲子起至癸亥止，共六十，故又称为六十甲子。古人用以纪日或纪年。《后汉书·律历志上》云："记称大桡作甲子，隶首作数。二者既立，以比日表，以管万事。"刘昭注引《月令章句》："大桡探五行之情，占斗纲所建，于是始作甲乙以名日，谓之干，作子丑以名月，谓之枝，枝干相配，以成六旬。"

（4）癸亥也：P.2579 无"也"字。

（5）具答此是也：P.2579 作"具答如是也"。亦通。

【录文】

问曰：何谓三坟⁽¹⁾？

三皇之书谓之三坟⁽²⁾。

何谓五典⁽³⁾？

五典者，五经是也。亦名五之藉⁽⁴⁾，父善⁽⁵⁾，母慈，兄友⁽⁶⁾，弟恭⁽⁷⁾，子孝道也⁽⁸⁾。

【校释】

（1）何谓三坟：P.2581脱"谓"字，今据P.2579补之。三坟，传说中我国最古的书籍。《左传·昭公十二年》："是能读三坟、五典、八索、九丘。"杜预注曰："皆古书名。"孔安国《尚书序》："伏羲神农黄帝之书，谓之三坟"。后亦泛称古代的典籍。

（2）三皇之书谓之三坟：P.2581"书"误作"走"，"谓"作"为"。今据P.2579迻录。

（3）五典：本指传说中的上古五部典籍。《左传·昭公十二年》："（倚相）能读《三坟》《五典》《八索》《九丘》。"杜预注："皆古书名。"又《书序》："少昊、颛顼、高辛、唐、虞之书，谓之五典。"后泛指古代典籍。亦指《诗》《书》《易》《礼》《春秋》五经。如《后汉书·朱浮传》："五典纪国家之政，《鸿范》别灾异之文。"李贤注引《礼记》："温柔敦厚，《诗》教也。疏通知远，《书》教也。絜静精微，《易》教也。恭俭庄敬，《礼》教也。属辞比事，《春秋》教也。"也指古代的五种伦理道德。《书·舜典》："慎徽五典，五典克从。"孔传："五典，五常之教。父义、母慈、兄友、弟恭、子孝。"蔡沈集传："五典，五常也。父子有亲，君臣有义，夫妇有别，长幼有序，朋友有信是也。"

（4）亦名五之藉：P.2579作"亦名五典之藉"。

（5）父善：P.2579作"父义"。

（6）兄友：P.2581作"兄有"。"有"通"友"。亲爱、相亲。《书·秦誓》："番番良士，旅力既愆，我尚有之。"王引之《经义述闻·尚书下》引王念孙曰："有之，谓亲之也。古者谓相亲曰'有'。"

（7）弟恭：P.2581"弟"误作"为"。

（8）子孝道也：P.2579作"子孝之是也。"亦通。今据P.2581迻录。

【录文】

何谓八卦⁽¹⁾？

东方震卦，东南方巽卦，南方离卦、西南方坤卦，西方兑卦，西北方乾卦，北方坎卦，东北方艮卦。乾天是父，坤地是母，合会能生万物也⁽²⁾，是之八卦⁽³⁾。

何谓九典⁽⁴⁾？

九州坟典是也⁽⁵⁾。

问曰：八卦何主？

乾主天，坤主地，坎主水，艮主山，震主木，巽主风，离主火，兑主金。

问曰：八卦乾、坎、艮、震、巽、离、坤、兑在居何方王⁽⁶⁾？

乾居西北方，王九月、十月；坤居西南方，王六月、七月；坎居北方，王十一月；艮居东北方，王十二月、正月；震居东方，王二月；巽居东南方，王三月、四月；离居南方，王五月；兑居西方，王八月也⁽⁷⁾。

问曰：八卦何造⁽⁸⁾？

伏羲所以推阴阳也⁽⁹⁾。

伏羲何由造也⁽¹⁰⁾？

伏羲临河钓鱼，得一寒龟，背上有卦⁽¹¹⁾，因而造之。文王即用一卦变成六十四卦，八八六十四是也。至今使用⁽¹²⁾，和阴阳⁽¹³⁾，定四时，上吉凶之礼，则此也矣⁽¹⁴⁾。

【校释】

（1）八卦：《周易》中的八种具有象征意义的基本图形，每个图形用三个分别代表阳的"－"（阳爻）和代表阴的"－－"（阴爻）组成。名称是：乾、坤、震、巽、坎、离、艮、兑。相传为伏羲所作。《易传》认为八卦主要象征天、地、雷、风、水、火、山、泽八种自然现象，并认为"乾""坤"两卦在八卦中占特别重要的地位，是自然界和人类社会一切现象的最初根源。八卦中，乾与坤、震与巽、坎与离、艮与兑是四个矛盾对立的形态。传说周文王将八卦互相组合，又得六十四卦，用来象征自然现象和社会现象的发展变化。八卦本是反映古代人们对现实世界的认识，具有朴素的辩证法因素，自被用为卜筮的符号，逐渐带上神秘的色彩。

（2）合会能生万物：P.2579 句末有语气词"也"。今据 P.2581 迻录。

（3）是之八卦：据 P.2581 迻录，P.2579 无此句。

（4）九典：P.2579 作"九典"。P.2581 作"九曲"，误。九典，泛指古代的经典著作。晋·葛洪《抱朴子·勖学》："下帷高枕，游神九典，精义赜隐，味道居静。"按，郑本作"九曲"。义难通。

（5）九州坟典是也：P.2581 亦误作"九州坟曲是也"，今据 P.2579 迻录。坟典，三坟、五典的并称，后转为古代典籍的通称。《〈书〉序》："讨论坟典。"晋·葛洪《抱朴子·遐览》："先生既穷观坟典，又兼综奇秘。"

（6）八卦乾、坎、艮、震、巽、离、坤、兑在居何方王：郑本录文脱"居"。检 P.2581、P.2579，均有"居"字。

（7）兑居西方，王八月也：P.2581 无"也"字。今据 P.2579 迻录。

（8）何造：P.2579 作"阿谁造"。P.2581 作"何造"。皆通。

（9）伏羲所以推阴阳也：据 P.2581 迻录。P.2579 作"伏羲所造以推阴阳也"。亦通。另 P.2579 "羲"均误作"義"。

（10）伏羲何由造也：P.2581 "造""也"倒文。P.2579 脱"也"字。

（11）背上有卦：P.2579 作"背上有八卦"。

（12）使用：P.2579 作"所用"。亦通。今从 P.2581。

（13）和阴阳：P.2581、P.2579 均作"和阴阳"，即调和阴阳。不误。郑本改作"合阴阳"。

（14）则此也矣：P.2579 作"则此之是也"。今录文从 P.2581。

【录文】

问曰：文字谁造？

古者仓颉所造，以名天下万物也。

何谓五姓(1)？

宫、商、角、徵、羽，此之是也。

五姓何属？

角属东方木，徵属南方火，商属西方金，羽属北方水，宫属中央土(2)，此之是也(3)。

何谓五色(4)？

青取木色，赤取火色，白取银色，黑取水色，黄取土色，故曰五色也⁽⁵⁾。

何名五味⁽⁶⁾？

木酸味，水咸味，火苦味，金辛味，土甘味，此是也。

何谓五藏⁽⁷⁾？

肝、脾、肾⁽⁸⁾、肺、胆，名之五藏也。

何谓六府⁽⁹⁾？

水、火、金、木、谷，此是也。

【校释】

（1）五姓：旧时术士按宫、商、角、征、羽将姓氏加以分类，称为"五姓"。《论衡·诘术》："水胜火，火贼金，五行之气不相得，故五姓之宅，门有宜向。向得其宜，富贵吉昌。"《旧唐书·吕才传》云："至于近代师巫，更加五姓之说。言五姓者，谓宫、商、角、征、羽等，天下万物，悉配属之，行事吉凶，依此为法……又检《春秋》，以陈卫及秦并同水姓，齐郑及宋皆为火姓。或承所出之祖，或系所属之星，或取所居之地，亦非宫、商、角、征，共相管摄。此则事不稽古，义理乖僻者也。"按，郑本认为"姓"当为"声"。① 实则"五姓"不误。

（2）宫属中央土：P.2579作"宫属中央土也"。

（3）此之是也：P.2579无此句。

（4）五色：青、赤、白、黑、黄五种颜色，古代以此五者为正色。《书·益稷》："以五采彰施于五色，作服，汝明。"孙星衍疏："五色，东方谓之青，南方谓之赤，西方谓之白，北方谓之黑，天谓之玄，地谓之黄，玄出于黑，故六者有黄无玄为五也。"

（5）故曰五色也：P.2581无"也"字。

（6）五味：指酸、甜、苦、辣、咸五种味道。《礼记·礼运》："五味，六和，十二食，还相为质也。"郑玄注："五味，酸、苦、辛、咸、甘也。"又《孙子兵法·势篇》："味不过五，五味之变，不可胜尝也。"

---

① 郑阿财、朱凤玉先生录文在"五姓"后括号内正为"声"，认为"五姓"当为"五声"。详见郑阿财、朱凤玉《敦煌蒙书研究》，甘肃教育出版社2002年版，第205页。

（7）五藏：亦作"五臓"。即五脏。指心、肝、脾、肺、肾。中医谓"五脏"有藏精气而不泻的功能，故名。《素问·五脏别论》："所谓五藏者，藏精气而不写也。"《管子·水地》："五味者何？曰五藏。酸主脾，咸主肺，辛主肾，苦主肝，甘主心。"又《汉书·王吉传》"吸新吐故以练臓"唐·颜师古注："臓，五臓也。"按，郑本录文正为"五脏"。实则"五藏"不误。藏，内脏。后作"臟"，今简化字为"脏"。《周礼·天官·疾医》："参之以九藏之动。"郑玄注："正藏五，又有胃、旁胱、大肠、小肠。"贾公彦疏："正藏五者，谓五藏：肺、心、肝、脾、肾，并气之所藏。"又《后汉书·方术传下·华佗》："阿善针术。凡医咸言背及匈藏之闲不可妄针，针之不可过四分，而阿针背入一二寸，巨阙匈藏乃五六寸，而病皆瘳。"敦煌文献多此用法，如《敦煌曲子词·定风波》："只为藏中有结物，虚汗出。"一本作"臟"。

（8）肝、脾、肾：写卷 P.2579 于此结束。显然为未抄完者。

（9）六府：古以水、火、金、木、土、谷为"六府"。《左传·文公七年》云："六府、三事，谓之九功。水、火、金、木、土、谷，谓之六府。"

【录文】

何谓生活行？

一曰水以为润万物，二曰火以为井灶，三曰木以为梨楼，四曰金以［为］利器(1)，五曰土地以为谷，是以五行备也。

何谓五道(2)？

父子之道在东方，仁；君臣之道在南方，礼；兄弟之道在西方，义；夫妻之道在北方，智；朋友之道在中央，信。此名仁、义、礼、智、信。

【校释】

（1）四曰金以［为］利器：P.2581 脱"为"字，今据前后句句式补之。

（2）五道：即五常。指仁、义、礼、智、信等五种德行。

【录文】

问曰：何以名门？何以名户？

两扇名门，一扇曰户。

何谓五谷[1]？

粟、麦、稻、黍、豆，此之是也。

何名六畜[2]？

猪、羊、鸡、狗、牛、马是也。

何名四兽[3]？

东方青龙，西方白虎，南方朱雀，北方玄武。

何名五木[4]？

东方桃木，西方栗木，南方杏木，北方榆木，中央梓木是也。

【校释】

（1）五谷：五种谷物。所指不一。《周礼·天官·疾医》："以五味、五谷、五药养其病。"郑玄注："五谷，麻、黍、稷、麦、豆也。"《孟子·滕文公上》："树艺五谷，五谷熟而民人育。"赵岐注："五谷谓稻、黍、稷、麦、菽也。"《楚辞·大招》："五谷六仞。"王逸注："五谷，稻、稷、麦、豆、麻也。"《素问·藏气法时论》："五谷为养。"王冰注："谓粳米、小豆、麦、大豆、黄黍也。"《苏悉地羯啰经》卷中："五谷谓大麦、小麦、稻谷、大豆、胡麻。"后以五谷为谷物的通称，不一定限于五种。本文献中"五谷"指粟、麦、稻、黍、豆。

（2）六畜：指马、牛、羊、鸡、狗、猪。《左传·昭公二十五年》："为六畜、五牲、三牺，以奉五味。"杜预注："马、牛、羊、鸡、犬、豕。"

（3）四兽：指苍龙、白虎、朱雀、玄武四星之精。亦称"四神"。

（4）五木：指桃、栗、杏、榆、梓等五种树木。

【录文】

何谓三皇[1]？

伏羲一，神农二，祝融三，此之是也。

问曰：何名五方之帝？

东方青帝，南方赤帝，西方白帝，北方黑帝，中央黄帝也。

何名五帝⁽²⁾？

黄帝轩辕帝一⁽³⁾，颛顼帝二，尧帝三，喾帝四，舜帝五。德不及皇，故称帝也。

何名三王⁽⁴⁾？

夏禹王一，殷汤王二⁽⁵⁾，周文王三。德不及帝⁽⁶⁾，称王也⁽⁷⁾。

【校释】

（1）三皇：传说中上古三帝王。所指说法不一。一是指伏羲、神农、黄帝。《周礼·春官·外史》："（外史）掌三皇五帝之书。"郑玄注："楚灵王所谓《三坟》《五典》。"孔颖达疏："《三坟》，三皇时书。"孔安国《书序》云："伏牺、神农、黄帝之书谓之《三坟》。"《庄子·天运》："余语汝三皇五帝之治天下。"成玄英疏："三皇者，伏羲、神农、黄帝也。"二是指伏羲、神农、女娲。《吕氏春秋·用众》："此三皇五帝之所以大立功名也。"高诱注："三皇，伏羲、神农、女娲也。"三是指伏羲、神农、燧人。汉·班固《白虎通·号》："三皇者，何谓也？谓伏羲、神农、燧人也。"四指伏羲、神农、祝融。汉·班固《白虎通·号》："《礼》曰：伏羲、神农、祝融，三皇也。"五指天皇、地皇、泰皇。《史记·秦始皇本纪》："古有天皇、有地皇、有泰皇。泰皇最贵。"六指天皇、地皇、人皇。《艺文类聚》卷十一引《春秋纬》："天皇、地皇、人皇，兄弟九人，分九州，长天下也。"本文献即指伏羲、神农、祝融。

（2）五帝：上古传说中的五位帝王，说法不一。一是指黄帝（轩辕）、颛顼（高阳）、帝喾（高辛）、唐尧、虞舜。《大戴礼记·五帝德》："孔子曰：'五帝用记，三王用度。'"唐·张守节《史记正义》："太史公依《世本》《大戴礼》，以黄帝、颛顼、帝喾、唐尧、虞舜为五帝。谯周、应劭、宋均皆同。"汉·班固《白虎通·号》："五帝者，何谓也？《礼》曰：'黄帝、颛顼、帝喾、帝尧、帝舜也。'"二是指太昊（伏羲）、炎帝（神农）、黄帝、少昊（挚）、颛顼。见《礼记·月令》。三是指少昊、颛顼、高辛、唐尧、虞舜。《〈书〉序》："少昊、颛顼、高辛、唐、虞之书，谓之五典，言常道也。"孔颖达疏："言五帝之道，可以百代常行。"晋·皇甫谧《帝王世纪》："伏羲、神农、黄帝为三皇，少昊、高阳、高辛、唐、虞为五帝。"四指伏羲、神农、黄帝、唐尧、虞舜。见《易·系辞下》。

（3）黄帝轩辕帝一：P.2581"黄帝"误作"皇帝"。

（4）三王：指夏、商、周三代之君，即夏禹、商汤、周文王。

（5）殷汤王二：P.2581作"殷王汤二"，误。

（6）德不及帝：P.2581"德"后有衍文"三"。

（7）称王也：P.2581"王"误作"皇"。

【录文】

何名六国？

晋、楚、韩、魏、燕、赵是也。

何名三贤？

管仲一，鲍叔牙二，宁武子三，此名三贤也。

何名四方？

东、南、西、北，谓之四方。

何名四夷⁽¹⁾？

东夷、西戎、南蛮、北狄。

何名五岳？

东岳太山⁽²⁾，南岳衡山，西岳华山⁽³⁾，北岳恒山，中岳嵩高山，在洛州东界，是也。

何名四渎⁽⁴⁾？

江、河、淮、济。

【校释】

（1）四夷：古代华夏族对四方少数民族的统称。含有轻蔑之意。《书·毕命》："四夷左衽，罔不咸赖。"孔传："言东夷、西戎、南蛮、北狄，被发左衽之人，无不皆恃赖三君之德。"《后汉书·东夷传》："凡蛮、夷、戎、狄总名四夷者，犹公、侯、伯、子、男皆号诸侯云。"

（2）太山：即泰山。山名。《孟子·梁惠王上》："挟太山以超北海，语人曰，'我不能。'是诚不能也。"

（3）华山：P.2581误作"画山"。

（4）四渎：本文献指长江、黄河、淮河、济水等四条河流。渎，江河大川。《韩非子·五蠹》："中古之世，天下大水，而鲧禹决渎。"《释名·释水》："天下大水四，谓之四渎，江、河、淮、济是也。"

【录文】

九州在何方[1]？

东方：[冀州][2]、兖州、青州、徐州；南方：扬州[3]、豫州[4]；西南方：荆州；西方：雍州。以洛州为中都是也[5]。

【校释】

（1）九州：古代分中国为九州。说法不一。《书·禹贡》作冀、兖、青、徐、扬、荆、豫、梁、雍；《尔雅·释地》有幽、营州而无青、梁州；《周礼·夏官·职方》有幽、并州而无徐、梁州。后以"九州"泛指天下，全中国。本文献即指冀、兖、青、徐、扬、荆、豫、梁、雍各州。

（2）冀州：P.2581脱此二字，今据字书补之。

（3）扬州：P.2581误作"阳州"，今改之。

（4）豫州：P.2581误作"预州"，今改之。

（5）以洛州为中都是也：此处"洛州"即梁州。

【录文】

何名三公？

司徒、司马、司空三。司徒主民，司马主兵，司空主土也。

何谓九卿[1]？

司农一，少府[2]二，鸿卢三，太常四，宗正五，太仆六，光禄七，卫尉八，廷尉九[3]，此之是也。

九卿何主？

卫尉、司农、宗正，[奉]司徒[4]，主民；太仆、太常、[廷尉]，奉司空，主土；鸿卢、太府、光禄，奉司马，主兵。故曰九卿所主也。

何谓廿七大夫卿？

九卿之员，一卿主三大夫，三九廿七，故曰廿七大夫也。

何谓八十一元士(5)？

一大夫管三士，今八十一元士，此是也。

三老何法？

法三光。日月五星辰此之也(6)。

九卿何法？

法九廿七州也(7)。

大夫何法？

法廿八宿。

元士何法？

法九九八十一也。

【校释】

（1）九卿：古代中央政府的九个高级官职。《周礼·考工记·匠人》："外有九室，九卿居焉。"郑玄注："六卿三孤为九卿，三孤佐三公论道，六卿治六官之属。"历代多设九卿。周以少师、少傅、少保、冢宰、司徒、宗伯、司马、司寇、司空为九卿。秦以奉常、郎中令、卫尉、太仆、廷尉、典客、宗正、治粟内史、少府为九卿。汉以太常、光禄勋、卫尉、太仆、廷尉、大鸿胪、宗正、司农、少府为九寺大卿（即九卿）。以后各朝的名称、司职略有不同。

（2）少府：郑本改"少府"为"太府"，P.2581作"少府"不误。

（3）廷尉九：P.2581作"太尉"。误。郑本录文为"大理"，亦误。九卿为古代中央政府的九个高级官职。《周礼·考工记·匠人》："外有九室，九卿居焉。"郑玄注："六卿三孤为九卿，三孤佐三公论道，六卿治六官之属。"以后历代多设九卿。周代以少师、少傅、少保、冢宰、司徒、宗伯、司马、司寇、司空为九卿。秦代则以奉常、郎中令、卫尉、太仆、廷尉、典客、宗正、治粟内史、少府为九卿。汉以太常、光禄勋、卫尉、太仆、廷尉、大鸿胪、宗正、司农、少府为九寺大卿（即九卿）。以后各朝的名称、司职略有不同，均不见有"太府""太尉""大理"。

（4）[奉]司徒：P.2581脱"奉"字，今据下文句式补之。

（5）元士：周代称天子之士为元士。《礼记·王制》："天子之三公之田视公侯，天子之卿视伯，天子之大夫视子男，天子之元士视附庸。"孔颖达疏："天子之士所以称元者，异于诸侯之士也。《周礼》：公侯伯之士，虽一命不得称元士。"汉·班固《白虎通·爵》："天子之士独称元士何？士贱不得体君之尊，故加'元'以别诸侯之士也。"

（6）日月五星辰此之也：P.2581 作"三月五星辰此之也"，"三"误。

（7）法九廿七州也：此句难通，疑为"法三九廿七州也"。

【录文】

何名三老⁽¹⁾？

上者一百廿，次者一百，下者八十，此之是也。

何名三才⁽²⁾？

上知天文，下知地理，中知人情，此是也。

何名五更⁽³⁾？

知日月星辰，吉凶灾害□□之监，明山川河海之寒暑，风雨天气所宜，谓之五更是也。

何名四辅？

左青龙，右白虎，前朱雀，后玄武。

【校释】

（1）三老：古代设三老五更之位，天子以父兄之礼养之。《礼记·文王世子》："适东序，释奠于先老，遂设三老、五更、群老之席位焉。"郑玄注："三老五更各一人也，皆年老更事致仕者也，天子以父兄养之，示天下之孝悌也。名以三五者，取象三辰五星，天所因以照明天下者。"《礼记·乐记》："食三老五更于大学。"郑玄注："三老五更，互言之耳，皆老人更知三德五事者也。"孔颖达疏："三德谓正直、刚、柔。五事谓貌、言、视、听、思也。"《汉书·礼乐志》："养三老五更于辟雍。"颜师古注引李奇曰："王者父事三老，兄事五更。"《后汉书·明帝纪》："三老五更皆以二千石禄养终厥身。"李贤注引《汉官仪》："三老五更，皆取有首妻男女全具者。"

（2）三才：天、地、人。《易·说卦》："是以立天之道曰阴与阳，立地之道曰柔与刚，立人之道曰仁与义。兼三才而两之，故《易》六画而成卦。"汉·王符《潜夫论·本训》："是故天本诸阳，地本诸阴，人本中和。三才异务，相待而成。"本文献指谙熟天文、地理、人情者。

（3）五更：古代乡官名。用以安置年老致仕的官员。《魏书·尉元传》："卿以七十之龄，可充五更之选。"亦为老年更事者。参见"三老"校释。

【录文】

何名五经？

《诗》《书》《易》《礼》《乐》。此之是也。

五经何主？

《诗》为木，主东方；《礼》为火，主南方；《书》为金，主西方；《易》为水，主北方；《乐》为土，主中央。此之是也。

六甲谁造？

黄帝太史尧造也[1]。

何谓元正三朝[2]？

冬、腊、岁，此三节，故言三朝也。

何谓五菓[3]？

桃、李、杏、柰、枣，是五果也。

【校释】

（1）黄帝太史尧造也：P.2581"黄"误作"皇"，"史"误作"使"。

（2）元正三朝：元正，指正月元日。即元旦。语出《书·舜典》："月正元日，舜格于文祖。"孔传："月正，正月；元日，上日。"《艺文类聚》卷七十引汉·崔瑗《三子钗铭》："元正上日，百福孔灵。"三朝，正月一日。为岁、月、日之始，故曰三朝。《文选·班固〈东京赋〉》："春王三朝，会同汉京。"李善注："三朝，岁首朔日也。"

（3）五菓：即五果。P.2581作"五菓"。菓，同"果"。果实。《汉书·叔孙通传》："古者有春尝菓。"五菓指桃、李、杏、栗、枣五种水果。《素问·藏气法时论》："五谷为养，五果为助。"王冰注："谓桃、李、杏、栗、枣也。"《三国志·魏志·郑浑传》："榆皆成藩，五果丰实。"本文献认为五果指桃、李、杏、柰、枣五种水果。

【录文】

何谓三雄⁽¹⁾？

曹操王魏，刘备王蜀，孙权王吴，等三分天下，正时而居，不得侵夺，此之是也。

何谓五霸⁽²⁾？

秦穆公、宋襄公、楚庄公、晋文公、齐桓公等五人，皆能义荡天下，并无为神，同是五霸也。

何谓六律⁽³⁾？

昔周公治化天下太平，以天下礼义，土广人稀，不可家家教化，皆是周公亲诲成行礼，故名六律，此之是。

【校释】

（1）何谓三雄：P.2581"谓"误作"谁"。

（2）五霸：又作"五伯"，说法不一。一说指春秋时期的齐桓公、晋文公、宋襄公、楚庄公、秦缪公。《吕氏春秋·当务》："备说非六王五伯。"高诱注："五伯，齐桓、晋文、宋襄、楚庄、秦缪也。"有一说指春秋齐桓公、晋文公、楚庄王、吴王阖闾、越王勾践。如，《荀子·王霸》："虽在僻陋之国，威动天下，五伯是也……故齐桓、晋文、楚庄、吴阖闾、越勾践，是皆僻陋之国也，威动天下，强殆中国。"再一说指春秋齐桓公、宋襄公、晋文公、秦穆公、吴王夫差。

（3）六律：古代乐音标准名。相传黄帝时伶伦截竹为管，以管之长短分别声音的高低清浊，乐器的音调皆以此为准。乐律有十二，阴阳各六，阳为律，阴为吕。六律即黄钟、大蔟、姑洗、蕤宾、夷则、无射。《书·益稷》："予欲闻六律、五声、八音，在治忽，以出纳五言，汝听。"《史记·律书》："王者制事立法，物度轨则，壹禀于六律，六律为万事根本焉。"司马贞索隐："古律用竹，又用玉，汉末以铜为之。"

【录文】

问：凡先圣有父母否？

答曰：诸佛者觉数生，菩萨者波罗，辟支者定空生[1]，罗汉者灭尽生，叩磬者平等生[2]，缘觉者慈悲生，须陀含者含定生，天道者十善生[3]，人道者五灭生[4]，地秽者五逆生，奴婢者负债生，畜生者元割生，饿鬼者舍忍生[5]，煞害者不忍生，贼者骄慢者皆有怨家。岂由父母也？

问：人能生佛？佛能生人？

圣能生地，地能生苗，苗能生木，木能生谷，谷能生场，场能生如来，如来能生佛，岂非人佛相生者也。

何名八难[6]？

一者天道难，二者畜生难，三者地狱难，四者我思难，五者受苦难，六者、七者大道难，八者佛道难。

问曰：佛从何而生？

答曰：昔者西方净土国王，性好精进，广能布施，男女不惜身命，得道已后，生释迦，释迦生佛，救护父母，广济群生也。

【校释】

（1）辟支者定空生："辟支"为佛教语。辟支迦佛陀的略称。宋·曾巩《灵岩寺兼简重元长老二刘居士》诗："法定禅房临峭谷，辟支灵塔冠层峦。"空生，须菩提的别称。释迦牟尼十大弟子之一，善解真空之义。宋·陈师道《送法宝禅师》诗："初闻饮光笑，复作空生瘦。"

（2）叩磬者平等生：P.2581作"磬叩者平等生"。今据郑本录文。

（3）天道者十善生："天道"犹天理、天意。《易·谦》："谦亨，天道下济而光明。"十善，佛教语。不犯十恶，即是十善。唐·玄奘《大唐西域记·提谓城》："世尊为说人天之福，最初得闻五戒十善。"

（4）人道者五灭生：人道，即为人之道。指一定社会中要求人们遵循的道德规范。《易·系辞下》："有天道焉，有人道焉。"

（5）饿鬼者舍忍生：P.2581"饿"误作"我"。盖受方音影响所致。

（6）八难：佛教语，难，谓难于见佛闻法，凡有八端，故名八难。按即地狱、饿鬼、畜生、北拘卢洲（亦作郁单越）、长寿天、盲聋瘖哑、世智辩聪、佛前佛后八种。一至三，即三恶道，恶业重，难以见佛；生北拘卢洲有乐无苦，不思修道；生长寿天，谓色界及无色界天长寿安乐之处，其逸乐远胜北拘卢洲，更不欲修道；聋、盲、瘖、哑于求道皆有障碍；世智辩聪，自恃聪明才辩，不肯信佛；生于佛前佛后，无缘见佛。如南朝·梁武帝《净业赋》："三途长乖，八难永灭。"

【录文】

何名三贤四友？

昔伯夷、叔齐、商山四皓⁽¹⁾、许由、巢父等，故曰三贤四友也。

何名四大？

天地合为一大，水火合为二大，风雨合为三大，人佛相感为四大也。

何名六根⁽²⁾？

意、眼、耳、鼻、舌、身是也。

问：贤圣之中谁为义⁽³⁾？

一尧，二舜，三介子推、四左伯桃，五羊角哀，六鲍叔牙，七洪疗，八净盖也⁽⁴⁾。

【校释】

（1）商山四皓：写卷 P.2581 作"南山四皓"。误。商山四皓，秦末东园公、绮里季、夏黄公、甪里先生，避秦乱，隐商山，年皆八十有余，须眉皓白，时称商山四皓。高祖召，不应。后高祖欲废太子，吕后用留侯计，迎四皓，辅太子，遂使高祖辍废太子之议。见《史记·留侯世家》。又《汉书·张良传》"顾上有所不能致者四人。"唐·颜师古注："四人，谓园公、绮里季、夏黄公、甪里先生，所谓商山四皓也。"亦称"商山四公""商山四翁"。

（2）六根：P.2581 作"六府"，误。古人以水、火、金、木、土、谷为"六府"。显然和下文答语中的"意、眼、耳、鼻、舌、身"不符。根据答语可知当为"六根"。六根,指佛教语。谓眼、耳、鼻、舌、身、意。根为能生之意,眼为视根,耳为听根,鼻为嗅根,舌为味根,身为触根,意为念虑之根。《百喻经·小儿得大龟喻》:"凡夫之人亦复如是。欲守护六根,修诸功德,不解方便,而问人言:作何因缘而得解脱?"

(3) 贤圣之中谁为义:写卷"义"模糊难辨。郑本"义"作"我"。① 意与下文答语不符。答语中所列之人或为圣王,或为义士。故此句当为"贤圣之中说为义"。

(4) 八净盖也:P.2581"净盖"字迹模糊不清。郑阿财、朱凤玉先生录文作"净盖"。然"净盖"不可考。故今存疑。

【录文】

何名三途⁽¹⁾?

地狱一、恶鬼二、畜生三是也。

何名五浊⁽²⁾?

答曰:所以人道浊,君臣净国,朝廷净位,众人净财,邻国交战,怨亡者众,不见埋葬,是为人道浊。二者烦恼浊,凡夫众生,男女杂合,信心自用,不避尊卑,恣情合和,不知羞耻,是为烦恼浊。三者阴阳浊,鬼乱煞无度,恶者兴难,贤者及弱,横死者众,悲苦彻心,是为阴阳浊也。

何为五逆⁽³⁾?

一者煞害父母,二者欺兄弟姊妹,三奴欺死主,四者烧经坏佛,五者诛戮亲眷,是五逆也。

【校释】

(1) 三途:亦作"三涂"。佛教语。即火途(地狱道)、血途(畜生道)、刀途(饿鬼道)。晋·郗超《奉法要》:"十恶毕犯,则入地狱。抵揆强梁,不受忠谏,及毒心内盛,狗私欺绐,则或堕畜生;或生蛇虺。悭贪专利,常苦不足,则或堕饿鬼……此谓三涂,亦谓三恶道。"

---

① 郑阿财、朱凤玉:《敦煌蒙书研究》,甘肃教育出版社2002年版,第209页。

（2）五浊：为"五浊恶世"的简称。佛教谓尘世中烦恼痛苦炽盛，充满五种浑浊不净，即劫浊、见浊、烦恼浊、众生浊和命浊。《阿弥陀经》："释迦牟尼佛，能为甚难希有之事，能于娑婆国土五浊恶世，劫浊、见浊、烦恼浊、众生浊、命浊中，得阿耨多罗三藐三菩提。"南朝·宋·谢灵运《庐山慧远法师诔》："令声续振，五浊暂隆。"

（3）五逆：佛教谓五种将招致堕无间地狱报应的恶业大罪。《阿阇世王问五逆经》："有五逆罪，若族姓子、族姓女为是五不救罪，必入地狱无疑。云何为五？谓杀父、杀母、害阿罗汉、闘乱众僧、起恶意于如来所。"亦省作"五逆"。《观无量寿经》："或有众生作不善业，五逆十恶，具诸不善，如此愚人以恶业故，应堕恶道。"

【录文】

何名八关斋？

答曰：受归五戒(2)，以却众恶鬼来，病人以至八王日，散行天王观察众生善恶，抄名字付诸恶使恶鬼捕之，以此如来慈愍众生，教人年年三长之月，月有六斋，礼拜以避恶神。如不能长斋，常至八王日，详共少剑，作无碍大斋，以塞众神恶口舌(3)，令人不遭横恶。此八王日从冬至日算至立春之日，满三百卌五日为节。节日时，人不晓见观详共营斋，未当由之，但详造，即名八关斋。众心难期，遂即造共，此号名八关斋。

【校释】

（1）八关斋：佛教指在家信徒一昼夜受持的八条戒律。《资治通鉴·齐武帝永明元年》："会上于华林园设八关斋，朝臣皆预。"胡三省注："释氏之戒：一，不杀生；二，不偷盗；三，不邪淫；四，不妄语；五，不饮酒、食肉；六，不着花鬘璎珞、香油涂身、歌舞倡伎故往观听；七，不得坐高广大床；八，不得过斋后吃食。以上八戒，故为八关。"亦称"八关戒"。

（2）五戒：亦作"五诫"。佛教指在家信徒终身应遵守的五条戒律。即不杀生、不偷盗、不邪淫、不妄语、不饮酒。《晋书·会稽文孝王道子传》："臣闻佛者清远玄虚之神，以五诫为教，绝酒不淫。"又

《魏书·释老志》："又有五戒，去杀、盗、淫、妄言、饮酒，大意与仁、义、礼、智、信同，名为异耳。"

（3）以塞众神恶口舌：写卷"塞"误作"赛"。

【录文】

问曰：四辅何知⁽¹⁾？

左辅、右弼、前义、后承，力几失中，责于博士；星辰失度，责于太史；奸邪失中，责于尚书；苦乐不同，责于仆射，此之是也。

何谓六艺⁽²⁾？

礼、乐、射、御、书、数，谓之六艺也。

何谓五礼⁽³⁾？

吉、凶、宾、军、嘉之五礼也。

何谓六德⁽⁴⁾？

智、仁⁽⁵⁾、圣、义、忠、和，此是也。

何谓三正四方？

天地、日月、星辰，谓之三正；东、西、南、北之为四方是也。

何谓四道（四）大⁽⁶⁾？

手、口、身、心谓之四道，地、水、火、风谓之四大。

【校释】

（1）四辅：官名。相传古代天子身边的四个辅佐。《书·洛诰》有"四辅"之称。《益稷》有四邻，《史记·夏本纪》作"四辅"。至《尚书大传》、贾谊《新书》始有疑、承、辅、弼（《新书》作道、弼、辅、承）为"四辅"之说，皆出于秦汉间人的依托。至王莽托古改制，置四辅以配三公，又为其子置师疑、傅承、阿辅、保拂（弼）之官。明太祖曾置春、夏、秋、冬官，也叫"四辅"。参见清·全祖望《经史问答·三礼问目答全藻问》。

（2）六艺：古代教育学生的六种科目。《周礼·地官·大司徒》："三曰六艺：礼、乐、射、御、书、数。"《史记·孔子世家》："孔子以诗书礼乐教，弟子盖三千焉，身通六艺者七十有二人。"

（3）五礼：古代的五种礼制。即吉礼、凶礼、军礼、宾礼、嘉礼。

《周礼·春官·小宗伯》:"掌五礼之禁令与其用等。"郑玄注引郑司农云:"五礼,吉、凶、军、宾、嘉。"《隋书·礼仪志一》:"以吉礼敬鬼神,以凶礼哀邦国,以宾礼亲宾客,以军礼诛不虔,以嘉礼合姻好,谓之五礼。"

(4) 六德:周朝时大司徒教民的六项道德标准。《周礼·地官·大司徒》:"以乡三物,教万民而宾兴之。一曰六德:知、仁、圣、义、忠、和。"

(5) 仁:P.2581 误作"人"。

(6)（四）大:P.2581 脱"四"字。四大,佛教以地、水、火、风为四大。认为四者分别包含坚、湿、暖、动四种性能,人身即由此构成。因亦用作人身的代称。晋·慧远《明报应论》:"夫四大之体,即地、水、火、风耳,结而成身,以为神宅。"《圆觉经》:"我今此身,四大和合。所谓发毛爪齿、皮肉筋骨、髓脑垢色,皆归于地;唾涕脓血、津液涎沫、痰泪精气、大小便利,皆归于水;暖气归火;动转归风。四大各离,今者妄身,当在何处?"

【录文】

问曰:何谓鳏、寡、孤、独、穷、劣?

丈夫无妻曰鳏,妇人无夫曰寡,子无父母曰孤,父母无子曰独,家无食曰穷,老无力曰劣,此之是也。

问曰:天子何以自称寡人(1)?

答曰:君者有国有家有父,父当位;有兄,兄当位;上无父,中无兄,持而当位。礼无兄,故以举。天子无父,事三老;无兄,事五更。故称寡人也。

何谓三备?

父一、师二、朋友三是也。

问曰:何谓妇人七出(2)?

一无子,二□□(3),三不事舅姑,四口舌,五窃,六妒,七恶疾。但犯一条,即合舍弃之。若无七出,□弃之徒一等(4)。

何名三不去?

一曾持舅姑之服,二取贱后贵,三有所取无所归。难犯七出,不合去之，违大一等，若犯奸及恶病由士弃之。

问曰：女家有四不可娶何[5]？

弟一不孝[6]，二始多病淫色有生离之类，三及逆不顺，四寡妇长养女无礼，此之是也。

【校释】

（1）寡人：古代君主的谦称。《礼记·曲礼下》："诸侯见天子，曰'臣某侯某'。其与民言，自称曰'寡人'。"孔颖达疏："寡人者，言己是寡德之人。"

（2）七出：古代社会丈夫遗弃妻子的七种条款。《孔子家语·本命解》："妇有七出三不去。七出者：不顺父母者，无子者，淫僻者，嫉妒者，恶疾者，多口舌者，窃盗者。"又《仪礼·丧服》"出妻之子为母"唐·贾公彦疏："七出者：无子，一也；淫佚，二也；不事舅姑，三也；口舌，四也；盗窃，五也；妒忌，六也；恶疾，七也。"

（3）二□□：P.2581字迹难辨，作"煌󠄀"。今存疑俟考。

（4）□弃之徒一等：P.2581字迹模糊，今从郑本录文。

（5）女家有四不可娶何：P.2581"娶"误作"聚"。

（6）弟一不孝：郑本改"弟"为"第"。实则P.2581"，弟一"不误。弟，次第。为"第"之本字，后来写作"第"。《说文·弟部》："弟，韦束之次弟也。"段玉裁《说文解字注》："束之不一，则有次弟也。引伸之为凡次弟之弟，为兄弟之弟，为岂弟之弟。"

【录文】

何名太岁[1]？

答曰：太岁者，天地之御史，清道前后，亦须避之。上有五星辰交错，前禁后忌，不得触误也。

何名太阳[2]？

太岁阴者，太岁之妻常居太微[3]，此三臣亦须避之，不可触犯，必煞故也。

何谓大将军？

大将军者是天之上客，亦须避之。居在四方，三年一移，东方乘青龙，西方乘白虎，南方乘朱雀，北方乘玄武。舐角羊者必煞矣，须忌也。

【校释】

（1）太岁：指太岁之神。古代数术家认为太岁亦有岁神，凡太岁神所在之方位及与之相反的方位，均不可兴造、移徙和嫁娶、远行，犯者必凶。此说源于汉代。汉·王充《论衡·难岁》："方今行道路者，暴病仆死，何以知非触遇太岁之出也？"

（2）何名太阳：P.2581作"何名太阳"，郑本录文亦本此。然其义似与下文答语无涉，疑为"太阴"。今存疑。

（3）太微：郑阿财、朱凤玉先生录文作"太徽"[①]，误。当为"太微"，本为古代星官名，三垣之一。位于北斗之南，轸、翼之北，大角之西，轩辕之东。诸星以五帝座为中心，作屏藩状。《楚辞·远游》："召丰隆使先导兮，问大微之所居。"王逸注："博访天庭在何处也。大，一作太。"《史记·天官书》："衡，太微，三光之廷。匡卫十二星，藩臣：西，将；东，相；南四星，执法；中，端门；门左右，掖门。"古代亦代指天庭。

【录文】

何谓三伏[(1)]？

阴阳迭代[(2)]，相生相煞，故言三伏。

何谓𦰩㱿[(3)]？

夫子所居曰𦰩，正事之当㱿也。

何谓宫室？

皇后所居曰宫，燕寝之房曰室[(4)]。

何谓厅雍[(5)]？

厅者诸侯知事之堂[(6)]，雍者士庶逍遥之馆。

---

① 郑阿财、朱凤玉：《敦煌蒙书研究》，甘肃教育出版社2002年版，第211页。

【校释】

（1）三伏：即初伏、中伏、末伏。农历夏至后第三庚日起为初伏，第四庚日起为中伏，立秋后第一庚日起为末伏。是一年中最热的时候。《初学记》卷四引《阴阳书》："从夏至后第三庚为初伏，第四庚为中伏，立秋后初庚为后伏，谓之三伏。"

（2）迭代：P.2581作"送代"，误。迭代，即更替。

（3） ：写卷字体难认，盖为俗体。郑阿财、朱凤玉先生录文作"台殿"。① 义难通，此处当皆指建筑物之类。今存疑。

（4）燕寝之房曰室：古代帝王居息的宫室。《周礼·天官·女御》："女御掌御叙于王之燕寝。"《礼记·曲礼下》"天子有后，有夫人。"唐·孔颖达疏："《周礼》王有六寝，一是正寝，余五寝在后，通名燕寝。"

（5）厅廱：皆指古代堂馆。厅，官署中听事问案之处。廱，通"廱"，本指学宫。这里指士庶逍遥之地。

（6）厅者诸侯知事之堂：P.2581"知事"误作"之事"。知事，主管事务。《管子·戒》："于国有所不知政，于家有所不知事，必则朋乎。"尹知章注："若皆知之，则事钟于己，将不胜任而败。朋能有所不知，故可以移政。"

【录文】

问曰：天子何以无父兄？

天子若有父，父当位；有兄，兄当位；礼无父兄，即身当位。为无父事三老，无兄事五更，故举之也。

何谓三不能避雨？

言三者，一父母、二师、三凡。以人言为讳，称名字当须避父母之名讳。子避雨者即［避］父母之名也(1)。

问曰：何谓三避讳？

一者国讳，二者父讳，三者母［讳］(2)。凡人出身事官，先避国

---

① 郑阿财、朱凤玉：《敦煌蒙书研究》，甘肃教育出版社2002年版，第212页。

讳，后避父讳之名也。

【校释】

（1）子避雨者即［避］父母之名也：P.2581 脱"避"字，今据句意补之。

（2）三者母［讳］：P.2581 脱"讳"字。今据上文补之。

【录文】

何谓三神⁽¹⁾？

天神一、地祇［二］、社神三⁽²⁾，此三神也。

问曰：三神何主？

天者父也，能生长万物；和师者地也，地神能成物有也，此能回风以顺万物，切磋相成⁽³⁾，不由造作是也。

三备父师友何生？

生子三岁，父将良师，教授识别，曰切磋相成，故言三备。

【校释】

（1）三神：指天神、地祇、山岳。《史记·司马相如传》："挈三神之驩，缺王道之仪，群臣恧焉。"唐·司马贞《史记索隐》引如淳曰："谓地祇、天神、山岳也。"

（2）天神一、地祇［二］、社神三：写卷脱"二"字。天神，指天上诸神，包括主宰宇宙之神及主司日月、星辰、风雨、生命等神。《淮南子·天文训》："天神之贵者，莫贵于青龙。"地祇，地神。《史记·司马相如列传》："修礼地祇，谒款天神。"社神，古代谓土地神、土神。《礼记·郊特牲》"社祭土而主阴气也"。孔颖达疏引汉·许慎《说文解字》曰："今人谓社神为社公。"

（3）切磋相成：写卷 P.2581"切"误作"初"，义不通。切磋，比喻道德学问方面相互研讨勉励。《荀子·天论》："若夫君臣之义，父子之亲，夫妇之别，则日切磋而不舍也。"又北齐·颜之推《颜氏家训·勉学》："盖须切磋相起明也。"

【录文】

何名事父之道⁽¹⁾？

昏定，晨省，和颜悦色，恭敬孝顺，小心翼翼，欲报父母之恩，昊天罔极⁽²⁾。

何谓事君之道？

恪勤尽忠，务于肃敬，献可谏否。

【校释】

（1）何名事父之道：P.2581作"何名父之道"，然与下文答语不符。据下文"事君之道"可知本句当作"何名事父之道"。写卷脱"事"字。

（2）罔极：P.2581作"网极"，误。罔极，无穷尽。《诗·小雅·何人斯》："有靦面目，视人罔极。"郑玄笺："人相视无有极时，终必与女相见。"《汉书·董仲舒传》："朕获承至尊休德，传之亡穷，而施之罔极。"颜师古注："罔亦无也。极，尽也。"

古贤集

【题解】

《古贤集》是敦煌遗书中一部重要的民间文学作品，也是唐五代民间流行的历史知识类蒙书之一。敦煌写本《古贤集》以冒头语"君不见"开头，除这三字外，共计80句，全篇用七言韵语写成。从格律来看，该诗平仄比较协调，除个别地方外，基本上偶句押韵，随意换韵，且换韵距离不等；对仗相对工稳，形式比较整齐。该诗的特点是广泛运用历史典故，且这些典故皆取自我国古代的历史故事。从内容上讲，该诗主要是通过对历史上贤孝能人事迹的歌咏，以孝友、勤学、诚信、忠贞之道理教示人们，起到训蒙作用。

现存敦煌写卷中有九个抄本，这九个写卷分别是P.3174、P.2748、P.3113、P.3929、P.3960、P.4972、S.2049、S.6208、дX.2776（L.2872）。今以P.3174为底本，结合其他各卷及陈祚龙（陈一本）、陈庆浩（陈二本）、韩建瓴（韩本）、郑阿财（郑本）诸先生录文参校。

关于敦煌写本《古贤集》的研究，首先对其介绍、研究的是学者陈祚龙先生，他根据巴黎法国家图书馆所藏的六个《古贤集》卷子互校，校录出新本，并于1974年发表《敦煌学杂记》[①]，第一次向世人介绍了《古贤集》的写卷概况和内容，并将其性质定为蒙书。1976年，陈庆浩先生发表《古贤集校注》[②]一文，该文在陈祚龙先生研究基础上，以巴黎六个藏本、英国伦敦不列颠图书馆的两个藏本参校，对卷子及其抄写

---

① 陈祚龙：《敦煌学杂记》，《幼狮学报》1974年第5期，第56—61页。
② 陈庆浩：《古贤集校注》，《敦煌学》1976年第3辑，第63—102页。

年代作了介绍，也对该作品重新作了详细校注。我们现在能一睹《古贤集》原貌，皆得益于两位学者的研究。1984 年，台湾林聪明先生《敦煌通俗文学研究》① 一书专立章节进行论述，在第五章"敦煌通俗诗考述"中，将《古贤集》的性质定为"史事长篇歌咏"，也就是长篇通俗诗。

韩建瓴先生于 1988 年发表《敦煌写本〈古贤集〉研究》②，该文从《古贤集》的抄卷情况、论文、抄卷与创作时间、性质与体制、内容及其与敦煌文学的关系、与唐代蒙学的关系等方面进行了全面且比较详细的论述，针对各家之说进行了商榷，还附有十则《〈古贤集校注〉补正》。这也是大陆学者首次关注并研究敦煌写本《古贤集》，韩先生认为《古贤集》具有蒙书的性质，也具有"养蒙训俗"的作用，但体制上又不同于唐代及唐以前的蒙书，是一首文人创作的七言古诗，"是在当时的科举教育制蒙学教育和文学创作的共同影响下产生的一篇杰作。"郑阿财、朱凤玉先生于 2002 年出版《敦煌蒙书研究》③ 一书，将《古贤集》的性质定为"唐五代民间流行有关历史知识的蒙书"，对写本进行概述，除法藏、英藏《古贤集》写本外，还增加了俄罗斯科学院东方研究所圣彼得堡分院所藏дX.2776（L.2872）卷子，录文与陈庆浩录文同。郑、朱二先生认为其创作年代可能在盛唐当时或中唐前期，还探讨了其体制和内容，认为其体制属于七言乐府古风形式，"其主要内容大抵述孝友、勤学、文章、仕宦、诚信、忠贞等事迹，是以人物为主，配合其事迹，灌输历史故实，借以从中吸取经验和教训，以资启发，或用作典范。"

有关各写本的具体情况，陈祚龙、陈庆浩、韩建瓴、郑阿财诸先生已作了详细介绍，这里不再赘述。另，文中所引《史记》《汉书》等，皆选中华书局本；引文所涉及的《敦煌变文集》为人民文学出版社本。

---

① 林聪明：《敦煌通俗文学研究》，东吴大学中国学术著作奖助委员会，1984 年 7 月，第 191—204 页。
② 韩建瓴：《敦煌写本〈古贤集〉研究》，《敦煌语言文学研究》，北京大学出版社 1988 年版，第 150—175 页。
③ 郑阿财、朱凤玉：《敦煌蒙书研究》，甘肃教育出版社 2002 年版，第 253—263 页。

【录文】

古贤集

君不见：
秦皇无道枉诛人，选士投坑总被坟[1]。
范雎折肋人疑死，谁言重得相于秦[2]。
相如盗入胡安学，好读经书人不闻[3]。
孔丘虽然有圣德，终归不免厄于陈[4]。
匡衡凿壁偷光学[5]，专锥刺股有苏秦[6]。
孙敬悬头犹恐睡[7]，姜肱玩业不忧贫[8]。
车胤聚萤而映雪[9]，桓荣得贵赍金银[10]。
造赋题篇曹子建[11]，罗含吞鸟日才新[12]。
宁戚驰车秦国相[13]，朱买贫穷被弃身[14]。
晏子身微怀智计，双桃方便煞三臣[15]。
许由洗耳颍川渠，巢父牵牛涧上驱[16]。
夷齐饿首阳山下，游岩养性乐闲居[17]。
荆轲入秦身未达，不解琴吟反自诛[18]。
苏武落蕃思汉帝，身凭雁足与传书[19]。
燕王被囚乌救难[20]，干将造剑丧其躯[21]。
为父报仇眉间赤[22]，直谏忠臣伍子胥[23]。
结草酬恩魏武子，万代传名亦不虚[24]。
灵辄一食扶轮报[25]，随侯赐药获神珠[26]。
太公少年身不遇，八十屠钩自钓鱼。
有幸得逢今帝主，文王当唤召同车[27]。
江妃泪染湘川竹[28]，韩朋死首叹贞夫[29]。
蜀地救火有鸾巴，发使腾星检不赊[30]。
东方入海求珍宝，船头回面笑官家[31]。
董仲书符去百恶[32]，孙宾善卜辟妖邪[33]。
张骞奉使寻河路，王母乘龙戴宝花[34]。

叹念阎浮汉武帝， 赍粮奉命度流沙(35)。
谁见牵牛别织女， 唯闻海客镇乘查(36)。
延陵留剑挂松枝， 坟下亡人讵得知(37)。
伯桃并粮身受死(38)， 参辰无义竞妻儿(39)。
庭树三荆恨分别(40)， 恒山四鸟叹分离(41)。
割袖分桃汉武帝(42)， 杨朱歧路起愁悲(43)。
曾参至孝存终始， 一日三省普天知(44)。
王寄三牲犹不孝， 慈母怀酬镇抱饥(45)。
孟宗冬笋供不阙(46)， 郭巨夫妻生葬儿(47)。
董永卖身葬父母， 感得天女助机丝(48)。
高柴泣血伤脾骨(49)， 蔡顺哀号火散离(50)。
思之可念复思之， 孝顺不过尹伯奇(51)。
文王得胜忘朋友， 放火烧山觅子推(52)。
子夏贤良能易色(53)， 颜渊孔子是明师(54)。
集合古贤作聚韵， 故令千代使人知。

【校释】

（1）"秦皇"二句：指秦始皇坑儒事。"被坑"，即儒生遭受坑杀。《史记·秦始皇本纪》：侯生卢生相与谋曰："始皇为人，天性刚戾自用，起诸侯，并天下，意得欲从，以为自古莫及己。专任狱吏，狱吏得亲幸。博士虽七十人，特备员弗用。丞相诸大臣皆受成事，倚辨于上。上乐以刑杀为威，天下畏罪持禄，莫敢尽忠。上不闻过而日骄，下慑伏谩欺以取容。秦法，不得兼方不验，辄死。然候星气者至三百人，皆良士，畏忌讳谀，不敢端言其过。天下之事无小大皆决于上，上至以衡石量书，日夜有呈，不中呈不得休息。贪于权势至如此，未可为求仙药。"于是乃亡去。始皇闻亡，乃大怒曰："吾前收天下书不中用者尽去之。悉召文学方术士甚众，欲以兴太平，方士欲练以求奇药。今闻韩众去不报，徐市等费以巨万计，终不得药，徒奸利相告日闻。卢生等吾尊赐之甚厚，今乃诽谤我，以重吾不德也。诸生在咸阳者，吾使人廉问，或为訞言以乱黔首。"于是使御史悉案问诸生，诸生传相告引，乃自除犯禁者四百六十余人，皆坑之咸阳，使天下知之，以惩后。益发谪徙边。①

（2）"范雎"二句："谁言重得相于秦"一句，陈一本、韩本作"随缘信业相于秦"，陈二本、郑本作"谁言重得相于秦"。根据典故出处及内容来看，范雎先在魏国受辱，历经磨难，终于"为秦相"，故"谁言重得相于秦"为是。范雎（？—前255），字叔，战国时魏国人，著名政治家、军事家。早年家境贫寒，曾出使齐国，为魏中大夫须贾所诬，后历经磨难辗转入秦。公元前266年出任秦相，辅佐秦昭王，成就霸业。

《史记·范雎蔡泽列传》：范雎，魏人也，字叔。游说诸侯，欲事魏王，家贫无以自资，乃先事魏中大夫须贾。须贾为魏昭王使于齐，范雎从。留数月，未得报。齐襄王闻雎辩口，乃使人赐雎金十斤及牛酒，雎辞谢不敢受。须贾知之，大怒，以为雎持魏国阴事告齐，故得此馈，令雎受其牛酒，还其金。既归，心怒雎，以告魏相。魏相，魏之诸公子，曰魏齐。魏齐大怒，使舍人笞击雎，折肋摺齿。雎详死，即卷以箦，置厕中。宾客饮者醉，更溺雎，故僇辱以惩后，令无妄言者。雎从箦中谓守者曰："公能出我，我必厚谢公。"守者乃请出弃箦中死人。魏齐醉，曰："可矣。"范雎得出。……魏人郑安平闻之，乃遂操范雎亡，伏匿，更名姓曰张禄。……秦王乃拜范雎为相。②

（3）"相如"二句：P.3636不知名类书有载司马相如"盗入胡安学"之事，可证本句。该卷子又称"出史记"，细检《史记》，却不见有此记载。今将P.3636部分内容录文如下：司马太子，蜀人也。家贫，于临邛市上扫市以求囗，囗囗见乡人姜涉话蔺相如之雄才；太子时年九岁，虽处孤穷，有心慕相如之雄才囗称以相如。临邛有胡安，教授诸生数百。相如自家穷寒，不敢慕相如之囗囗囗囗。遂与胡安牧牛羊家僮客囗畜牧。日暮，窃入学左穿壁听书。囗囗囗囗一览无遗。后因胡安小出囗偶相逢，安问其故，相如一一答之，安知其囗囗囗囗。诸生日有所进，凡论奥义，诸生皆不如。后与卓文君俱入梓童山。……出史记。

司马相如，字长卿，成都人，以辞赋闻名于世，是西汉著名文

---

① （西汉）司马迁：《史记·秦始皇本纪》，中华书局1982年版，第258页。
② （西汉）司马迁：《史记·秦始皇本纪》，中华书局1982年版，第2401—2412页。

学家。

《史记·司马相如列传》：司马相如者，蜀郡成都人也，字长卿。少时好读书，学击剑，故其亲名之曰犬子。相如既学，慕蔺相如之为人，更名相如。① 另据明代学者曹学佺《蜀中广记》卷一三《名胜记第十三上·川南道》云："按《益都耆旧传》：胡安。临邛人，聚徒于白鹤山，司马相如从之受经。"黄廷桂等《四川通志》卷二七《古迹·直隶邛州》"点易洞"条注云："在白鹤山，汉胡安建讲易学，司马相如从之受经。"同书卷三八之一《隐逸·直隶邛州》"汉胡安"条注云："临邛人，隐居白鹤山讲学，司马相如从之受经。"

（4）"孔丘"二句：此二句言孔子受困于陈之事。

《论语·卫灵公》载：在陈绝粮，从者病，莫能兴。子路愠见曰："君子亦有穷乎？"子曰："君子固穷，小人穷斯滥矣。"

《庄子·让王》载：孔子穷于陈蔡之间，七日不火食，藜羹不糁，颜色甚惫，而弦歌于室。颜回择菜，子路、子贡相与言曰："夫子再逐于鲁，削迹于卫，伐树于宋，穷于商周，围于陈蔡。杀夫子者无罪，藉夫子者无禁。弦歌鼓琴，未尝绝音，君子之无耻也若此乎？"颜回无以应，入告孔子。

《庄子·山木》载：孔子穷于陈蔡之间，七日不火食。左据槁木，右击槁枝，而歌焱氏之风，有其具而无其数，有其声而无宫角。木声与人声，犁然有当于人之心。

《史记·孔子世家》：孔子迁于蔡三岁，吴伐陈。楚救陈，军于城父。闻孔子在陈蔡之间，楚使人聘孔子。

（5）匡衡凿壁偷光学：《史记》无匡衡凿壁引光读书之记录，然敦煌卷子中多次提到匡衡凿壁引光之事，如 P.2710《蒙求》：匡衡凿壁，孙敬闭户。再如 P.2524 "劝学"类，"穿壁"条注：匡衡字稚，东海人。家贫，凿壁引邻舍火光读书。仕至丞相。另，敦煌变文中也提到此事，参见王重民等编《敦煌变文集·孔子相托相问书》等。②

---

① （西汉）司马迁：《史记·秦始皇本纪》，中华书局 1982 年版，第 2999 页。
② 王重民、王庆菽、向达、周一良、启功、曾毅公编：《敦煌变文集》，人民文学出版社 1984 年版，第 233 页。

《史记·张丞相列传》：丞相匡衡者，东海人也。好读书，从博士受《诗》。家贫，衡佣作以给食饮。才下，数射策不中，至九，乃中丙科。①

《西京杂记》卷二："匡衡，字稚圭。勤学而无烛，邻舍有烛而不逮，衡乃穿壁引其光，以书映光而读之。"

（6）专锥刺股有苏秦：苏秦为战国时纵横家的代表，也是苦读之典型。《史记》不载苏秦"锥刺股"事。然裴骃《史记集解》引《战国策·秦策》云："乃发书，陈箧数十，得太公《阴符》之谋，伏而诵之，简练以为揣摩。读书欲睡，引锥自刺其股，血流至踵。……"该句盖本之《战国策》。另敦煌卷子 P.2502、P.2524 亦载有此事。

《史记·苏秦列传》：苏秦者，东周洛阳人也。东事师于齐，而习之于鬼谷先生。出游数岁，大困而归。兄弟嫂妹妻妾窃皆笑之曰："周人之俗，治产业，力工商，逐什二以为务。今子释本而事口舌，困，不亦宜乎！"苏秦闻之而惭，自伤，乃闭室不出，出其书徧观之。曰："夫士业已屈首受书，而不能以取尊荣，虽多以奚以为！"于是得周书《阴符》，伏而读之。

（7）孙敬悬头犹恐睡：陈二本作"孙景"，按语中又说"孙景"应作"孙敬"，"因各卷皆作'孙景'，故不该易。"今敦煌研究院95号卷子有"匡衡凿壁，孙敬闭户。"其注引《楚国先贤传》：孙敬字文宝，恒闭户读书，睡以绳系头悬于梁上。尝入市，人见之皆曰：闭户先生来。帝时征不就也。又 P.2524 "勤学"类"悬头"条注：孙敬字文宝，闭户读书，以绳悬头于梁，睡则牵之。时人号曰"闭户先生"，特征不仕。又 P.2710、P.3650 均作"孙敬"。《后汉书》亦作孙敬。故应改校作"孙敬"。

陈浩庆先生《古贤集校注》②注曰：《类聚》引《后汉书》：孙敬，字文宝。好学，闭户读书，不堪其睡，乃以绳悬之屋梁……

（8）姜肱玩业不忧贫：姜肱，东汉高士，因与弟仲海、季江，俱以孝闻，友爱天至。

---

① （西汉）司马迁：《史记·秦始皇本纪》，中华书局1982年版，第2688页。
② 陈庆浩：《古贤集校注》，《敦煌学》1976年第3辑，第64页。

《后汉书·周黄徐姜申屠列传》：有载此事。陈庆浩本疑其另有出典，韩本引皇甫谧《高士传》卷下《姜肱传》以证。今据韩本引文录《姜肱传》于下：

皇甫谧《高士传》卷下《姜肱传》云：姜肱，字伯淮，彭城广戚人也。家世名族，兄弟三人，俱以孝行着闻。肱年最长，与二弟仲海季江同被卧，甚相亲友。及长，各取，兄弟相爱不能相离，肱习学五经，兼明星纬，弟子自远方至者三千余人，声重于时。凡一举孝廉，十辟公府，九举有道，至孝、贤良、公车三征皆不就。仲季亦不应征辟。建宁二年，灵帝征召为犍为太守，肱得召乃告其友曰："吾以虚获实，遂藉身价，盛明之世尚不委质，况今政在私门哉！"乃隐身遁命，乘船浮海。使者追之，不及。再以玄纁聘，不就。即拜太中大夫，又逃不受诏，名振于天下，年七十七卒于家。(《丛书集成》本)

(9) 车胤聚萤而映雪：P.2524"劝学"类"聚萤"条注：车胤字武子，家贫无油，绢袋盛数十萤读书，冬即雪映。其后仕至司徒。

车胤，晋代人，以勤奋好学著称。《晋书·车胤传》："车胤，字武子，南平人也。曾祖浚，吴会稽太守。父育，郡主簿。太守王胡之名知人，见胤於童幼之中，谓胤父曰：'此儿当大兴卿门，可使专学。'胤恭勤不倦，博学多通。家贫不常得油，夏月则练囊盛数十萤火以照书，以夜继日焉。"

(10) 桓荣得贵赍金银：桓荣（？—约59），字春卿。谯国龙亢（今安徽省怀远县西龙亢镇北）人，东汉经学大师。幼家贫，少赴长安求学，拜朱普博士为师，刻苦自励，15年不回家园，终成学业。汉光武帝拜其为议郎，后封为博士。汉建武二十八年（52），桓荣被拜为太子少傅，后拜为太常。明帝即位，对桓荣倍加敬重，尊以师礼，拜为五更，不久封其为关内侯。桓荣80余岁卒，明帝赐葬于洛阳城外首山之阳，亲自为其送葬。

(11) 造赋题篇曹子建：曹子建，指曹植，字子建。曹植天资聪明，才思敏捷，其诗歌创作卓有成就，"文采气骨兼备"。陈二本仅注"《曹植传》见《三国志》《魏书》卷十九。"具体内容失注。今据《三国志集解·魏书》卷十九补之。

《三国志集解·魏书》卷十九：陈思王植，字子建，十岁余，诵读诗论及辞赋数十万言，善属文。太祖尝视其文，谓植曰："汝倩（请）人邪？"植跪曰："言出为论，下笔成章。顾当面试，奈何倩（请）人？"时邺铜爵台新成，太祖悉将诸子登台，使各为赋。植援笔立成可观，太祖甚异之。载植赋曰：从明后而嬉游兮，登层台以娱情。见太府之广开兮，观圣德之所营。建高门之嵯峨兮，观连飞阁乎西城。临漳水之长流兮，望园果之滋荣。仰春风之和穆兮，听百鸟之悲鸣。天云垣其既立兮，家愿得而获逞。扬仁化于宇内兮，尽肃恭于上京。惟桓文之为盛兮，岂足方乎盛明？休矣！美矣！惠泽远扬。翼佐我皇家兮，宁彼四方。同天地之规量兮，齐日月之晖光。永贵尊而无极兮，等年寿于东王。云云。太祖深异之。①

（12）罗含吞鸟日才新：P.2524"文笔"类，"梦鸟"条注："罗含梦吞五色鸟，文词日新。""吞鸟"比喻人有大志向。

《晋书卷·罗含传》：含幼孤，为叔母朱氏所养。少有志向。尝昼卧，梦一鸟文采异常，飞入口中，因起惊说之。朱氏曰："鸟有文采，汝后有文章。"自此后深思日新。②

唐·崔日知《冬日述怀奉呈兰台名贤》："终期吞鸟梦，振翼上云烟。"

（13）宁戚驰车秦国相：宁戚是春秋齐桓公时期齐国大夫，很有才干。宁戚原来出身穷困，为商家赶车喂牛为生，后齐桓公了解了他的才干，破格重用。事见《吕氏春秋》《管子》《淮南子》。

《吕氏春秋》卷二十《举难》：宁戚欲干齐桓公，穷困无以自进，于是为商旅将任车以至齐，暮宿于郭门之外。桓公郊迎客，夜开门，辟任车，爝火甚盛，从者甚众。宁戚饭牛车下，望桓公而悲，击牛角疾歌。桓公闻之，抚其仆之手曰："异哉！之歌者，非常人也。"命后车载之。桓公反至，从者以请，桓公赐之衣冠，将见之。宁戚见，说桓公以治境内。明日复见，说桓公以为天下。桓公大悦，将任之……

按：《淮南子》卷十二《道应训》所载与《吕氏春秋》大同小异。

（14）朱买贫穷被弃身：P.2524"弃夫"类"买臣妻"条注：

---

① （晋）陈寿：《三国志集解·魏书》卷十九，中华书局2000年版，第478页。
② （唐）房玄龄等：《晋书·罗含传》卷九十二，中华书局2000年版，第20页。

汉朱买臣，会稽人也。家贫，好读书，不事产业。妻求去。臣曰："吾年四十当贵，今已卅九，卿不待之？"妻曰："公如之等终饿死，有何贵乎！"妻遂去之。买臣明年上书，帝贤之，拜为侍中。帝谓买臣曰："富贵不还故乡，如衣锦夜行。"又迁会稽太守。妻共后夫治道买臣之郡，见，识之，命夫妻致后园郡客中，供衣食。数日，妻慭而自死。

朱买臣，字翁子，会稽吴人。家贫，好读书，卖薪自给，行歌诵书。其妻以为羞，去之。后拜中大夫，复拜会稽太守，后为丞相长史。

《汉书》卷六十四上：朱买臣字翁子，吴人也。家贫，好读书，不治产业，常艾薪樵，卖以给食，担束薪，行且诵书。其妻亦负戴相随，数止买臣毋歌呕道中。买臣愈益疾歌，妻羞之，求去。买臣笑曰："我年五十当富贵，今已四十余矣。女苦日久，待我富贵报女功。"妻恚怒曰："如公等，终饿死沟中耳，何能富贵？"买臣不能留，即听去。其后，买臣独行歌道中，负薪墓间。①

（15）"晏子"二句：《史记·管晏列传》未提及此事。另敦煌变文中《晏子赋》也不曾提及此事。晏婴（前578年—前500），字仲，谥平，习惯上多称平仲，又称晏子，夷维人（今山东莱州）。春秋后期一位重要的政治家、思想家、外交家。春秋时齐景公用晏婴之计将两个桃子赐给公孙接、田开疆、古冶子论功而食，三人弃桃自杀。事见晏婴《晏子春秋·谏下》，比喻借刀杀人。

《史记·管晏列传》（卷六十二）：晏平仲婴者，莱之夷维人也。事齐灵公、庄公、景公，以节俭力行重于齐。……②

《晏子春秋（内篇）·谏下》：公孙接、田开疆、古冶子事景公，以勇力搏虎闻。晏子过而趋，三子不起。晏子入见公……因请公使人少馈之二桃，曰："三子何不记功而食桃。"公孙接仰天而叹曰："晏子智人也，夫使公之计吾公者，不受桃，是无勇也。士众而桃寡，何不计功而食桃。接搏豕肩而再搏乳虎，若接之功，可以食桃而无与人同矣。"援桃而起。田开疆曰："吾仗兵而却三军者再，若开疆之功，亦可以食

---

① （东汉）班固：《汉书》，中华书局1962年版，第2791页。
② （西汉）司马迁：《史记·管晏列传》，中华书局1982年版，第2134—2137页。

桃，而无与人同矣。"援桃而起。古冶子曰："吾尝从君济于河，鼋衔左骖以入砥柱之流，当是时也，冶少不能游，潜行，逆流百步，顺流九里，得鼋而杀之，左操骖尾，右挈鼋头，鹤跃而出。津人皆曰：'河伯也！'若冶视之，则大鼋之首。若冶之功，亦可以食桃而无与人同矣。二子何不反桃！"抽剑而起，公孙接、田开疆曰："吾勇不子若，功不子逮，取桃不让，是贪也；然而不死，无勇也。"皆反其桃，挈领而死。古冶子曰："二子死之，冶独生之，不仁；耻人以言，而夸其声，不义！恨乎所行，不死，无勇。虽然，二子同桃而节，冶专其桃而宜。"亦反其桃，挈领而死。

（16）"许由"二句：许由，远古时代人名。许由洗自己的耳朵，指不想当官。巢父，传说中的高士，因筑巢而居，人称巢父。尧以天下让之，不受，隐居聊城，以放牧了此一生。

《史记·伯夷列传》之《正义》引皇甫谧《高士传》：许由字武仲，尧闻致天下而让焉，乃退而遁于中岳颍水之阳，箕山之下隐。尧又召为九州长，由不欲闻之，洗耳于颍水滨。时有巢父牵犊欲饮之，见由洗耳，问其故。对曰："尧欲召我为九州长，恶闻其声，是故洗耳。"巢父曰："子若处高岸深谷，人道不通，谁能见子？子故浮游，欲闻求其名誉。污我犊口。"牵犊上流饮之。①

（17）"夷齐"二句：夷齐是指伯夷与叔齐，是儒家称颂的品德高尚的贤人。事见《史记·伯夷列传》。

《史记·伯夷列传》：伯夷、叔齐，孤竹君之二子也。父欲立叔齐，及父卒，叔齐让伯夷。伯夷曰："父命也。"遂逃去。……武王已平殷乱，天下宗周，而伯夷、叔齐耻之，义不食周粟，隐于首阳山，采薇而食。及饿且死，作歌。其辞曰："登彼西山兮，采其薇矣。以暴易暴兮，不知其非矣。神农、虞、夏忽焉没兮，我安适归矣？于嗟徂兮，命之衰矣！"遂饿死于首阳山。②

（18）"荆轲"二句：陈二本作"荆轲入秦身未达，不解琴吟反自诛。"并注云：此处用"琴吟"者，据下注 P.2545。"琴"指渐离击

---

① （西汉）司马迁：《史记·伯夷列传》，中华书局 1982 年版，第 2122 页。
② （西汉）司马迁：《史记·伯夷列传》，中华书局 1982 年版，第 2123 页。

筑，"吟"指宋意"壮士一去兮不复还"之和歌。并引陶渊明《咏荆轲》"渐离击悲筑，宋意唱高声"以证。韩本认为"琴吟"误，应校为"琴音"，指秦宫之姬所鼓之琴音。并引《意林》所录《燕丹子》及《乐府诗集》中《荆轲歌》之证。比照两位前辈所列文献，通过分析可知韩建瓴先生之说较合乎诗意。故照录韩注如下：

唐马总《意林》卷二所录《燕丹子》曰："（荆）轲至咸阳，秦王大喜，陛戟见荆轲。轲捧樊於期首押并地图以次进，群臣皆呼万岁。秦武阳大恐。荆轲顾笑武阳前谢曰：'北蕃蛮夷之鄙人，未见天子，愿陛下少假借之使，得毕事于前。'秦王曰：'轲起督亢图进之。'荆轲发图，图穷而匕首见，因左手把王袖，右手揕其胸，数之曰：'从我计则生，不从则死'秦王曰：'乞听琴声而死'。召姬人鼓琴。琴声曰：'罗縠单衣，可制而绝。八尺屏风，可超而越。鹿卢之剑，可负而拔。'轲不解音。秦王从琴声，负剑拔之。秦王断轲两手。轲因依柱而笑，箕踞而骂曰：'吾为竖子所欺，事不济也。'"（上海进步书局本）。又《乐府诗集》卷五八阳缙《荆轲歌》曰："壮发危冠下，匕首地图中。琴声不可识，遗恨没秦宫。"均指此事。

荆轲（？—前227），战国时期著名刺客，受燕太子丹之托，刺杀秦王，失败被杀。事见《史记·刺客列传》。

《史记·刺客列传》：荆轲者，卫人也。其先乃齐人，徙于卫，卫人谓之庆卿。而之燕，燕人谓之荆轲。[①]

《史记·刺客列传》：太子及宾客知其事者，皆白衣冠以送之。至易水之上，既祖，取道，高渐离击筑，荆轲和而歌，为变徵之声，士皆垂泪涕泣。又前而为歌曰："风萧萧兮易水寒，壮士一去兮不复还。"复为羽声忼慨，士皆瞋目，发尽上指冠。于是荆轲就车而去，终已不顾。[②]

（19）"苏武"二句：苏武（前140—前60），字子卿，杜陵（今陕西西安东南）人。汉武帝时为郎。天汉元年（前100）奉命出使匈奴被扣留。后遭迁北海（今贝加尔湖）边牧羊。历尽艰辛，留居匈奴

[①] （西汉）司马迁：《史记·刺客列传》，中华书局1982年版，第2526页。
[②] （西汉）司马迁：《史记·刺客列传》，中华书局1982年版，第2534页。

十九年持节不屈。至始元六年（前81），获释回汉。事见《汉书·李广苏建传》：武字子卿，少以父任……乃遣武以中郎将使持节送匈奴使留在汉者……单于愈益欲降之，乃幽武置大窖中，绝不饮食。天雨雪，武卧啮雪与旃毛并咽之，数日不死。匈奴以为神，乃徙武北海上无人处，使牧羝，羝乳乃得归。……汉求武等，匈奴诡言武死。后汉使复至匈奴，常惠请其守者与俱，得夜见汉使，具自陈道。教使者谓单于，言天子射上林中，得雁，足有系帛书，言武等在某泽中。使者大喜，如惠语以让单于。单于视左右而惊，谢汉使曰："武等实在。"……陵泣下数行，因与武决。单于召会武官属，前以降及物故，凡随武还者九人。①

（20）燕王被囚乌救难：《诗典新编》载《燕丹子》中有"乌白马角"的典故，即"燕王囚秦乌救难"事。②

《燕丹子》：燕太子质于秦，秦王遇之无礼；不得意，欲求归。秦王不听，谬言令乌白首，马生角，乃可许耳。丹仰天叹，乌即白首，马生角。秦王不得已而遣之。（丛书集成本）

（21）干将造剑丧其躯：干将是春秋末著名冶将匠，善铸造兵器，曾为吴王阖闾铸剑。事见《吴越春秋·阖闾内传》。

《吴越春秋·阖闾内传》：请干将铸作名剑二枚。干将者，吴人也……莫邪，干将之妻也。干将作剑，采五山之铁精，六合之金英，候天伺地，阴阳同光，百神临光，天气下降而金铁之精不销沦流，于是干将不知其由。……于是干将妻断发爪投于炉中，使童女童男三百人鼓橐装炭，金铁乃濡，遂以成剑：阳曰干将，阴曰莫邪；阳作龟文，阴作漫理。干将匿其阳，出其阴而献之。

另《搜神记》卷十一：楚干将莫邪为楚王作剑，三年乃成，王怒，欲杀之。剑有雌雄。其妻重身当产。夫说妻曰："吾为王作剑，三年乃成，王怒，必杀我。汝若生子是男，大，告之曰：'出户望南山，松生石上，剑在其背。'"于是即将雌剑往见楚王。王大怒，使相之：'剑有二，一雄一雌，雌来雄不来。'王怒，即杀之。莫邪子名赤比，后壮，

---

① （东汉）班固：《汉书》，中华书局1962年版，第2459—2467页。
② 《诗典新编》，上海古籍出版社2001年版，第74页。

乃问其母曰："吾父所在?"母曰："汝父为楚王作剑，三年乃成，王怒，杀之。去时嘱我语汝：'出户望南山，松生石上，剑在其背。'"于是子出户，南望，不见有山，但睹堂前松柱下石砥之上。即以斧破其背，得剑。日夜思欲报楚王。

（22）为父报仇眉间赤："眉间赤"，陈二本作"眉间尺"，并引《搜神记》"王梦见一儿眉间广尺"，认为"眉间尺名之来由较有据。"郑阿财先生亦录为"眉间尺"。陈祚龙、韩建瓴二先生校为"眉间赤"。韩先生根据《太平御览》卷第三百四十三所辑录《列士传》《太平寰宇记》所引《北征记》《郡国记》认为"眉间赤"比较合乎原貌。其实《搜神记》中也讲到"莫邪子名赤比"，《列士传》为"妻后生男，名赤鼻。""眉间赤"从其名得之或未可知。干将子复仇事，事见《搜神记》。

《搜神记》：卷十一：王梦见一儿眉间广尺，言欲报仇。王即购之千金。儿闻之，亡去，入山行歌。客有逢者，谓："子年少，何哭之悲耶？"曰："吾干将莫邪子也。楚王杀吾父，吾欲报之。"客曰："闻王购子头千金，将子头与剑来，为子杀之。"即自刎，两手捧头及剑，奉之立僵。客曰："不负子也。"于是尸乃仆。客持头往见楚王，王大喜。客曰："此乃勇士头也，当于汤镬煮之。王如其言煮头，三日三夜不烂。头踔出汤中，瞋目大怒。"客曰："此儿头不烂，顾王自往临视之，是必烂也。"王即临之。客以剑拟王，王头堕汤中；客亦自拟己头，头复堕汤中，三头俱烂，不可识别，乃分其汤肉葬之，故通名三王墓。今在汝南北宜春县界。

（23）直谏忠臣伍子胥：伍子胥，楚国人，直谏名臣。

《史记·伍子胥列传》：伍子胥者，楚人也，名员。员父曰伍奢。员兄曰伍尚。其先曰伍举，以直谏事楚庄王，有显，故其后世有名于楚。……二年后伐越，败越于夫湫。……伍子胥谏曰："越王为人能辛苦，今王不灭，后必悔之。"吴王不听，用太宰嚭计，与越平。其后五年，而吴王闻齐景公死而大臣争宠，新君弱，乃兴师北伐齐。伍子胥谏曰："勾践食不重味，吊死问疾，且欲有所用之也。此人不死，必为吴患。今吴之有越，犹人之有腹心疾也。而王不先越而乃务齐，不亦谬乎！"吴王不听，伐齐，大败齐师于艾陵，遂威邹鲁之君以归。益疏子胥之谋。……而吴王不听，使子胥于齐。子胥临行，谓其子曰："吾数谏王，王不用，吾今见吴之亡矣。汝与吴俱亡，无益也。"乃属其子于齐鲍牧，而还报吴。……吴王既诛伍子胥，遂伐齐。……

（24）"结草"二句：P.2524"报恩"类"结草"条注：魏颗者，近卿魏武之子也。武子有宠妾，武子病，敕颗曰："吾死后可嫁此妾。"及病困临终，又曰："必须以此妾同葬。"颗曰："吾宁从父精始之言，岂可从乱或之语。"遂嫁之。于秦与晋战，以颗为将。夜梦见一老翁曰："结草以抗秦军。"及明日战，秦将杜回马突结草而倒，晋人擒之，秦军大败。其夜，颗复梦老翁曰："吾是军前不煞妾之父，今结草以相报。"

"结草"指魏武子报恩事，后世表示死后报恩。事见《左传·宣公十五年》。

《左传·宣公十五年》：晋侯治兵于稷以略狄土，立黎侯而还。及雒，魏颗败秦师于辅氏，获杜回，秦之力人也。初，魏武子有嬖妾无子，武子疾，命颗曰："必嫁是。"疾病则曰："必以为殉。"及卒，颗嫁之，曰："疾病则乱，吾从其治也。"及辅氏之役，颗见老人结草以亢杜回，杜回踬而颠，故获之。夜梦之曰："余，而所嫁妇人之父也。尔用先人之治命，余是以报。"

（25）灵辄一食扶轮报：P.2524"报恩"类"扶轮"条注：灵辄者，齐人也，晋大夫赵盾于桑下见饿人，盾乃倾壶飧哺之，得苏，盾问之。答曰："齐人灵辄，与于秦，今归国之粮不能进。"盾馈粮。得还，复仕晋为守门监。盾以忠谏灵公，灵公患之。公有獒能噬人，盾临朝，獒直来向盾。盾以足蹴獒，下颌折。盾谓公曰："贱人贵犬，君之獒何如臣之獒！"公怒欲煞盾，盾走出门乘车，车一轮，公已令人脱脚，唯一未脱。辄扶盾上车，以手轴一头，驾半车而走，遂得免难。盾怪问之，辄曰："昔桑下人也。"

另，《左传·宣公二年》：秋九月，晋侯饮赵盾酒，伏甲将攻之。其右提弥明知之，趋登曰："臣侍君宴，过三爵，非礼也。"遂扶以下。公嗾夫獒焉，明搏而杀之。盾曰："弃人用犬，虽猛何为！"斗且出，提弥明死之。初，宣子田于首山，舍于翳桑，见灵辄饿，问起病，曰："不食三日矣。"食之，舍其半。问之，曰："宦三年矣，未知母之存否？今近焉，请以遗之。"使尽之，而为之箪食与肉，置诸橐以与之。既而与为公介，倒戟以御公徒，而免之。问何故，对曰："翳桑之饿人也。"问其名居，不告而退，遂自之也。

（26）随侯赐药获神珠：P.2524"报恩"类"伤蛇"条注：随侯出行，见蛇被伤，以药敷之。后衔明月珠以报随侯。

随侯，姬姓诸侯。传说赐药为蛇疗伤，蛇以神珠相报。

另《搜神记》卷二十：随侯出行，见大蛇被伤中断，疑其灵，使人以药封之。蛇乃能走，因号其处断蛇邱。岁余，蛇衔明珠以报之。珠盈寸纯白而夜有光明如月之照，可以烛室，故谓之随后珠，亦曰灵蛇珠，又曰明月珠。

（27）"太公"四句：太公（约前1128—约前1015），本名吕尚，姜姓，字子牙，被尊称为太公望，后人多称其为姜子牙、姜太公。中国历史上最享盛名的政治家、军事家和谋略家。事见《史记·齐太公世家》。

《史记·齐太公世家》：太公望吕尚者，东海上人，其先祖尝为四岳，佐禹平水土甚有功。虞夏之际封于吕，或封于申，姓姜氏。夏商之时，申、吕或封枝庶子孙，或为庶人，尚其后苗裔也。本姓姜氏，从其封姓，故曰吕尚。吕尚盖尝穷困，年老矣，以渔钓奸周西伯。西伯将出猎，卜之，曰："所获非龙非彨，非虎非熊；所获霸王之辅。"于是周西伯猎，果遇太公于渭之阳，与语大悦，曰："自吾先君太公曰：'当有圣人适周，周以兴'。子真是邪？吾太公望子久矣。"故号之曰"太公望"，载与俱归，立为师。①

（28）江妃泪染湘川竹：江妃，传说中的神女。传说是舜二妃，舜崩，二妃啼，以涕挥竹，竹尽斑。死后，为湘水神，故曰"湘妃"。

《博物志》卷八《史补》：尧之二女，舜之二妃曰"湘夫人"。舜崩，二妃啼，以涕挥竹，竹尽斑。

《乐府诗集》卷五十七"湘妃"注曰：《山海经》曰："洞庭之山，帝之二女居之。"郭璞云："天帝之女，处江为神，即《列仙传》所谓江妃二女也。"刘向《列仙传》曰："帝尧之二女，长曰娥皇，次曰女

---

① （西汉）司马迁：《史记·齐太公世家》，中华书局1982年版，第1477—1478页。

英，尧以妻舜于妫汭。舜即为天子，娥皇为后，女英为妃。舜死于苍梧，二妃死于江湘之间，俗谓之湘君。"

（29）韩朋守死叹贞夫：死首，陈二本、郑本作"死守"，韩本作"死首"，不误。今依韩本改之。另 P.2653、P.2922、S.3227、S.3873 等有《韩朋赋》，学者们认为"韩朋"即"韩凭"。具体可参王重民等编《敦煌变文集》137—141 页。

《搜神记》卷十一：宋康王舍人韩凭娶妻何氏，美，康王夺之。凭怨，王囚之，论为城旦。妻密遗凭书，缪其辞曰："其雨淫淫，河大水深，日入当心。"既而，王得其书，以示左右，左右莫解其意。臣苏贺对曰："其雨淫淫，言愁且思也。河大水深，不得往来也。日入当心，心有死至也。"俄而，凭乃自杀。其妻乃阴腐其衣，王与之登台，妻遂自投台。左右揽之，衣不中手而死。遗书于带曰："王利其生，妾利其死，愿以尸骨赐凭合葬。"王怒，弗听，使里人埋之，冢相望也。王曰："尔女妇相爱不已，若能使冢合，则吾弗阻也。"宿昔之间，有大梓木，生于二冢之端；旬日而大盈抱；屈体相就，根交于下，枝错于上。又有鸳鸯雌雄各一，恒栖树上，晨夕不去。交颈悲鸣，音声感人。宋人哀之，遂号其木曰"相思树"。"相思"之名起于此也。南人谓此禽即韩凭夫妇之精魂。今睢阳有韩凭城。其歌谣乃今犹存。

（30）"蜀地"二句："检不赊"句意似难通。根据所引文献看，当为"检不奢"。

第一句指栾巴救火事，见《后汉书·栾巴传》。

《后汉书》卷五十七《栾巴传》：栾巴字叔元，魏都内黄人也。好道，顺帝时，一宦者给事掖庭，补黄门令，非其好也。性质直，学览经典……再迁豫章太守，郡土多山川鬼怪，小人常破资产以祈祷。巴素有道术，能御鬼神，乃悉毁坏房祀，剪埋奸巫，于是妖异自消。百姓始颇为惧，终皆安之。迁沛相。所在有绩，徵拜尚书。

李贤等注引《神仙传》：栾巴为尚书，正朝大会，巴独后到，又饮酒西南噀之。有司奏巴不敬。有诏问巴，巴顿首谢曰："臣本县成都市失火，臣故因酒为雨以灭火。臣不敢不敬。"诏即以驿书问成都，成都答言："正旦大失火，食时有雨从东北来，火乃息，雨皆酒臭。"后忽一旦大风，天雾晦暝，对坐皆不相见，失巴所在。寻问之，云其日还成都，与亲故别也。

（31）"东方"二句：事见干宝《搜神记》卷四：汉武帝与越王为亲，乃遣东方朔泛海求宝；唯命一周回，朔经二载乃至。未止间，帝问左右："朔久而不至，今寰中何人善卜？"对曰："有孙宾者，极明易筮。"帝乃更庶服潜行，与左右赉绢二疋往卜。叩宾门，宾出，迎而延坐，未之识也。帝乃启卜。卦成，知是帝，慌惚起拜。帝曰："朕来觅物，卿勿言。"宾曰："陛下非卜他物，乃卜东方朔也。朔行七日必至。今在海中，面西招水大叹，到日请话之。"至日朔至，帝曰："卿约一年，何故二载？"朔曰："臣不敢稽程，探宝未得也。"帝曰："七日前卿在海中，面西招水大叹何也？"朔曰："非叹别事，叹孙宾不识天子，与帝对坐，因此而叹。"帝深异之。

（32）董仲书符去百恶：董仲，是流传于民间故事中的董永和织女的儿子。董仲生而灵异多神奇，相传董仲游京山，书二符镇蛇毒之害。

《明一统志》卷六十六安陆州《仙释传》：董仲，汉董永子，母乃天之织女，故仲生，数篆符镇邪怪。当游京山潼弃，以地多蛇毒，书二符以镇之，其害遂绝，今篆石在京山之阴。另敦煌所出句道兴《搜神记》有关于董仲的记载，具体见王重民等编《敦煌变文集》①

（33）孙宾善卜辟妖邪：孙宾善卜见注（31）。

（34）"张骞"二句：西汉张骞奉使西域以穷河源之事。事见《史记·大宛列传》。

《史记·大宛列传》：……骞以郎应募，使月氏与堂邑氏（故）胡奴甘父俱出陇西。经匈奴，匈奴得之，传诣单于。单于留之……太史公曰：禹本纪言"河出昆仑。昆仑其高二千五百余里，日月所相避隐为光明也。其上有大醴泉、瑶池。"今自张骞使大夏之后也，穷河源，恶睹本纪所谓昆仑者乎？故言九州山川，《尚书》近之矣。②

另《敦煌变文集·前汉刘家太子传》：至七月七夕，西王母头戴七

---

① 王重民、王庆菽、向达、周一良、启功、曾毅公编：《敦煌变文集》，人民文学出版社1984年版，第884页。

② （西汉）司马迁：《史记·大宛列传》，中华书局1982年版，第3157—3169页。

笙花，驾云母之车，来在殿上。①

（35）"叹念"二句：陈二本"汉武帝"当作"汉明帝"。并引P.3376《法王本记东流传录》第一《明帝得梦求法品》以证。引文如下：曰：案《后汉大内传》云：永平三年，明帝夜中梦见丈六金人，光明其特，色相无比，项后圆光照耀如日月。明帝寤，不自安，至早大集群臣卜占此梦。通人傅毅答曰："臣闻西域有神号之为仏，陛下所梦，将必是之。"国十博士王遵等对曰："臣案《周书异记》云：周昭王时，有圣人在西方。大史苏由所记，一千年声教被及此土。陛下所梦必当是之。"明帝信以为然，遣郎中蔡愔、中郎秦景、博士王遵等十八人，寻访仏法。至天竺国，乃见沙门迦叶摩腾、竺法兰二人，秦景等乃求请之。摩腾、法兰二人即共苦景等冒涉流沙，至于洛阳。明帝大悦，甚尊重之，即于洛阳城东西建立精舍。今白马、兴圣二寺是。阎浮，梵语jambu，树名。亦称"阎浮提"。

（36）"谁见"二句：李商隐《海客诗》：海客乘槎上紫气，星娥罢织一相闻。只应不惮牵牛妒，聊用支机石赠君。

（37）"延陵"二句：陈二本作"坟下亡人具得知"，又注曰："具得知"或为"讵得知"。韩本作"具得知"。郑本同陈二本。今依句意判断，当为"讵得知"，该句意为坟下故去的人哪里知道。延陵，吴公子季札的封地，他封于延陵，号延陵季子。讵，怎么。

刘向《新序·节士》："延陵季子将西聘晋，带宝剑以过徐君，徐君观剑，不言而色欲之，延陵季子为有上国之使，未献也，然其心许之也。致使于晋，顾反，则徐君死于楚。于是脱剑致之嗣君。从者止之曰：'此吴国之宝，非所以赠也。'延陵季子曰：'吾非赐之也。先日吾来，徐君观吾剑，不言而色欲之，吾为有上国之使，未献也，虽然吾心许之矣。今死而不进，是欺心也。爱剑伪心，廉者不为也。'遂脱剑致之嗣君，嗣君曰：'先君无命，孤不敢受剑。'于是季子以剑带徐君墓树而去。徐人嘉而歌之曰：'延陵季子今不忘故，脱千金之剑兮挂坟墓。'"

---

① 王重民、王庆菽、向达、周一良、启功、曾毅公编：《敦煌变文集》，人民文学出版社1984年版，第162页。

又《史记·吴太伯世家》："季札之初使，北过徐君。徐君好季札剑，口弗敢言。季札心知之，为使上国，未献。还至徐，徐君已死，于是乃解其宝剑，系之徐君冢树而去。从者曰：'徐君已死，尚谁予乎？'季子曰：'不然。始吾心已许之，岂以死倍吾心哉！'"①

（38）伯桃并粮身受死：指左伯桃、羊角哀朋友而已，却有生死之交。

《后汉书·申屠刚传》注引《列士传》：左伯桃与羊角哀为死友，闻楚王贤，往见之。道遇雨雪，计不俱全，乃谓角哀曰："我所学不如子，子往矣。"并衣粮于羊哀，入树中死。角哀独行事楚，显名当世。遂起树发伯桃尸改葬之。喟然曰："吾友所以死，恶俱尽无益，而名不显于天下也，今我宁朋生为！"亦自杀也。

敦煌卷子多有此故事，且所记更详细。如 P.2524、P.2502、P.2656、P.2537、P.2621 等。试录两条如下：

P.2524 "朋友"类"并粮"条：羊角哀子左伯桃为友，闻楚王贤，俱往仕之。路逢滞雪，绝粮，计不俱全，遂并粮与角哀，桃入树中饿死。

又 P.2502 昔秦州人羊角哀、燕州人左伯桃二人，闻楚文王有德，故往皈之。中路值天大雪，积日不消，粮食乏少，计不前达。角哀谓伯桃曰："我今并廿日粮于子，往事于楚。"桃曰："我之才艺不如于子。"遂并粮与角哀。伯桃在树孔中，数日而死。哀忆桃，遂具白楚王道俱来之意。王即命群臣国中出族，往迎其丧，令大夫礼葬，埋在楚西南。角哀梦中见伯桃曰："蒙子厚葬，得称华营，吾死不恨。埋我于将军荆轲墓侧，轲侍豪富，日夜屡战，吾亦卜伏。尅今月十五日大战，吾退弱即为奴仆，岂非益子之耻。"哀寐觉而叹曰："蒙子衣粮得达，是子之义，若不死，是贪生之言。既须吾往，不可违也。"哀遂问楚王陈兵塚上，与荆轲□甲影日三斗金无所睹，仰天叹曰："子属蒙见，得吾则胜，兵虽众不知地下谁胜！"□言涕泣，举剑自刎而死。岂不为交促命丧身！

又 P.2656 羊角哀得左伯桃神梦曰："昔日恩义甚大，生死救之。"遂即将兵于墓大战，以击鼓动剑，大叫挥之，以助伯桃之战。角哀情不

---

① （西汉）司马迁：《史记·吴太伯世家》，中华书局1982年版，第1459页。

能自胜,遂拔剑自刎而死,愿于黄泉相助,以报并粮之恩。楚王曰:"朋友之重,自刎其身,奇哉也,奇哉也。"

(39) 参辰无义竞妻儿:陈庆浩认为"参辰无义竞妻儿"事当另有传说。① 今据《左传·昭公元年》《春秋左传诂》所载事,可能就是指阏伯、实沈"不相能,日寻干戈,以相征讨"之事。

参,参星,这里指阏伯;辰,辰星,也叫商星,这里指实沈。二人本为亲兄弟,却手足相残。《春秋左传诂》:晋侯有疾,郑伯使公孙侨如晋聘,且问疾。叔向问焉,曰:"寡君之疾病,卜人曰实沈台骀为祟,史莫之知,敢问此何神也?"子产曰:"昔高辛氏有二子,伯曰阏伯,季曰实沈,居于旷林,不相能,日寻干戈,以相征讨。后帝不臧,迁阏伯于高丘,主辰,商人是因,故辰为商星;迁实沈于大夏,主参,唐人是以服事夏商。其季世曰唐叔禹。……"

(40) 庭树三荆恨分别:P.2524"兄弟"类"三荆"条注:前汉田真兄弟三人,亲没,将分居。财并分讫,唯庭前荆树未分,将欲伐之,树经宿枯萎。真感之,泣曰:"树犹怨分张,奈何死怀分居哉!"遂不复分,树还复如故。

《续齐谐志》:京兆田真田庆田广三兄弟共议分财,资产皆平均,惟堂前一株荆树,议斫为三,树即枯死。真往见之,大惊,谓诸弟曰:"树木同株,闻将分斫,所以顇顇,是人不如树也。"因悲不自胜,不复解树。树应声荣茂,兄弟相感合财宝,遂为孝门。

(41) 恒山四鸟叹分离:P.2524"兄弟"类,"四鸟"条注:孔子游泰山,闻哭者甚哀,谓颜回曰:"此生离也。"因问之,果生离也。颜回问曰:"夫子何以知之?"孔子曰:"昔桓公(山)有鸟而生四子,羽翼既成,将飞四海,悲鸣不绝,有类于此。"又《孔子家语》卷第五《颜回》:孔子在卫,颜回侍侧。闻哭者之声甚哀,子曰:"回,汝听此何所哭乎?"对曰:"回以此哭声非但为死而已,又有生离别者也。"子曰:"何以知之?"对曰:"回闻恒山之鸟,生四子焉,羽翼既成,将分于四海,其母悲鸣而送之,哀声似于此,谓其往而不还也,回且以音类而知之。"孔子使人问哭者,果曰:"父死家贫,卖子以葬,与之长

---

① 陈庆浩:《古贤集校注》,《敦煌学》1976年第3辑,第89页。

决。"子曰："回也善于识音矣。"

（42）割袖分桃汉武帝：按：陈庆浩认为"割袖"典出汉哀帝；"分桃"典出《韩非子·说难》："昔者弥子瑕有宠于卫君，……异日，与君游于果园，食桃而甘，不尽其半啖君。君曰：'爱我哉，忘其口味以啖寡人。'"陈庆浩先生认为"断袖""典非出自汉武帝"，此说不误。实"割袖"事典出汉哀帝。然陈先生认为"武帝有龙阳之癖"，引《史记·佞幸列传》韩嫣、李延年等之事，认为谓"割袖分桃汉武帝"亦无不可。韩建瓴先生又认为"分桃"事"确出自汉武帝，即言武帝与东方朔食王母之桃也。"并说《变文集·前汉刘家太子传》言及此事。然查《变文集》，只见西王母分桃于汉武帝，未见西王母分桃于东方朔，亦未见武帝分桃于东方朔，盖此典另有出处？今录《变文集·前汉刘家太子传》相关文字如下以证：

西王母将桃五枚，在殿上奉帝，帝食桃，手把其核如不弃之，王母谓帝曰："陛下何不弃其核？"帝曰："朕见桃美味，欲种之后园。"西王母笑而应之曰："此桃种之，一千年始生，二千年始长，三千年始结花，四千年始结子，五千年始熟。陛下受命不过一百年，种此桃，与谁人食之？"当此之时，处有东方朔在于殿前过见，西王母指东方朔云："此小儿三度到我树下偷桃，我捉得，系著织机脚下，放之而去之，今已长成。"P.2524"美男"类"董贤"条：（贤）美貌，汉哀帝宠之，与贤同服。贤卧，着帝衣袖，帝起，恐惊贤睡，乃以刀割而起。

《汉书·佞幸传》：哀帝立，（董）贤隋太子官为郎。二岁余，贤传漏在殿下，为人美丽自喜，哀帝望见，说其仪貌，识而问之曰："是舍人董贤邪？"因引上与语，拜为黄门郎，繇是始幸。问及其父为云中侯，即日征为霸陵令，迁光禄大夫。贤宠爱日甚，为驸马都尉侍中，出则残乘，如御左右。旬日间赏赐累锯万，贵震朝廷。常与上卧起。尝昼寝，偏藉上袖，上欲起，贤未觉，不欲动贤，乃短袖而起。[①]

又《敦煌变文集·前汉刘家太子传》：董贤字圣卿，云阳人也。汉哀帝爱贤，与之日卧于殿上，以手左枕贤头。帝欲起，贤未觉。怜贤，

[①] （东汉）班固：《汉书·佞幸传》，中华书局1962年版，第3733页。

不欲动之,命左右拔刀割断袖而起。①

(43)杨朱歧路起愁悲:"其愁悲"人多录为"起慈悲",陈二本注:"慈悲"疑应作"愁悲","慈""愁"音近之误。今据陈庆浩先生注改。

《列子》卷八《说符》:杨子之邻人亡羊,即率其党,又请杨子之竖追之。杨子曰:"嘻,亡一羊何追之众?"邻人曰:"多歧路。"既反,问:"获羊乎?"曰:"亡之矣。"曰:"奚亡之?"曰:"歧路之中,又有歧路,吾不知所之,所以反也。"杨子戚然变容,不言者移时,不笑者竟日。门人怪之,请曰:"羊贱畜,又非夫子之有,而损言笑者,何哉?"杨子不答。

(44)"曾参"二句:P.2524"孝感"类,"曰(白)鸟"条注:曾参至孝,三组鸟栖于冠。又与父母行,行渴,曾参悲向枯井,枯井为之出。

P.2524"孝感"类,"丧孝"注:曾参母亡,绝浆七日。

《论语·学而篇》:曾子曰:五日三省吾身:为人谋而不忠乎?与朋友交而不信乎?传不习乎?

曾参(前505—前435),16岁拜孔子为师,勤奋好学,颇得孔子真传。曾参待人谦恭,以孝著称。相传齐国欲聘为卿,他孝敬父母,辞不就职。曾提出"慎终、追远、民德归厚、五日三省吾身"的主张。

《礼记·檀弓上》:曾子谓子思曰:"伋,吾执亲之丧也,水浆不入于口者七日。"

《孔子家语·七十二弟子解》:曾参,南武城人;字子舆,少孔子四十六岁。志存孝道,故孔子因以作《孝经》。齐尝聘,欲为卿,不就,曰:"吾父母老,食人之禄则忧人之事,故吾不忍远亲而为人役。"参后母遇之无恩,而供养不衰。及其妻以藜蒸不熟,因出之。人曰:"非七出也。"参曰:"藜蒸小物耳,吾欲使熟而不用吾命,况大事乎!"遂出之,终身不娶妻。

(45)"王寄"二句:怀愁,郑本作"怀酬",今分析诗意,据陈二

---

① 王重民、王庆菽、向达、周一良、启功、曾毅公编:《敦煌变文集》,人民文学出版社1984年版,第163页。

本、韩本录文改之。

《敦煌变文集·孝子传》：董黯，字孝理，会越州勾章人也。少失其父，独养老母恭甚敬，每得干果美味，驰走献母，母常肥悦。比邻有王寄者，其家剧富。寄为人不孝，每于外行恶，母常忧怀，形容羸瘦。寄母谓黯母曰："夫人家贫年高，有何供养，恒常肥悦如是？"母曰："我子孝顺，是故示也。"黯母后语寄母曰："夫人家富，美膳丰饶，何以羸瘦？"寄母答曰："故瘦尔。"寄后闻之，乃煞三牲，致于母前，拔刀胁抑令吃之。专伺候董黯出外，直入黯家，令他母下母床，苦辱而去。黯寻知之，即欲抱怨，恐母忧愁，嘿然含爱。及母寿终，葬送已讫，乃斩其头持祭于母。自缚诣官。会赦得免。

（46）孟宗冬笋供不阙：写卷作"阙"，通"缺"。孟宗，古代孝子。

P.2524"孝感"类"冬笋"条注：孟宗至孝，母欲得笋食，冬日，宗入林哀泣，笋为之生。

（47）郭巨夫妻生葬儿：郭巨，传说是古代至孝之人。

《敦煌变文集·孝子传·郭巨传》：郭巨字大举，河内人也。家贫，养母至孝。妻生一子，年三岁。巨谓妻曰："家贫如此，时岁饥虚布德老饮食，供养孝母，犹不充饱，更被婴孩分母饮食。子可再有，母不可得。共卿埋子以全母命不？"妻不敢违，从夫之意。巨自执锹，妻乃抱儿来入后园。后令妻煞子，巨即掘地，才深一丈二尺，掘着一铁器，巨低腰顾视，乃见一釜，釜中满盈黄金。巨速招妻。妻曰："抱儿则止。"儿且犹活，妻不忍下手。夫谓妻曰："卿见此釜之金，其上有一铁券云：'天地赐孝子黄金，官不得夺，私不许侵。'"巨既得惊怪不已，乃陈于县，县以申州，州与表奏天子。天子下诏曰："金还郭巨供养其母。"乃表门以彰孝德。①

又《敦煌变文集》引勾道兴《搜神记·郭巨传》：昔有郭巨者，字文气，河内人也。家贫，养母至孝。巨有一子，年始两岁，巨语妻曰："今饥贫如此，老母年高，供勤孝养，恐不安存。所有美味，每减于子，

---

① 王重民、王庆菽、向达、周一良、启功、曾毅公编：《敦煌变文集》，人民文学出版社1984年版，第905页。

令母饥羸，乃由此小儿。儿可再有，母难重见。今共卿杀子，而存母命。"妻从夫言，不敢有违。其妻抱子往向后园树下，欲致子命。巨身掘地，欲拟埋之，语其妻曰："子命尽未？"妻不忍即害，必称已死。巨掘地得一尺，乃得黄金一釜，釜上有铭曰："天赐孝子之金。郭巨杀子存母命，遂赐黄金一釜。官不得夺，私不得取。"见今惊怪，以呼其妻，妻乃抱子往看。子得平存未死，妻乃喜悦。遂即将送县，县牒上州，州送上台省，天子下制，金还郭巨，供养其母，标其门间，以立孝行，流传万代。后汉人也。[1]

（48）"董永"二句：P.2524"孝感"类"感妻"条注：《孝子传》曰：前汉董永，千乘人也。少失母，独养老父。家贫佣力，常推鹿车于田头侍养。后父亡，求于主人作奴贷钱葬父。讫，路逢一妇人，求与永为妻。永曰："贫乏与人作奴，何干此也。"妇曰："心相愿乐，不为耻也。"永将妇归主人。问："妇何善？"妇曰："善织。"主人曰："织缣三百疋，放汝夫妻。"即织缣三日，满三百疋。主人大惊，便放之。永共妇行至道，妇曰："天见君至孝，遣我来助还债。"遂辞去。

《敦煌变文集·孝子传》：董永，千乘人也。少失其母，独养于父，家贫佣力，笃于孝养。至于农月，永以鹿车推父至于畔上，供养如故。后数载，父殁，葬送不办。遂与圣人袋钱一万，即千贯也，将殡其父。葬殡已毕，遂来偿债。道逢一女，愿欲与永为妻。永曰："仆贫寒如是，父终无以殡送，取主人钱一万，今充身偿债为奴，乌敢屈娘子。"妇人曰："心所相乐，诚不耻也。"永不得已，遂与妇人同诣主人。主人曰："汝本言一身，今二人同至，何也？"永曰："买一得二，何怪也。""有何所解也。"答曰："会织绢。"主人云："但与织绢三百疋，放汝夫妻皈还。"织经一旬，得绢三百疋。主人惊怪，遂放二人归回。行至本期之处，妻辞曰："我是天之织女，见君至孝，天地故遣我助君偿债。今既免子之难，不合久在人间。"言讫，由升天。永掩泪不已。天子征永，

---

[1] 王重民、王庆菽、向达、周一良、启功、曾毅公编：《敦煌变文集》，人民文学出版社1984年版，第886页。

拜为御史大夫。出《孝子传》。①

（49）高柴泣血伤脾骨：P.2524"丧孝"类"泣血"条注：高柴泣血三年。孔门弟子三千，高柴列"七十二贤"。高柴以孝著称，母亲去世时他"泣血三年，未尝见齿"。

《史记·仲尼弟子列传·高柴传》：高柴字子羔，少孔子三十岁。子羔长不盈五尺，受业孔子，孔子以为愚。……②

《礼记·檀弓上》：高子皋（羔）之执亲之丧，泣血三年未尝见齿。

（50）蔡顺哀号火散离：P.2524"孝感"类"火飞"条注：蔡顺字君仲，汝南人。少失父，孝亲老母。后母亡，停丧在堂，东家失火，与顺屋相连，独一身不能移动，伏棺号泣，火遂飞过，越烧西家，一时荡尽。顺母生时畏雷，后每有雷鸣，顺走就塚呼曰："顺在此！"

蔡顺，字君仲，东汉汝南安阳人，以至孝称。

《后汉书·蔡顺传》：磐同郡蔡顺，亦以至孝称。顺少孤，养母。尝出求薪，有客卒至，母望顺不还，乃噬其指，顺郎心动，弃薪驰归，跪问其故。母曰"有急客来，吾噬指以悟汝耳。"母年九十，以寿终。未及得葬，里中灾火将逼其舍，顺抱伏棺柩，号哭叫天，火遂越烧它室，顺独得免。太守韩崇召为东阁祭酒。母平生畏雷，自亡后，每有雷震，顺辄环冢泣曰："顺在此。"崇闻之，每雷辄为差车马到墓所。后太守鲍众举孝廉，顺不能远离坟墓，遂不就。年八十，终于家。③

（51）"思之"二句：写卷"复"作"护"。义难通。今改校为"复"。"思之"，郑本等校为"思思"，韩建瓴认为不通。陈一本作"思之"，不误，今据以改之。

伊伯奇，周宣王的大臣尹吉甫之子伯奇，敦厚善良，是有名的孝子。

蔡邕《琴操·履霜操》：履霜操者，尹吉甫之子尹伯奇所作也。吉甫周上卿也，有子伯奇。伯奇母死，吉甫更娶。后妻生子曰伯邦，乃谮

---

① 王重民、王庆菽、向达、周一良、启功、曾毅公编：《敦煌变文集》，人民文学出版社1984年版，第904页。

② （西汉）司马迁：《史记》，中华书局1982年版，第2212页。

③ （刘宋）范晔：《后汉书》，中华书局2000年版，1312页。

言伯奇于吉甫曰："伯奇见妾有美色，然有欲心。"吉甫曰："伯奇为人慈仁，岂有此也。"妻曰："试置妾空房中，君登楼而察之。"后妻知伯奇仁孝，乃取毒蜂缀衣领；伯奇前持之。于是吉甫大怒，放伯奇于野。伯奇编水荷而衣之，采楟花而食之。清朝履霜，自伤无罪见逐，乃援琴而鼓之曰："履朝霜兮采晨寒，考不明其正兮听谗言；孤恩别离兮摧肺肝，何辜皇天兮遭斯愆；痛殁不同兮恩有偏，谁说顾兮知我冤。"宣王出游，吉甫从之，伯夷乃作歌，以言感之于宣王。宣王闻之曰："此孝子之辞也。"吉甫乃求伯奇于野而感悟。遂射杀后妻。

（52）"文王"二句："文王"应"文公"，指晋文公。《龙蛇歌》中的"子绥"即"子推"。介子推，一说是生于闻喜户头村，还有一说是生于夏县裴介村（山西省灵石县旌介村）。长在夏县裴介村，死后葬于介休绵山（又名作介山）。一作介之推（介推），亦称介子。

《琴操》卷下《龙蛇歌》：龙蛇歌者，介子绥所作也。晋文公重耳与子绥俱亡，子绥割其腕股以救重耳。重耳复国，舅犯赵衰俱蒙厚赏，子绥独无所得。绥甚怨恨，乃作龙蛇之歌以感之，遂遁入山。……文公惊悟，即遣求，得于绵山之下。使者奉节迎之，终不肯出。文公令燔山求之，火荧自出，子绥遂抱木而烧死。文王哀之流涕，归，令民五月五日不得举发火。

（53）子夏贤良能易色：子夏，孔子学生，姓卜，名商，字子夏，比孔子小四十四岁。

《论语·学而篇》：子夏曰："贤贤易色；事父母，能竭其力；事君，能致其身；与朋友交，言而有信。虽曰未学，吾必谓之学矣。"

（54）颜渊孔子是明师：据韩建瓴引《丛书集成》本考证，《古今事物考》卷五"配享"条曰：旧制，释典于大学，周公为贤圣，孔子为先师，配享。房玄龄奏唐太宗罢周公祀，始以孔子为先圣，颜子为先师，配享。又吕元善《圣门志》卷四"祀典"曰："玄宗开元八年，诏颜子等十哲为坐像，悉预配，……以颜子亚圣，（帝）亲为制赞，书于石，闵损一下，令当朝文士分为之赞，提其壁。""开元二十七年，诏追谥孔子为文宣王，南向坐。""追赠颜子为衮公，西向配。""至是，二京国子监，天下州县，夫子始皆南向，独以颜子配，而曾子不与焉。

其余闵子骞等九侯,曾子等七十三伯东西列侍。"①

颜回(前521年—前481),曹姓,字子渊,春秋时鲁国人。十四岁即拜孔子为师,此后终生师事之,是孔子最得意的弟子。

---

① 韩建瓴:《敦煌写本〈古贤集〉研究》,《敦煌语言文学研究》,北京大学出版社1988年版,第150—175页。

百行章

【题解】

敦煌写本《百行章》一卷并序,全篇分84章,是德行类训蒙书。敦煌卷子中现存抄本共14件。分别是S.1815、S.1920、S.3491、S.5540、P.2564、P.2808、P.3053、P.3077、P.3176、P.3306、P.3796、P.4937、北京首都图书馆8842(位字68号)、罗振玉《贞松堂西陲秘籍丛残》。其中唯S.1920完整,其他卷号内容均残缺。今以S.1920为底本,以其他各写卷及郑阿财等学者的录文参校。

关于敦煌写本《百行章》的研究,早在1958年,日本学者福井康顺《百行章につこての诸问题》[①] 一文就其章数问题作了研究。1975年,林聪明以《杜正伦及其〈百行章〉》为其硕士论文,对该写卷作了全面研究。邓文宽先生先后发表《敦煌写本〈百行章〉述略》[②]《敦煌写本〈百行章〉校释》[③]《跋敦煌写本〈百行章〉》[④] 等系列论文,从写卷情况、写卷内容到校释做了研究。后有胡平生对《百行章》作了校释补正。郑阿财、朱凤玉先生《敦煌蒙书研究》[⑤] 结合前人研究成果,对《百行章》进行了写卷概述、录文、作者与成书、体制与内容等全面研究。

---

① [日]福井康顺:《百行章につこての诸问题》,《东方宗教》13、14合刊,1958年。
② 邓文宽:《敦煌写本〈百行章〉述略》,《文物》1984年第9期。
③ 邓文宽:《敦煌写本〈百行章〉校释》,《敦煌研究》1985年4期。
④ 邓文宽:《跋敦煌写本〈百行章〉》,《1983年全国敦煌学术讨论会文集》,甘肃人民出版社1987年版。
⑤ 郑阿财、朱凤玉:《敦煌蒙书研究》,甘肃教育出版社2002年版,第320—348页。

【录文】

百行章一卷（并序）

杜正伦[1]

臣察三坟廓远[2]，谁晓其源？五典幽深[3]，何能览悉？至如世之所重，唯学为先，立身之道，莫过忠孝。欲凭《论语》拾卷，足可成人；《孝经》始终，用之无尽。但以学而为存念，得获忠孝之名。虽读不依，徒示虚谈，何益存忠？则须尽节立孝，追远慎终。至于广学不仕明朝[4]，侍省全乖色养，遇沾高位，便造十恶之愆[5]；未自励躬[6]，方为三千之过[7]。臣每寻思此事，废寝休餐[8]，故录要真之言，合为《百行章》一卷。臣以情愚智浅，采略不周[9]，虽非深奥之词，粗以戒于愚浊[10]。

【校释】

（1）杜正伦（575—658），相州洹水（今河北魏县）人，隋唐时人。据《旧唐书》卷七十、《新唐书》卷一百〇六，其人深晓释典，善属文，著述颇为宏富。隋仁寿年间为羽骑尉，入唐，贞观元年任兵部员外郎，二年，拜给事中，兼知起居注。四年，累迁中书侍郎。后加散骑常侍，行太子左庶子，兼崇文馆学士。十年，复授中书侍郎。唐高宗显庆元年，改黄门侍郎，兼崇贤馆学士。二年，兼度支尚书，迁中书令，封襄阳县公。三年，受人排挤，削其封邑，不久即卒。

（2）三坟：传说中我国最古的书籍。《左传·昭公十二年》："是能读三坟、五典、八索、九丘。"注："皆古书名。"伪孔安国《尚书序》："伏羲、神农、黄帝之书，谓之三坟。"

（3）五典：传说中我国最古的书籍。"五典"，传说为少昊、颛顼、高辛、尧、舜之书。

（4）明朝：指政治清明之朝。

（5）十恶：古代指十种最严重的罪行名目。隋朝开皇定律，始有十恶之称。唐沿用隋制，以谋反、谋大逆、谋叛、恶逆、不道、大不敬、不孝、不睦、不义、内乱为十恶，后来各封建王朝刑律皆相成沿用。另佛教把身业杀盗、邪淫，口业妄言、两舌、恶口、绮语，意业嫉妒、嗔恚、骄慢、邪见作为十恶。见《法苑珠林》二三《受戒》、一〇六《忏悔》。愆：罪过，过失。《书·伊训》："惟兹三风十愆，卿士有一于身，家必丧。"晋·葛洪《抱朴子·名实》："是故抱柱而死，无愆而黜者，有自来矣。"唐·韩愈《祭十二兄文》："归女教男，反骨本原。其不有年，以补我愆。"

（6）未自励躬：不愿励志躬行之人。S.1920 卷子字迹不甚清晰，似"未息庙躬"。郑阿财等先生录为"未自励躬"。

（7）方为三千之过：会做出三千过失。《书·吕刑》："墨罚之属千，劓罚之属千，剕罚之属五百，宫罚之属三百，大辟之罚二百。五刑之属三千。"后因以"三千"指古代所有的刑罚。《三国志·魏志·陈群传》："夫三千之属，虽未可悉复，若斯数者，时之所患，宜先施用。"

（8）废寝休餐：S.1920 作"废寐休餐"；休餐，S.1920 作"休飡"，不误。"飡"为"餐"之异体。《说文·食部》："餐或从水"。俗写作"飡"，先秦文献多此用法。

（9）采略不周："采"字 S.1920 作"采"，不误。

（10）愚浊：指愚昧而昏浊。

【录文】

孝行章第一

孝者，百行之本(1)，德义之基。以孝化人，人德归于厚矣(2)。在家能孝，于君则忠；在家不仁，于君则盗。必须躬耕力作，以养二亲；旦夕咨承(3)，知其安否；冬温夏清(4)，委其冷热(5)；言和色悦(6)，复勿犯颜；必有非理，雍容缓谏(7)。昼则不居房室，夜则视省寻常。总父母身亡，犹须追远，以时祭祀，每思念之。但以孝行殊弘，亦非此章能悉。

【校释】

（1）孝者，百行之本：孝道是百行之根本。百行，指人多方面的品行。《诗经·卫风·氓》："士之耽兮，犹可说也。"郑玄笺云："士有百行，可以功过相除。"又《三国志·王昶传》诫子书："夫孝敬仁义，百行之首，行之而立，身之本也。"

（2）人德归于厚矣：老百姓的德行归于忠厚淳朴。人，写卷作"民"，避唐太宗讳所致。

（3）旦夕咨承：早晚询问侍候。咨，商议；征询。《国语·晋语四》："及其即位也，询于八虞而咨于二虢。"韦昭注："咨，谋也。"承，敬奉。

（4）冬温夏清：语见《礼记·曲礼》："凡为人子之礼，冬温而下清。"

（5）委其冷热：知道双亲的冷热。委，知悉。晋·王羲之《杂帖》五："白屋之人，复得迁转，极佳。未委几人？"

（6）言和色悦：即和颜悦色。

（7）雍容缓谏：从容地劝谏。雍容，舒缓、从容不迫。《文选·班固〈两都赋〉序》："雍容揄扬，着于后嗣。"吕向注："雍，和；容，缓。"晋·郭璞《江赋》："迅蜩临虚以骋巧，孤獲登危而雍容。"

【录文】

敬行章第二

敬者，修身之本。但是尊于己者，则须敬之。老宿之徒，倍加钦敬[(1)]。是以《孝经》陈其敬爱，望欲不慢其亲[(2)]。仲尼先立此章，凭以敬之为本[(3)]。敬人之尊，人还敬己之亲；敬人之朋，人还敬己之友。古云：所敬者寡，而悦者众[(4)]。

【校释】

（1）老宿之徒，倍加钦敬：对年老而有名望的人，要更加钦慕敬仰。老宿,年老而资深的人。《北史·齐平秦王归彦传》:"归彦曰:'元海、干和,岂是朝廷老宿?'"

(2)望欲不慢其亲:大欲之人也不怠慢其双亲。按,汪泛舟先生认为"望"通"方",非是。望,满。《庄子·德充符》:"无君人之位以济乎人之死,无聚禄以望人之腹。"成玄英疏引李桢曰:"腹满则饱,犹月满为望故以拟之。"

(3)凭以敬之为本:把礼敬别人作为人之根本。本,根本。

(4)所敬者寡,而悦者众:所礼敬的人并不多,然而有很多人高兴。

【录文】

忠行章第三

身沾高位⁽¹⁾,倍须持志忧君⁽²⁾。临危不改其心,处厄不怀其恨,当阵不顾其躯,聘使不论私计⁽³⁾。君言乖理,犯颜谏之⁽⁴⁾;共修政教,以遵风化。善宜称君,恶以称己。进思尽忠,退思补过⁽⁵⁾。能如此者,长守富贵。故云:不欲犯颜谏诤者寡,而悦者众⁽⁶⁾。

【校释】

(1)身沾高位:身居高位。沾,接触、挨上。

(2)倍须持志忧君:更加要守住其志而为君王分忧。持,守、保持。《左传·昭公十九年》:"楚不在诸侯矣,其仅自完也,以持其世而已。"杨伯峻注:"持,守也,保也。"《吕氏春秋·慎大》:"胜非其难者也,持之其难者也。"高诱注:"持,犹守。"

(3)聘使不论私计:以聘使身份出使时不考虑个人利益。聘使,奉命聘问,亦指聘问之使。《百喻经·五百欢喜丸喻》:"昔有一妇……会值其夫聘使邻国,妇密为计,造毒药丸,欲用害夫。"《北史·邢邵传》:"于时与梁和,妙简聘使,邵与魏收及从子子明被征入朝。"

(4)君言乖理,犯颜谏之:君王讲的是错误的言论,即使冒犯君颜,也要进谏。乖,反常、谬误。《礼记·乐记》:"乱世之音怨以怒,其政乖。"南朝·梁·范缜《神灭论》："心病则思乖，是以知心为虑本。"乖理，即反常、错误之理。

（5）进思尽忠，退思补过：此二句语见《孝经·侍君章》："君子之事上也，进思尽忠，退思补过，将顺其美，匡救其恶，故上下治能相亲也。"

（6）不欲犯颜谏诤者寡，而悦者众：不愿犯颜劝谏的人虽少，可是为此而高兴、赞美的人却很多。

【录文】

节行章第四

君亲委寄(1)，没命须达其功(2)；蒙宠衔恩，丧躯守其全志。纵任边隅重将(3)，不得越理奢华；若在禁阙长廊(4)，特须加其兢悚(5)，终日用心，夙夜匪懈(6)。是以明君而待贤臣，圣主而思良辅(7)。

【校释】

（1）君亲委寄：君王亲自委任国事。委寄，委任付托。《魏书·樊子鹄传》："时尔朱荣在晋阳，京师之事，子鹄颇预委寄，故在台阁，征官不解。"又宋·范仲淹《延州谢上表》："讨伐之秋，委寄方重，岂繫懦品，可副圣忧。"

（2）没命须达其功：冒死也一定要完成使命。没命，即没死。没，通"昧"。《战国策·赵策四》："老臣贱息舒祺，最少，不肖；而臣衰，窃爱怜之，愿令得补黑衣之数，以卫王宫。没死以闻。"吴师道补正："没，《史》作'昧'。"《后汉书·皇甫规传》："臣不胜至诚，没死自陈。"

（3）边隅重将：边隅，亦作"隅边"，指边境。

（4）禁阙长廊：指宫中禁地。禁阙，本指宫廷楼观，此指宫中。

（5）特须加其兢悚：尤其要更加小心谨慎。加，更加。《孟子·梁惠王上》："邻国之民不加少，寡人之民不加多。"兢悚，恐惧。晋·潘岳《西征赋》："心战惧以兢悚，如临深而履薄。"《太平广记》卷四二七引唐·张读《宣室志·李征》："君衔命乘传，当甚奔迫。今久留，驿隶兢悚万端，与君永诀。"

（6）夙夜匪懈：写卷亦作"夙夜靡懈"。匪，通"非"。匪懈，不懈怠。《诗·大雅·烝民》："夙夜匪解，以事一人。"郑玄笺："匪，非也。"孔颖达疏："早起夜卧，非有懈倦之时。"《汉书·宣帝纪》："夙夜兢兢，靡有骄色。内省匪解，永惟罔极。"颜师古注："帝言内自视察，不敢怠惰。"

（7）良辅：好的助手。辅，辅佐之臣。《礼记·文王世子》："虞、夏、商、周，有师保有疑丞，设四辅及三公。"孔颖达疏："其四辅者，案《尚书大传》云：古者天子必有四邻，前曰疑，后曰丞，左曰辅，右曰弼。"

【录文】

刚行章第五

为国亡躯，不泄其言⁽¹⁾；为君尽命，不改其志⁽²⁾。边隅镇遏⁽³⁾，持节无亏；临阵处危，存忠莫二⁽⁴⁾。

【校释】

（1）不泄其言：不泄露国家机密。

（2）不改其志：不改变志向。按：写卷亦作"不改其智"。"智"通"智"。

（3）边隅镇遏：指担任边疆镇遏使。边隅，边界。镇遏，镇遏使，唐代掌管军镇防卫工作的军镇长官。

（4）存忠莫二：忠贞不贰。莫二，没有二心。

【录文】

勇行章第六

军机警急⁽¹⁾，有难先登；拓定四方⁽²⁾，息尘静乱⁽³⁾。率领兵卒，赏罚当公⁽⁴⁾；君亲有危，不顾其命⁽⁵⁾。

【校释】

（1）警急：危急。《六韬·绝道》："凡帅师之法，当先发远候，去敌二百里，审知敌人所在。地势不利，则以武冲为垒而前，又置两踵军于后，远者百里，近者五十里，即有警急，前后相救。"

（2）拓定四方：平定四方。拓定，平定。南朝·宋·刘义庆《世说新语·轻诋》："桓公欲迁都以张拓定之业。"

（3）息尘静乱：消除战乱。S.1920、S.3491、P.3306、P.4937以及《贞松堂藏西陲秘籍丛残》等写卷均作"净"，北图藏卷作"静"，其他作"靖"。古"靖"通"静"。为"平息""止息"义。"净"亦通"静"，《孙膑兵法·八阵》："内得其民之心，外知敌之情，阵则知八阵之经，见胜而战，弗见而净，此王者之将也。"邓泽宗注："净，借为静。意谓没有取胜的把握就按兵不动。"

（4）赏罚当公：公，S.1920、S.3491、P.3176、P.3306等卷均作"功"。"功"通"公"，古代多有此用法。如《汉书·韩安国传》："不以己私怒，伤天下之功。"王念孙《读书杂志·汉书十》："'伤天下之功'，本作'伤天下之功义。''功'与'公'同。'公义'与'私怒'相对为文……又《杜邺传》：'及阳信侯业，皆缘私君国，非功义所止。''功'亦与'公'同，'公'与'私'相对。"

（5）君亲有危，不顾其命：国君有了危险，作大臣的就要不顾性命保护他。君亲，这里指君王。

【录文】

施行章第七

良田下子，乃获秋收之果；韫匮之珍⁽¹⁾，施之以纳其价⁽²⁾。刘节身居高位，乃得太府之卿⁽³⁾；裴寂告谋，身处唐朝之相⁽⁴⁾。

【校释】

（1）韫匮之珍：藏在柜中的珍宝。韫匮，藏在柜中。语见《论语·子罕》：" 子贡曰：'有美玉于斯，韫匵而藏诸？求善贾而沽诸？'"韫，藏、蕴藏、怀藏。《论语·子罕》："有美玉于斯，韫椟而藏诸？"朱熹集注："韫，藏也。"匵，"柜"的古字。写卷作"遗"，"遗"通"匵"。

（2）施之以纳其价：留下它等待获取高价。施，舍弃、放下。纳，入、使入，指获取。

（3）刘节身居高位，乃得太府之卿：刘节因战功而身居高位，职位升迁到太府卿。事见《旧唐书》卷五十七本传。据记载：刘节原为晋阳乡长，后随高祖李渊起兵建立功业，后因其他功绩，再升迁为太府卿，封为葛国公。

（4）裴寂告谋，身处唐朝之相：裴寂向高祖李渊报告李世民起兵图谋而获得初唐宰相之职位。裴寂，字玄真，唐高祖时大臣。据《旧唐书》卷五十七本传载，在李世民起兵时，裴寂将其起兵之事告于李渊，支持李渊并劝其称帝，因而后任尚书左仆射，册司空。

【录文】

报行章第八

功臣不赏，后无所使[1]；节士不录，人谁致死[2]？至于前行之臣[3]，如何不记忆[4]？但以君情深重[5]，衔珠以报其恩[6]。舍弊同荣[7]，持环而奉其德[8]。

【校释】

（1）功臣不赏，后无所使：如果对有功之臣不加赏赐，以后就没大臣可用了。所使，S.1815、P.3306作"所使"，S.1920、S.3491作"使所"。汪泛舟、郑阿财等先生录文作"所使"，为是。

（2）节士不录，人谁致死：如果对守节之人不录用，那么人们谁还拼死杀敌呢？节士，有操守的人士。致死，拼死。

（3）前行之臣：在前面冲锋陷阵之人。前行，前锋。《史记·项羽本纪》："项羽乃立章邯为雍王，置楚军中。使长史欣为上将军，将秦军为前行。"唐·韩愈《再与鄂州柳中丞书》:"握兵之将,熊罴貙虎之士,畏懦蹙踏,莫肯杖戈为士卒前行者。"

(4) 忆,回忆。写卷多作"意"。"意"为"忆"之古字。义为记忆、回忆,后多作"忆"。《素问·宣明五气篇》:"脾藏意。"王冰注:"意,记而不忘者也。《灵枢经》曰:'心有所忆谓之意。'"

(5) 但以君情深重:只是因为君王情意深重。汪泛舟先生将"但以"解释为"但像",非也。《汉语大词典》:但,只、仅。《史记·李斯列传》:"天子所以贵者,但以闻声,群臣莫得见其面,故号曰'朕'。"今之"不求有功,但求无过"之"但"即此义。"以"表示原因,因为、由于,连词。《左传·僖公十五年》:"郑以救公误之,遂失秦伯。"又《史记·张释之冯唐列传》:"以不能取容当世,故终身不仕。"

(6) 衔珠以报其恩:据《搜神记》卷二十记载:"随侯出行,见大蛇被伤,中断,疑其灵异,使人以药封之,蛇乃能走,因号其断处蛇丘。岁余,蛇衔明珠以报之。珠盈径寸,纯白,而夜有光,明如月之照,可以烛室。故谓之'随侯珠',亦曰'灵蛇珠',又曰'明月珠'。"另唐·李善《文选注》引《淮南子·览冥训》有此记载。《水经注》卷三十一亦有此典故。

(7) 舍弊同荣:舍弃贫困,同享荣华。

(8) 持环而奉其德:《搜神记》记载:"汉时弘农杨宝,年九岁时,至华阴北,见一黄雀为鸱枭所搏,坠于树下,为蝼蚁所困。宝见,愍之,取归置于巾箱中,食以黄花。百余日,毛羽成,朝去,暮还。一夕三更,宝读书未卧,有黄衣童子向宝再拜曰:'我西王母使者,使蓬莱,不慎,为鸱枭所搏。君仁爱见拯,实感盛德。'乃以白环四枚与宝曰:'令君子孙洁白,位登三事,当如此环。'"

【录文】

恭行章第九

入宫门敛手而行,在宫庭鞠躬而立[1],对尊者卑辞而言。二亲在堂，不得当门而伫；国有明君，不得当街而蹈(2)。纵居私室，恒须整容(3)；至于妻子之间，每加严格(4)。终日畏天惧地怕君者(5)，是谓恭行(6)。

【校释】

（1）鞠躬：恭敬谨慎貌。《仪礼·聘礼》："执圭，入门，鞠躬焉，如恐失之。"《汉书·冯参传赞》："宜乡侯参鞠躬履方，择地而行，可谓淑人君子。"颜师古注："鞠躬，谨敬貌。"

（2）蹈：跳、顿足踏地。《诗大序》："不知手之舞之，足之蹈之也。"陆德明《释文》："蹈，动足履地也。"

（3）纵居私室，恒须整容：纵然是在自己房间，也经常要修整容貌。私室，私人的寝室、内房。《礼记·内则》："凡妇不命适私室，不敢退。"孙希旦集解："私室，妇所居室也。"汉·刘向《列女传·邹孟轲母》："孟子既娶，将入私室，其妇袒而在内，孟子不悦，遂去不入。"

（4）至于妻子之间，每加严格：至于在妻儿之间，也经常要表现得庄重恭敬。妻子，妻与子。严格，庄重恭敬貌。《南史·谢方明传》："方明严格，善自居遇，虽暗室未尝有隋容。"①

（5）终日畏天惧地怕君者：S.1920、S.3491"终日畏天衢地怕君者"，S.1815、P.3306等写卷作"终日畏天惧地怕君者"，"衢""惧"盖形似而误，当为"惧"。

（6）恭行，本指恭敬之行，这里指恭行之人。

【录文】

勤行章第十

居官之体，忧公忘私；受委须达，执事有功(1)。在家勤作，修营桑

---

① "严格"一词释语，从汪泛舟先生注。见汪泛舟编著《敦煌古代儿童课本》，甘肃人民出版社2000年版，第95页。

梓(2)；农业以时(3)，勿令失度；竭情用力，以养二亲。此则忠孝俱存，岂非由勤力而若？居官慢堕(4)，则有点辱及身(5)。在家不勤，便追弊劣之困(6)，必须夙夜匪懈，以托荣名。预为方计(7)，以防其损。

【校释】

（1）执事：担任工作，从事劳役。《论语·子路》："居处恭，执事敬。"《周礼·天官·大宰》："九曰闲民，无常职，转移执事。"注："郑司农（众）曰：'闲民，谓无事业者，转移为人执事若今备赁也。'"

（2）修营桑梓：修整经营桑梓。桑梓，桑树、梓树。《诗·小雅·小弁》："维桑与梓，必恭敬止。"朱熹《诗集传》："桑、梓二木。古者五亩之宅，树之墙下，以遗子孙给蚕食、具器用者也……桑梓父母所植。"

（3）农业以时：按时节从事农业生产。以，按照、根据。

（4）慢堕：怠慢，又懒惰之心。《魏书·西域传序》："牧犍事主稍以慢堕……世祖遂讨牧犍。"

（5）点辱：即玷辱。晋·束皙《补亡诗·白华》："鲜侔晨葩，莫之玷辱。"点，辱、污。《文选·司马迁〈报任少卿书〉》："适足以见笑而自点耳。"李善注："点，辱也。"

（6）便追弊劣之困：便会招来家境衰落这样的贫困。追，招引、征召。《管子·七臣七主》："驰车充国者，追寇之马也。"尹知章注："追，犹召也。言驰车所以召寇。"《周书·宣帝纪》："追赵、陈、越、代、滕五王入朝。"按：古代召、招通用。《左传·襄公二十三年》："祸福无门，唯人所召。"

（7）方计：方略和计策。

【录文】

俭行章第十一

藏如山海，用之有穷(1)；库等须弥(2)，还成有乏；俭者恒足，丰者不盈(3)。在公及私,皆须有度。事君养亲,莫过此要。

【校释】

(1) 藏如山海,用之有穷:财富多如山海,也有用完的时候。

(2) 库等须弥:仓库中储藏的物品高度等同于须弥山。等,相等。须弥,本指须弥山。传说须弥山出大海中,高三百三十六万里,山顶为帝释天所居,半山为四天王所居。唐·慧琳《一切经音义》:《大盘若波罗蜜多经·苏迷罗山》:"梵语宝山名。或云须弥山,或云弥楼山,皆是梵言声转不正也。……〈大论〉云:四宝所成曰妙,出过众山曰高。或名妙光山,以四色宝光明各异照世,故名妙光也。"

(3) 盈:满、充满。《诗·周南·卷耳》:"采采卷耳,不盈顷筐。"唐·杜甫《自京赴奉先县咏怀五百字》:"多士盈朝廷,仁者宜战栗。"

【录文】

谨行章第十二

荣华当势(1),谨约其心(2);滤过思愆(3),勿令纵逸。治家之道,重戒苦言(4),莫听侵暴他人之物;在官之法,谨卓小心(5),共遵风化,奉法治人。一则父母无忧,二则君临为美。

【校释】

(1) 当势:执掌权势。《北齐书·幼主纪》:"当事者因之,贷一而责十焉。"

(2) 谨约其心:小心谨慎地约束自己的贪心。

(3) 愆:罪过、过失。《书·伊训》:"惟兹三风十愆,卿士有一于身,家必丧。"晋·葛洪《抱朴子·名实》:"是故抱枉而死,无愆而黜者,有自来矣。"

(4) 重戒苦言:以证言倍加告诫家人。重戒,加倍戒备、告诫。《文子·微明》:"道者敬小微,动不失时,百射重戒,祸乃不滋。"苦言,诤言、逆耳之言。《史记·商君列传》:"苦言药也,甘言疾也。"

《晋书·刘颂传》："垂听逆耳，甘纳苦言者，济世之君也。"

（5）谨卓小心：谨慎独特而小心。卓，高超、超绝。汉·扬雄《法言·先知》："不胶者卓矣。"

【录文】

贞行章第十三

虽遭乱代，不为强暴之勇⁽¹⁾；俗有倾移⁽²⁾，不夺恭姜之操⁽³⁾。秋胡贱妾⁽⁴⁾，积记传之；韩氏庸妻⁽⁵⁾，今犹敬重。妇人之德，尚自而然，况乃丈夫，宁不刻骨？

【校释】

（1）不为强暴之勇：不逞强凶暴。强暴，强横凶暴。《荀子·富国》："事强暴之国难，使强暴之国事我易。"《三国志·吴志·张纮传》："今麾下恃盛壮之气，忽强暴之虏，三军之众，莫不寒心。"

（2）倾移：改变。

（3）不夺恭姜之操：不能失去恭姜的操守。恭姜，春秋卫世子恭伯（一作共伯）之妻。世子早死，恭妻不再嫁。故后来恭姜也泛指誓不再嫁的寡妇。《诗·鄘风·柏舟序》："《柏舟》，共姜自誓也，卫世子共伯蚤死，其妻守义，父母欲夺而嫁之，誓而弗许，作是诗以绝之。"晋潘岳《寡妇赋》："蹈恭姜兮明誓，咏《柏舟》兮清歌。"按：S.1920、S.3491、S.1815、P.3306等写卷均作"恭美"，郑阿财先生录文亦作"恭美"，实误。

（4）秋胡：春秋鲁人，婚后五日，游宦于陈，五年乃归，见路旁美妇采桑，赠金以戏之，妇不纳。及还家，母呼其妇出，即采桑者。妇斥其悦路旁妇人，忘母不孝，好色淫佚，愤而投河死。事见汉·刘向《列女传·鲁秋洁妇》。

（5）韩氏庸妻：典出晋·干宝《搜神记》卷十一：宋康王舍人韩凭娶妻何氏，美，康王夺之。凭怨，王囚之，论为城旦。妻密遗凭书，缪其辞曰："其雨淫淫，河大水深，日入当心。"既而，王得其书，以示左右,左右莫解其意。臣苏贺对曰:"其雨淫淫,言愁且思也。河大水深,不得往来也。日入当心,心有死至也。"俄而,凭乃自杀。其妻乃阴腐其衣,王与之登台,妻遂自投台。左右揽之,衣不中手而死。遗书于带曰:"王利其生,妾利其死,愿以尸骨赐凭合葬。"王怒,弗听,使里人埋之,冢相望也。王曰:"尔女妇相爱不已,若能使冢合,则吾弗阻也。"宿昔之间,有大梓木,生于二冢之端;旬日而大盈抱;屈体相就,根交于下,枝错于上。又有鸳鸯雌雄各一,恒栖树上,晨夕不去。交颈悲鸣,音声感人。宋人哀之,遂号其木曰"相思树"。

【录文】

常行章第十四

存忠立孝,不可轻移[1];恭敬思勤,无疑辄改[2];清平严慎,恒怀在心;节义廉政,不容离己。但以百行无亏,故名"常行"[3]。

【校释】

(1) 移:改变。《庄子·秋水》:"物之生也,若骤若驰。无动而不变,无时而不移。"

(2) 辄:。立即、就。《史记·季布栾布列传》:"有敢收视者,辄捕之。"

(3) 常行:指平时的行为准则;永久实行的准则。《晏子春秋·问上十六》:"景公问晏子曰:'君子常行曷若?'"又汉·东方朔《答客难》:"天有常度,地有常形,君子有常行。"

【录文】

信行章第十五

一言之重,山岳无移;一信之亏,轻于尘粉。昔时张范[1],今犹赞之;挂剑立于丘坟[2],人无不念。是以车因轮转,人凭信立。

【校释】

（1）张范：指东汉的张劭和范式。事见《后汉书·范式传》："二人并告归乡里。式谓元伯曰：'后二年当还，将过拜尊亲，见孺子焉。'乃共克期日。后期方至，元伯据以白母，请设馔以候之。母曰：'二年之别，千里结言，尔何相信之审邪？'对曰：'巨卿①信士，必不乖违。'母曰：'若然，当为尔酝酒。'至其日，巨卿果到，升堂拜饮，尽欢而别。"

（2）挂剑：事见《史记》卷三十一《吴太伯世家》："季札之初使，北过徐君。徐君好季札剑，口弗敢言。季札心知之，为使上国，未献。还至徐，徐君已死，于是乃解其宝剑，系之徐君冢树而去。从者曰：'徐君已死，尚谁予乎？'季子曰：'不然。始吾心已许之，岂以死倍吾心哉！'"

【录文】

义行章第十六

为人之法者，贵存德义。居家理治，每事无私；兄弟同居，善言和气。好衣先让，美食后之⁽¹⁾；富贵在身，须加赈恤；饥寒顿弊⁽²⁾，啜味相存⁽³⁾。但看并粮之友⁽⁴⁾，积乡若为？一室三贤⁽⁵⁾，持名何誉？

【校释】

（1）美食后之：面对美食懂得礼让，退到后面。按：部分写卷作"美食骏之"，盖"骏"与"后"形似而误。汪泛舟先生录文亦同，并解释为"迅速离开"，误。即使"骏"有"迅速"之义，"之"却无"离开"之称。再则前句为"好衣先让"，后句以"美食后之"以对，显得工稳，再贴切不过。

（2）顿弊：困顿疲敝。喻指生活艰难、困顿。

---

① 巨卿：指范式，字巨卿。

（3）啜味相存：简单饮食可以生存。啜，食、饮。《墨子·节用中》："饮于土塯，啜于土形。"唐·韩愈《送穷文》："子饭一盂，子啜一觞。"味，吃、进食。《韩非子·难四》："屈到嗜芰，文王嗜菖蒲菹……所味不必美。"

（4）并粮之友：指战国时燕国人羊角哀与左伯桃的故事。事见《后汉书·申屠刚传》注引《列士传》。详见《古贤集》"伯桃并粮身受死"校释。

（5）一室三贤：当指田真田庆田广三兄弟故事。《续齐谐志》："京兆田真田庆田广三兄弟共议分财，资产皆平均，惟堂前一株荆树，议斫为三，树即枯死。真往见之，大惊，谓诸弟曰：'树木同株，闻将分斫，所以顦顇，是人不如树也。'因悲不自胜，不复解树。树应声荣茂，兄弟相感合财宝，遂为孝门。"敦煌写卷 P.2524 亦有此记载。详见《古贤集》"庭树三荆恨分别"校释。按：邓文宽先生认为"三贤"指周朝的太伯、虞仲和季历。汪泛舟先生认为是文王、武王、周公，并以曹植《丹霞蔽日行》："周室何隆，一门三圣"为证。然文中前句为讲的是羊角哀与左伯桃的"义行"，此句亦当指"义行"，田氏三兄弟之行当符合题意。

【录文】

廉行章第十七

临财不争，则无耻辱之患；对食不贪，盖是修身之本。争财则有灭身之祸，贪食刻招毁之败(1)。齐之三将，以味亡躯(2)；单醪投河，三军皆庆(3)。

【校释】

（1）刻招毁：写卷作"刻招毁"，郑阿财先生录文为"刻招毁"[①]，汪泛舟先生据上句句式校补为"刻（有）招毁"。并认为"刻"通

---

① 郑阿财、朱凤玉：《敦煌蒙书研究》，甘肃教育出版社 2002 年版，第 329 页。

"克",是"能够之义"。① 然根据句式看,上句为"争财,则有灭身之灾",下句当为"贪食,则有招毁之败。"这样句子才对仗工整。再则,若为"刻",则义不同。故我们认为"刻"当为"则",因其形似,系抄手误作"刻"。

(2)齐之三将,以味亡躯:齐景公因用晏婴之计,使贪吃的公孙接、田开疆和古冶子身亡。典出《晏子春秋》。详见《古贤集》"晏子身微怀智计,双桃方便煞三臣"注释。

(3)单醪投河,三军皆庆:昔日张良将别人馈赠的一箪酒醪投入到河中与大家共享,三军共庆。典出《文选·张协〈七命〉之七》:"箪醪投川,可使三军告捷。"李善注引《黄石公记》曰:"昔张良之用兵也,人有馈一单之醪,投河,令众迎流而饮之。夫一单之醪,不味一河,而三军思为致死者,以滋味及之也。"单,通"箪",古代用来盛饭食的盛器。以竹或苇编成,圆形,有盖。《公羊传·昭公二十五年》:"高子执箪食与四脡脯。"

【录文】

清行章第十八

贵在不烦,居官在职,清为其本(1)。四知之行(2),行以持名(3);浊滥之官(4),何以称誉?虽持清行,恩及治人,不以清虚,酷虐无理。若清而任酷,人还怨之(5);耕税非理,户口逃窜。是以人烦则乱,水烦则浊。

【校释】

(1)贵在不烦,居官在职,清为其本:S.1920作"贵不在烦","在"旁似有倒文符号。P.3306作"贵在不烦",学界皆从P.3306。汪本断句为"贵在不烦居官,在职清为其本。"郑本断为"贵在不烦,居官在职,清为其本。"两种句读都可通。考虑本章的句式特点,今从郑

---

① 汪泛舟:《敦煌古代儿童课本》,甘肃人民出版社2000年版,第101页。

说。汪本认为"不烦"就是"无须烦劳",值得再商榷。本句意谓可贵的不烦扰百姓,处在官位,清廉是其根本。烦,烦扰百姓,犹今之扰民。

(2) 四知:典出《后汉书·杨震传》,指天知,神知,我知,子知。后多用为廉洁自持、不受非义馈赠的典故。《后汉书·杨震传》记载:"当之郡,道经昌邑,故所举荆州茂才王密为昌邑令,谒见,至夜怀金十斤以遗震。震曰:'故人知君,君不知故人,何也?'密曰:'暮夜无知者。'震曰:'天知,神知,我知,子知。何谓无知!'密愧而出。"

(3) 行以持名:P.3306作"行以持名",S.1920作"以行持名"。郑本从P.3306,而汪本从S.1920。

(4) 浊滥之官:即烦民之官。

(5) 虽持清行……人还怨之:清行,纯洁的品行。P.3306作"不以清酷虚无理……",S.1920作"不以清酷虐……",根据两个写卷参校,今从汪泛舟先生录文"不以清虚酷虐……"另,"任酷",郑阿财先生录为"柱酷",而汪泛舟先生则作"任酷",任酷,即极端残暴。酷,残暴、苛刻。《韩非子·显学》:"今上急耕田垦草,以厚民产也,而以上为酷。"今以汪泛舟先生为是。按:学者对这几句话的句读有所不同,下面将郑、汪两位先生的录文句读分别写出,便于我们比较:

郑本句读:虽持清行,恩及治人,不以清酷虐无理。若清而柱酷,人还怨之。(《敦煌蒙书研究》329页)

汪本句读:虽持清行恩及,治人不以清虚酷虐;无理若清,而任酷人还怨之。(《敦煌古代儿童课本》102页)

我们认为这几句话句读为:虽持清行,恩及治人,不以清虚,酷虐无理。若清而任酷,人还怨之。

【录文】

平行章第十九

在官之法,心平性正⁽¹⁾,差科定役,每事无偏。遣富留贫,按强扶弱⁽³⁾。勿受嘱请，莫纳求情。若受嘱请，事乃违心；若纳货贿⁽⁴⁾，便生进退。非直于身危崄，昼夜情不安宁。若恩威不平，则难断决，上下官司，递相颜面，竞生相取。是以富者转富，贫者转贫。日月虽明，覆盆难照；时君至圣，微釁难知⁽⁵⁾。人之 冥 也⁽⁶⁾，何能自说？

【校释】

（1）性正：S.1920作"性政"，P.3306作"性正"。古代"政"与"正"通用。

（2）差科：指差役和赋税。唐·杜甫《遭田父泥饮美严中丞》诗："差科死则已，誓不举家走。"

（3）遣富留贫，按强扶弱：语出《唐律疏议》卷十三《户婚中》："依令，凡差科，先富、强，后贫、弱，先多丁，后少丁。"

（4）货贿：本指财务，此处指用以买通别人的财物。货、贿同义连用。

（5）微釁难知：细小的错误难以知道。按：汪泛舟先生认为："'釁'读若'兴'，裂缝、缝隙，此处的'微釁'，以喻小事。"此解值得商榷。釁，读音为 xìn，一本作"衅"，意为裂缝、裂痕。汉·贾谊《新书·道术》："有釁和之，有端随之，物鞠其极，而以当施之，此虚之接物也。"微釁，微小的裂痕。宋·梅尧臣《次韵和司马学士虑囚》："一遭纤微釁，鉴垢莫磨拭。"

（6）人之 冥 也：P.3306作"人之冥也"；S.1920作"人知 冥 也。"郑本、汪本均作"人之冥也。"汪本："之，辛卷（P.3306）作'之'，即至也。冥，冥顽，愚昧顽固。"①

【录文】

严行章第二十

在官及私⁽¹⁾，莫自宽慢；勿轻言哭，谬语虚谈。举动折旋⁽²⁾，皆须

---

① 汪泛舟：《敦煌古代儿童课本》，甘肃人民出版社2000年版，第104页。

轨则；使人畏爱，则而像之。若身为重将，严若秋霜；位至王公，威同猛兽。先加严训，犯者治之；罪责当时，无容悬罚[3]。是以杖可废于家，刑不可废于国。若家无杖，奴婢逃亡；若或悬罚，则人心多怨[4]。或则不自修身[5]，慢于卑下，轻行嗔怒者，未为人事[6]。

【校释】

（1）在官及私：S.1920作"在官及私"，P.3306作"在官公及私"，郑本作"在公及私"，汪本从S.1920。

（2）举动折旋：举止礼仪。S.1020作"折旋"，P.5506作"析旋"，显然，"析"为误字。盖"析"与"折"因形似而致误。折旋，曲行，古代行礼时的动作。《韩诗外传》卷一："立则磬折，拱则抱鼓，行步中规，折旋中矩。"又北齐·颜之推《颜氏家训·风操》："失教之家，阍寺无礼……黄门侍郎裴之礼号善为士大夫，有如此辈，对宾杖之，其门生僮仆，接于他人，折旋俯仰，辞色应对，莫不肃敬，与主无别也。"

（3）悬罚：汪本注曰"悬罪，即当加罪而迟迟不加处理。"今从之。

（4）若或悬罚，则人心多怨：S.1920作"悬罚则人心多怨"，P.3306亦同。郑本作"或若悬罚，则人心多怨"，句读为"或若悬罚，则人心多怨"；汪本为"若国悬罚，则人心多怨"，并在释语中说："原卷'悬罚'前缺佚二字"，今据其上对句'若家无杖'比勘，编辑依义遂校补外加方框的 若国 二字。"遗憾的是汪先生没有指出"原卷"是哪个卷号，今查，比较完整的两个卷子S.1920和P.3306均无"缺佚"的痕迹。

（5）或则不自修身：S.1290作"或则不自修身"，而P.3306则作"或若不自修身"。显然，郑本采S.1920之用，而汪本持P.3306之说。

（6）人事：人之所为；人力所能及的事。《孟子·告子上》："虽有不同，则地有肥硗，雨露之养、人事之不齐也。"

【录文】

慎行章第廿一

立身终始⁽¹⁾，慎之为大。若居高位，即须慎言⁽²⁾。^{言出患人}_{言失身亡}朋友交游，便须慎杯⁽³⁾。^{杯则恶至}_{恶则加刑}养身之道，便须慎食⁽⁴⁾。^{病从口入}_{能损其躯}就师疗疾，乃可慎医。^{针灸失度}_{能尽其命}非时不得畋猎⁽⁵⁾，走马不过一里。亲知古识，无事莫过；寡妇之门，无由莫往。欲论百行之中，慎行尤急。略而言之，陈其叵尽⁽⁶⁾。

【校释】

（1）立身终始：S.1920作"立身之道"，S.3491作"立身修始"，P.3306作"立身终始"。各位学者录文均为"立身终始"，今从之。

（2）慎言：出言谨慎。《墨子·非命中》："初之列士桀大夫，慎言知行。"

（3）慎杯：谨慎饮酒。

（4）慎食：谨慎饮食。

（5）畋猎：打猎。亦作"田猎"。"畋"通"田"。S.1920、S.3491均作"畎猎"，P.3306及《贞松堂藏西陲秘籍丛残》为"田猎"。检各类此典，有"畋猎""田猎"，而无"畎猎"，盖"畎"与"畋"形似，故误写作"畎"。

（6）叵尽：不能详尽。叵（pǒ），不、不可。汉·许慎《说文解字序》："虽叵复见远流，其详可得略说也。"按：汪泛舟先生认为"陈其叵尽"意为"亦可陈述得很详尽"，有待商榷。前句为"略而言之"，再言"陈其叵尽"，其意为这里只是简要地说及，而不能陈述得很详尽。

【录文】

爱行章第廿二

明君受谏，治化无穷⁽¹⁾；不纳忠言，国将危败。赤心于君者，不可枉戮⁽²⁾；直谏其智者⁽³⁾，不可滥诛。桀纣暴虐，天乃丧之；尧舜慈人，传名不已。

【校释】

（1）治化：写卷 S.1920 作"治化"，"治"右边有一"圣"字；P.3306 作"圣化"。郑本、汪本均为"治化"，今从之。意谓治理国家、教化人民。宋·陈亮《廷对策》："其为朕稽古今之宜，推治化之本，凡可以同风俗、清刑罚、成泰和之效者，悉意条陈之。"

（2）枉戮：枉杀。《三国志·魏志·董卓传》"长安士庶相咸庆贺，诸阿附卓者皆下狱死。"南朝·宋·裴松之注："岂可虑其谤己而枉戮善人哉！"

（3）智者：S.1920 作"智者"；P.3306 作"至者"。根据句意，当为"智者"。

【录文】

谏行章第廿三

为臣尽谏，托命存邦⁽¹⁾，必须犯颜，丧身全国。谀言易进，忠言难陈。是以茅焦就镬，始皇见而归愆⁽²⁾；荀息累棊，虞公睹而取过⁽³⁾。

【校释】

（1）存邦：保护国家。S.1920、P.3306 等均作"存邦"，而汪泛舟先生录文作"成帮"，未知其所凭。

（2）茅焦就镬，始皇见而归愆：典出汉·刘向《说苑·正谏》：茅焦，"战国齐人，以敢谏见称。秦始皇母后私通嫪毐，毒以假父之尊专国事，骄纵为乱，始皇取而车裂之，迁太后于萯阳宫，令曰：敢以太后事谏者戮。死者已二十七人，而茅焦犹冒死上谒，解衣伏质，喻以利害，始皇悟而赦之，迎太后归咸阳，尊焦为上卿。"又见于《史记·秦始皇本纪》："齐人茅焦说秦王曰：'秦方以天下为事，而大王有迁母太后之名，恐诸侯闻之，由此倍秦也。'秦王乃迎太后于雍而入咸阳，复居甘泉宫。"

（3）荀息累棊，虞公睹而取过：荀息用进献马、玉，虞公不听宫之齐劝谏，结果自己目睹了虞国的灭亡。典出《左传·僖公五年》。

【录文】

忍行章第廿四

有人谈好，未可即喜⁽¹⁾；有人道恶，未可即嗔⁽²⁾。勿信谗言⁽³⁾，莫信妄语。[妄语]侵人⁽⁴⁾，饮气忍之；纵有道理，安详分雪⁽⁵⁾；不得恣其三毒⁽⁶⁾，返烧其身。若不能忍，祸患交至。梁人灌楚，尚致二国之和；宋就忍之，乃获安邦之乐⁽⁷⁾。

【校释】

（1）未可即喜：S.1290"喜"字前无"即"。仅从P.3396。

（2）嗔：发怒、生气。南朝·宋·刘义庆《世说新语·德行》："丞相见长豫辄喜，见敬豫辄嗔。"

（3）勿信谗言：P.3306作"忽信先言"，盖因方音之误。

（4）[妄语]侵人：S.1290、S.3491脱"妄语"二字；P.3306作"妄语侵人"。

（5）分雪：指辩白。古人多次用法。唐·康骈《剧谈录·浑令公李西平勬朱泚云梯》："李公受令斩决，道茂将就刑，请致分雪之词。"又唐·封演《封氏闻见记·掩恶》："（程皓）每于侪类中，见人有所訾毁，未曾应对，候其言毕，徐为分雪之曰：'此皆众人妄传，其实不尔。'更说其人美事。"

（6）三毒：佛教用语，佛家称贪、嗔、痴为三毒。晋·法显《佛国记》："我今但欲杀三毒贼。"南朝·梁武帝《游钟山大爱敬寺》诗："二苦常追随，三毒自然烧。贪痴养忧畏，热恼坐焦煎。"

（7）梁人灌楚……乃获安邦之乐：梁人，即指梁国大夫宋就。灌楚，也称"灌瓜"。典出汉·贾谊《新序》："春秋时，梁大夫宋就为边县令，与楚邻界。梁楚边界皆种瓜。梁人勤浇灌，其瓜美；楚人懒，其瓜恶。楚人怨梁，趁夜毁梁瓜。梁人欲报复，宋就不许，反令梁人暗助楚人灌瓜。楚瓜亦美。楚人知之，上告楚王，遂使梁楚交好。后人因以"灌瓜"喻指以德报怨。如，南朝·陈·徐陵《为陈主与周冢宰宇文护论边境事书》："灌瓜之美，久勑边吏，拾橡之尤，想应无忽。"

【录文】

思行章第廿五

在朝思过，^{恐有愆犯}，在室思农，^{生人(1)之重}；远涉思家，^{忧其在亡}，临寇思君⁽²⁾，^{达其本志}；居贵思贱，^{忆昔布衣}，家富思贫。^{念其饥馑}；言须三思，^{勿轻出口(3)}，行须三思，^{勿从滥友(4)}；思思大，是其大。

【校释】

（1）生人之重：S.1920作"人生之中"。P.3306作"生人之重"。"生人"当为"生民"，因避唐太宗李世民"世"，故写作"生人"。生民，即人民。《书·毕命》："道洽政治，泽润生民。"三国·魏·曹操《蒿里行》："生民百遗一，念之断人肠。"

（2）临寇思君：P.3306"寇"前脱"临"字，今据S.1920补之。

（3）勿轻出口：S.1920、S.3491、P.3306等均以正文大字呈现，根据上文，各位学者录文时均以注语双行排列。①

（4）勿从滥友：亦为注语。

【录文】

宽行章第廿六

天宽无所不覆；地宽无所不载。^{一切凭之而立}。化宽无所不归。^{奉宾大唐}。海宽无所不纳。^{吞井小国}。恩宽惠及四海；^{八方归化}。德宽万里影从⁽¹⁾。^{高骊驰驿送降，称臣万载，随主讨辽。没落之兵，如还京邑。吴王获江南，与}

---

① 参见《敦煌蒙书研究》第331页，《敦煌古代儿童课本》第109页等。

^{之立身自归朝，}^{统率京兆之所。}⁽²⁾ 威承皇旨，智宽无处不危，^{唐朝廓清四海，}^{天下太平。}清宽何人不敬？^{言夸大众，}^{海内云奔。}唯有持穷⁽³⁾，不得自宽。上下无法，尊卑失礼，乱逆生焉。

【校释】

（1）影从：像影子一样跟随。

（2）高骊驰驿送降……统率京兆之所：P.3306 无此注语。事见《旧唐书》《资治通鉴》《通典》等①。

（3）持穷：汪本"持"通"恃"，"穷"指"不肖之人，即恶人。"认为"持穷"指恃势作恶的人。是否妥当？今存疑。

【录文】

虑行章第廿七

人生在世，唯须择交⁽¹⁾。或因良友而以建名⁽²⁾，或以弊友而以败己⁽³⁾。一朝失行，积代亏名，方始追悔，如何可及？但以清清之水，尘土浊之；济济之人，愚朋所误⁽⁴⁾。

【校释】

（1）择交：选择交往的朋友。

（2）建名：P.3306"建"后脱"名"字。汪本失校。

（3）以弊友而以败己：因为交了坏朋友而败坏了自己的名声。弊友，与良友相对，指品行不好的朋友。

（4）愚朋所误：S.1920 卷子作"愚用"，盖"用"与"朋"形似而误。而 P.3306 作"遇朋"。"遇"通"愚"，愚笨之义。《墨子·非儒下》："繁饰邪术，以营世君；盛为声乐，以淫遇民。"孙诒让《间诂》："《晏子》作'以淫愚其民'。案遇与愚通。"

---

① 校释详见《敦煌古代儿童课本》第 111 页及所引邓文宽先生校释。

【录文】

缓行章第廿八

行步邕容⁽¹⁾,无劳急速;言辞理定⁽²⁾,务在敦明。刻罪惟愆,皆须慎究;君王问答,诣实而陈。

【校释】

(1) 邕容:犹雍容。形容文雅大方,从容不迫。邕,通"雍"。汉·刘歆《遂初赋》:"既邕容以自得兮,唯惕惧于竺寒。"

(2) 言辞理定:说话要讲道理。按:汪泛舟先生认为:"理定:政治安定。"并引唐·白居易《七德舞》诗"功成理定何神速?速在推心置人腹。"为证。是否得解?今存疑。

【录文】

急行章第廿九⁽¹⁾

君临危阵,如救头然;父母处危,犹身陷火。朋友有难⁽²⁾,事等孔怀⁽³⁾;凡人有丧,皆须匍匐⁽⁴⁾。

【校释】

(1) 急行章第廿九:P.3306作"急行章第廿八",至于"缓行章"之前。仅依据S.1920等卷调整,缓行章于前,急行章置后。

(2) 朋:S.1920、P.3306均写作"用",误写。

(3) 孔怀:本指极思念之情,这里代指兄弟。语出《诗·小雅·常棣》:"死丧之威,兄弟孔怀。"郑玄笺:"死丧可畏怖之事,唯兄弟之亲甚相思念。"

(4) 匍匐:尽力。语出《诗·邶风·谷风》:"凡民有丧,匍匐救之。"郑玄笺:"匍匐,言尽力也。"又唐·柳宗元《叔父殿中侍御史墓表》:"行军司马侍御史韦重规等,匍匐救助,事用无阙。"

【录文】

达行章第卅

为臣之礼,达以为功。临阵处危,贵从谁巧⁽¹⁾?是以相如赵国臣,奉璧言碎柱而将还⁽²⁾;齐晏聘齐国臣,梁挑陈辩辞而见纳之也。

【校释】

(1) 贵从谁巧:各写卷"巧"不清晰,今从各位学者之说,但加□以示明。另 S.1920 作"巧谁"。

(2) 相如赵国臣,奉璧言碎柱而将还:指蔺相如完璧归赵的故事。事见《史记·廉颇蔺相如列传》:"战国时,赵惠文王得楚和氏璧。秦昭王遗赵王书,愿以十五城换璧。蔺相如自愿奉璧出使秦国,秦王得璧,无意偿赵城,相如曰:'璧有瑕,请指示于王。'昭王将璧予相如,相如因持璧却立,依柱,怒发上冲冠,谓秦王曰:'大王必欲急臣,臣头今与璧俱碎于柱矣。'"

【录文】

道行章第卅一

万事之基,总览之要:治家无道,众人不顾;治国无道,邻国怪之。是以明君在殿,百姓无忧;家长东西⁽¹⁾,奸盗竟起。妇人之言,不可专用;佞臣之语,无宜滥依。必须励己励心⁽²⁾,以治家国。

【校释】

(1) 东西:东走西窜,指不居家。
(2) 励己励心:磨炼身心。

【录文】

专行章第卅二

事君养亲,专心无二。父在子不可自专⁽¹⁾,君存无容自擅⁽²⁾。专行未成孝,自擅未可为忠,移行,可为臣子⁽³⁾?

【校释】

(1) 自专:自己擅自行事。语出《唐律疏议》卷十二《户婚上》:"凡是同居之内,必有尊长。尊长既在,子孙无所自专。若卑幼不由尊长,私辄用当家财物者,十匹笞十,十匹加一等,罪止杖一百。"专,专断、擅自行事。《礼记·中庸》:"愚而好自用,贱而好自专。"《左传·襄公二十七年》:"卫宁喜专,公患之。"

(2) 自擅:自作主张;独自行动。《资治通鉴·唐高祖武德元年》:"今海内分崩,人思自擅,强者为雄。"

(3) 移行:指改变孝行、忠行。按:汪泛舟先生将此句视为陈述句,认为"移孝行于君的人,才可算是忠臣和孝子。"郑阿财先生则视为问句,即"移行,可为臣子?"根据上下文,今从郑先生之说。

【录文】

贵行章第卅三

性之不去者衣食⁽¹⁾,事之不可废者耕织,必须营之。是以金银饥不可食,珠玉寒不可衣⁽²⁾。粟帛之重,莫能过者。一夫不耕,有受其饥;一女不织,有受其寒⁽³⁾。但以立国存家,唯斯之甚。

【校释】

(1) 性之不去者衣食:人生离不开的就是衣和食。性,生命、生机。《左传·昭公八年》:"今宫室崇侈,民力雕尽,怨讟并作,莫保其性。"杜预注："性，命也。民不敢自保其性命。"又《汉书·公孙贺刘屈牦等传赞》："处非其位，行非其道，果陨其性，以及厥宗。"颜师古注："性，生也。"

（2）是以金银饥不可食，珠玉寒不可衣：语出汉·晁错《论贵粟疏》："夫珠玉金银，饥不可食，寒不可衣。众贵之者，以上用之故也。"

（3）一夫不耕……有受其寒：语见汉·贾谊《论积贮疏》："古之人曰：'一夫不耕，或受之饥；一女不织，或受之寒。'"

【录文】

学行章第卅四

良田美业⁽¹⁾，因施力而收；苗好地不耕，终是荒芜之秽⁽¹⁾。人虽有貌，不学无以成人。但是百行之源，凭学而立，禄亦在其中矣⁽³⁾！

【校释】

（1）美业：上等产业，即指良田耕种之业。

（2）秽：荒芜；杂草丛生。《荀子·富国》："民贫，则田瘠以秽，田瘠以秽，则出实不半。"

（3）禄亦在其中矣：语见《论语·卫灵公》："学也，禄在其中矣。"

【录文】

问行章第卅五

父母颜色有改⁽¹⁾，即须忧而问之，知其善恶。纵使每事自闲⁽²⁾，亦须问其智者。不解则问，宁得自专⁽³⁾？亦须问其良长。是以三人同行，必有我师焉⁽⁴⁾。

【校释】

（1）颜色：脸色。颜，面容、脸色。《诗·郑风·有女同车》："有女同车，颜如舜华。"

（2）自闲：自己熟悉。闲，通"娴"，熟悉。（今从汪泛舟先生之说。）

（3）自专：P.3306作"自闲"；S.1920原写作"自闲"，旁边又改作"自专"。

（4）是以三人同行，必有我师焉：语见《论语·述而》："三人行，必有我师焉。"

【录文】

备行章第卅六

居在泽侧，预为堤防⁽¹⁾；治国治家⁽²⁾，不虞难测⁽³⁾。人非瓜果，何以知心⁽⁴⁾？晓夜兢兢⁽⁵⁾，为方略也⁽⁶⁾。

【校释】

（1）预为堤防：S.1920、S.3491作"以为堤防"，P.3306作"预为堤防"。堤防，拦水的堤坝。《礼记·月令》："（孟秋之月）命百官，始收敛，完堤防，谨壅塞，以备水潦。"陆德明释文："堤，本又作堤……防，本又作坊。"《商君书·算地》："薮泽堤防足以畜。"

（2）治国治家：P.3306卷作"治国家"。今从S.1920"治国治家"。

（3）不虞难测：S.1920、P.3306等卷均作"不虞难侧"，"虞"不甚清晰。侧，汪本认为S.1920作"恻"，今仔细查看是为"侧"，盖"侧"通"测"。今存疑。

（4）何以知心：P.3306作"何已知心"，S.1920作"何以知心"。皆通。"已"通"以"。

（5）兢兢：小心谨慎貌。《诗·小雅·小旻》："战战兢兢，如临深渊，如履薄冰。"毛传："兢兢，戒也。"又唐·陈子昂《为张著作谢父官表》："夙夜兢兢，祇惕若厉。"

（6）方略：P.3306作"方略"。按：邓文宽、郑阿财、汪泛舟先生均录文为"防略"，窃以为无须改为"防略"。古"方"（fáng）通"防"，意为防御。《墨子·备城门》："毋百以亢疾犁，壁皆可善方。"张纯一集解："方，同'防'，御也。"另，汪泛舟先生考得S.1920、S.3491作"方备"，今仔细查阅，S.1920实作"俻"。"俻"乃为"备"（今简化为"备"）的异体字。

【录文】

饬行章第卅七

衣服巾带恒须整(1)，门户屋舍须净洁(2)，自是寻常(3)。小儿不听，赤体露形，在于街巷(4)。从小训之，莫令纵逸。必使言音典政(5)，陈话美词。不得碎滥之言，轻示忤上。人前莫听涕唾，同食勿先漱口(6)。父母之床，理不合坐(7)；兄嫂之床，无宜辄弃。若父母在坐，儿弟悉立(8)，有命须谢。在尊之前，不可受卑者拜。纵有殊才异能，亦不得辄言。

【校释】

（1）整：S.1920作"整"，汪泛舟先生录文作"勒"，并有详细注释，不知所本。

（2）门户屋舍须净洁：S.1920作"门户屋舍须净洁"；S.3491"净洁"前脱"须"字；P.3306作"门户虚舍须净洁"。今从S.1920。按：郑本作"清洁"。

（3）寻常：平常、普通。唐·刘禹锡《乌衣巷》诗："旧时王谢堂前燕，飞入寻常百姓家。"

（4）小儿不听，赤体露形，在于街巷：S.1920作"莫学小儿，赤体路刑在于街巷。"S.3491作"莫学小儿，赤体路刑，在于街巷。"P.3306作"小儿不听,亦赤体路形,在衣街巷。"汪本对该句不作断句,郑本作"小儿亦不听赤体露形,在于街巷。"仅依据上下文,结合各写卷录之。路,通"露"。意为裸露。《太平广记》第二五一引五代·王定保《唐摭言·张祜》:"但知报导金钗落,髣髴还应路指尖。"刑,通"形"。《孝经·天子章》:"德教加于百姓,刑于四海。"郑玄注:"形,见也。"《韩非子·诡使》:"据法直言,名刑相当。"

（5）典政：S.1920作"曲政",S.3491、P.3306等作"典政"。今从S.3491、P.3306。"典政"即"典正",典雅正规。北齐·颜之推《颜氏家训·文章》:"吾家世文章,甚为典正,不从流俗。"又《周书·沈君游传》:"（君游）弟君公,有干局,美风仪,文章典正,特为岂所重。""政"通"正"。

（6）人前莫听涕唾,同食勿先漱口：S.1920、S.3491"涕"均从"口",盖受"唾"之同化所致。P.3306作"涕",然"涕"后脱"唾"字。语见《礼记·曲礼》:"尊客之前,让食不唾。"敦煌写卷《太公家教》亦云:"对食之前,不得唾地,亦不得漱口。"

（7）父母之床,理不合坐：S.1920、P.3306作"父母之床,理不合坐"；S.3491作"父母之床,理不坐"。郑本作"父母之床,理合不坐。"似欠妥。

（8）若父母在坐,儿弟悉立：S.1920、S.3491均作"若父母在坐,儿弟悉立。"P.3306卷作"若父母兄存,儿弟悉立。"

【录文】

弘行章第卅八

弘者以忍为大,不以失意损志。但能受辱,如地于万物皆宽容(1),如海于众流俱窬溢(2)。莫见小花瑕,物穷人之短(3)。<small>不受则溢,不容则满,见小则大,穷则不长</small>若职当高位,爱人如子(4)；若居要职,理务如丝(5)。临事不烦,治民不倦。<small>不爱成恨,不理成怨,若烦则浊,若倦则奢</small>犯法之徒,虽获实情,矜而勿喜。苦言重诫,令遣改修(6)。退罚进尊,是其恩也。<small>不改遵道怨,不修成过过,为隐不为匿,法令言也</small>

【校释】

（1）如地于万物皆宽容：S.1920、S.3491作"如地万皆物于宽容"；P.3306作"如地万皆依宽容"，今根据汪泛舟、郑阿财等先生录文。

（2）如海于众流俱窜溢：S.1920作"如海众流俱溢窜"（"溢"是后补注上去的）；S.3491、P.3306作"如海众流俱窜"，脱"溢"字；今从郑阿财、汪泛舟先生录文，根据上句补"于"字。另，汪先生认为"窜溢"意为"容纳增多"，是也。窜，容纳。《荀子·儒效》："慎（慎到）、墨（墨翟）不得进其谈，惠施、邓析不敢窜其察。"王先谦集解："此窜亦当训为容，言二子无所容其察辨也。"汪先生还认为"溢通'益'，增多。"实则"益"为"溢"之初文，而不是"溢"通"益"。"溢"本来就指水满流出，岂不是有"多"之义？

（3）物穷人之短：S.1920、S.3491作"物穷人之短"。不误。"物"通"勿"，古代常见用法。《吕氏春秋·恃君》："君道何如？利而物利章。"许维遹集释："俞樾云：物当为勿。《尚书·立政篇》'时则勿有间之'，《论衡·谴告篇》作'时则物有间之'……是古字本通也。"P.3306作"物穷人之矩"，显然，"矩""短"形似致误。按：汪泛舟、郑阿财先生录文均作"莫穷人之短"，义虽不错，却有改文之嫌。

（4）爱人如子：即爱民如子。因避李世民名讳而改"民"为"人"。S.3491"爱"前有一"忧"字。S.1920、P.3306均作"爱人如子"，今从之。

（5）理务如丝：比喻工作细致。S.3491、P.3306卷均作"理务如丝"，S.1920卷脱"丝"字。

（6）改修：改过修身。《晋书·高阳王睦传》："睦退静思愆，改修其德。"又《资治通鉴·唐德宗贞元十年》："进而有过则示惩，惩而改修则复进，既不废法，亦无弃人。"

【录文】

政行章第卅九

立身之道：先须敬己，方始敬人[1]。己若不政[2]，令而不从[3]。令既不从，从何为政[4]？是以形端影正[5]，身曲影斜。故曰：为政以德，譬如北辰，天下拱手而向之[6]。

【校释】

（1）先须敬己，方始敬人：S.1920、S.3491、P.3306均作"先须敬己，方始敬人。"汪本、郑本皆从邓文宽先生录文，改"敬"为"政"，盖从后句"己若不政"而来。本句意谓先使自己端正、严肃，才能使别人端正、严肃。敬，恭敬、端肃。《易·坤》："君子敬以直内，义以方外。"孔颖达疏："内谓心也，用此恭敬以直内。"又南朝·梁·刘勰《文心雕龙·祝盟》："祈祷之式，必诚以敬；祭奠之楷，宜恭且哀。"端肃，即端正、庄重严肃。

（2）己若不政：S.1920、S.3491均作"己若不政"，P.3306作"己若不正"，皆通。"政"与"正"古通。

（3）令而不从：P.3306脱此句。

（4）令既不从，从何为政：写卷S.1920脱"令既不从"；S.3491作"何为政"，前脱"令既不从"，句中脱"从"字。P.3306作"令既不从，从何为政"，今从之。

（5）形端影正：S.1920、S.3491作"形端影政"，P.3306作"形端影正"。皆通，"政"通"正"，见前注。

（6）为政以德，譬如北辰，天下拱手而向之：德，S.1920、S.3491作"得"，P.3306作"德"，均通。"得"通"德"，指德行。《荀子·成相》："舜授禹以天下，尚得推贤不失序。"王先谦集解："得当为德。"又汉·赵晔《吴越春秋·越王无余外传》："今乃罹法如斯，此吾得薄不能化民证也，故哭之悲耳。"语见《论语·为政》："为政以德，譬如北辰，居其所而众星拱之。"

直行章第四十

【录文】

曲木畏直绳⁽¹⁾，心邪畏直士⁽²⁾。绳能束揽万物，直能逆耳忠谏。宁抱直而死，不从曲而生。是以玉碎留名，不同瓦在⁽³⁾。见丑物起狂心⁽⁴⁾，莫生谀妩⁽⁵⁾。若在诳或⁽⁶⁾，四海还往；无由谀妩⁽⁷⁾，皇天不佑。

【校释】

（1）绳：S.1920、S.3491以及P.3306均作"绳"。汪本作"线"，误。绳，木工用以测定直线的墨线。《书·说命上》："惟木从绳则正，后从谏则圣。"《荀子·劝学》："木直中绳，輮以为轮。"

（2）直士：耿直之士。S.1920、S.3491作"直仕"，S.1920"心邪畏直仕"前衍出"则"字。P.3306作"直士"，今从之。

（3）是以玉碎留名，不同瓦在：P.3306作"不用瓦在"。今从写卷S.1920、S.3491。即俗话说宁可玉碎，不为瓦全。《北齐书·元景安传》："大丈夫宁可玉碎，不能瓦全。"玉碎，美玉碎裂。比喻美好的事物遭遇不幸。北周·庾信《哀江南赋》："荆山鹊飞而玉碎，随岸蛇生而珠死。"瓦全，喻苟且偷生。

（4）物起狂心：物，各写卷均作"物"，故"物"通"勿"，见前注。各位学者录文均改为"勿"，实无须改。意谓不要起狂妄之心。狂心，狂妄或放荡的念头。《后汉书·隗嚣传》："既乱诸夏，狂心益悖，北攻强胡，南扰劲越。"

（5）莫生谀妩：不要有谄媚讨好的念头。谀，谄媚、奉承。《书·冏命》："仆臣正，厥后克正；仆臣谀，厥后自圣。"孔传："仆臣谄谀，则其君乃自谓圣。"妩，好、善。《管子·地员》："士女皆好，其民工巧，其泉黄白，其人夷妩。"尹知章注："夷，平也；妩，好也。言均善也。"

（6）诳或：即诳惑。欺骗、迷惑。或，各写卷均作"或"，汪泛舟先生录文改为"惑"，实无改写必要。或，通"惑"。《易·干》："九四,重刚而不中,上不在天,下不在田,中不在人,故或之。或之者,疑之也,故无咎。"

(7) 四海还往;无由谀媟:汪泛舟、郑阿财先生句读为:"四海还往无由。谀媟,……"似有不妥,试句读如上。不知孰是孰非,今列出以求教于方家。

【录文】

察行章第四十一

事君之道,察其颜色;养亲之道,察其寝食。君颜若改⁽¹⁾,必有不安之事;二亲退餐⁽²⁾,定有违和之甚⁽³⁾。是以特须察其言⁽⁴⁾,观其颜色也。

【校释】

(1) 君颜若改:S.1920 作"君颜色改","色"旁注有"若"字。P.3306 作"君颜色若改",S.3491 作"君颜若改",今从之。

(2) 二亲退餐:S.3491 脱"二"字。

(3) 违和:身体不舒适。和,指身体健康舒适。《魏书·彭城王勰传》:"岂谓上灵无鉴,复使圣躬违和。"

(4) 是以特须察其言:S.1920"察"前衍出"加"字。

【录文】

量行章第四十二

才堪者不可枉黜⁽¹⁾,才劣者不可滥沾⁽²⁾。必须量才授位⁽³⁾,量器所容。补官选职,贵在得人。器小未可容多,才列宁堪大用。至于每事,皆须量断。^{但以世间之事,并宜存心。}恶人不可共居,耽酒不可同饮⁽⁴⁾。小人以利生欺⁽⁵⁾,君子以酒相败。如此之徒,皆须远之。若亲恶种,后悔无由。绸缪同耻,刑戮相及。⁽⁶⁾

【校释】

（1）枉黜：错误地罢黜。黜，贬降，罢退。《论语·微子》："柳下惠为士师，三黜。"写卷S.1920、S.3491作"黜"，而P.3306作"点"，盖与"黜"形似致误。

（2）滥沾：虚妄不实地沾恩居官。S.1920、S.3491作"霑"，P.3306作"沾"，今从P.3306。"霑""沾"同源通用。沾，受益、沾光。亦指使受益。《韩非子·诡使》："今战胜攻取之士，劳而赏不沾。"又汉·扬雄《长杨赋》："盖闻圣主之养民也，仁沾而恩洽。"

（3）必须量才授位：S.1920、S.3491作"必须量才受位"，P.3306作"必有量才授位"。"有"为"须"之误文。古汉语"受"为"授"之初文。意为"付与"，后来写作"授"。李亢《独异志》卷中引《西京杂记》："弘成子少时好学，尝有人过门，受一文石，大如燕卵，吞之，遂明悟而更聪敏。"受，一本作"授"。

（4）耽酒：沉湎于酒。耽，玩乐、沉湎。《诗·卫风·氓》："于嗟女兮，无与士耽。"毛传："耽，乐也。"又汉·枚乘《七发》："意者久耽安乐，日夜无极。"

（5）小人以利生欺：S.3491脱"利"字。

（6）绸缪同耻，刑戮相及：因关系密切而同受耻辱，或者获刑戮相及之罪。绸缪，紧密缠缚貌。《诗·唐风·绸缪》："绸缪束薪，三星在天。"毛传："绸缪，犹缠绵也。"唐·孔颖达疏："毛以为绸缪犹缠绵束薪之貌，言薪在田野之中，必缠绵束之，乃得成为家用。"

【录文】

近行章第四十三

善人须依，君子须附。一言之益(1)，实重千金；一行之亏，痛于斧钺。但近善者，恶即自消，卜邻而居是也。居进良邻，日有所进；居进恶邻，日有所退。财能害己，何假苦哉。酒能败身，不劳多饮，色能尽命(2)，特须割之。奢能招祸，翼翼小心。浮薄之事(3)，并

宜去之。^{言无非法，}^{行存于己。}⁽⁴⁾

【校释】

（1）一言之益：S.3491 脱"一"字。

（2）财能害己……色能尽命：参见敦煌写卷《太公家教》注释。

（3）浮薄之事：轻薄之事。浮薄，轻薄、不朴实。《后汉书·公孙瓒传》："（袁绍）性本淫乱，情行浮薄。"

（4）言无非法，行存于己：言语不违法，行为取决于自己。汪泛舟先生根据《贞松堂藏西陲秘籍丛残》录文为"言无非法之，行不存于己。"将"行"解释为"罪行"①，似欠妥。"行"在古汉语中似不当"罪行"讲。

【录文】

就行章第四十四

邦有道，则仕其明朝；邦无道，则卷于怀⁽¹⁾。^{君子之耻心如绳，心能束}^{揽万物，不用卷之在怀。}是以危邦不入，乱邦不居⁽²⁾，察其所安，便将就也。^{若居乱邑}^{邦，不尽其命，仕于明君。}接客无贵贱，至者皆看，吐握忘疲⁽³⁾，今犹积响。贫贱者未必可轻，富贵者何劳敬重？人生在世，衰盛何常？落叶飘飖⁽⁴⁾，翻翻弥远。

【校释】

（1）邦有道，则仕其明朝；邦无道，则卷于怀：语见《论语·卫灵公》："邦有道则仕，无道则隐。"

（2）危邦不入，乱邦不居：语见《论语·泰伯》："危邦不入，乱邦不居。"

（3）吐握忘疲：典出《史记·鲁周公世家》："周公戒伯禽曰：'我文王之子，武王之弟，成王之叔父，我于天亦不贱矣。然我一沐三捉发，一饭三吐哺，起以待士，犹恐失天下之贤人。子之鲁，慎无以国骄

---

① 汪泛舟：《敦煌古代儿童课本》，甘肃人民出版社 2000 年版，第 124 页。

人。'"后用为在位者礼贤下士之典实。三国·魏曹操《短歌行》："周公吐哺,天下归心。"

(4) 飘飘:即飘摇。飘,随风飘动。《文选·班固〈幽通赋〉》:"飘飘风而蝉蜕兮,雄朔野以扬声。"张铣注:"如随风飘去,故云飘也。"

【录文】

让行章第四十五

见尊侧立,长者避之;同流下劣之徒,皆须让路。避则无所不通,让则无所不达[1]。涉苦先登,分财后取。故云:温良恭俭让,是以得之[2]。温则不凉,良则不贪[3],恭则不慢,俭则不奢,让则不争。

【校释】

(1) 避则无所不通,让则无所不达:S.3491作"无所不让无所不通";今从S.1920。

(2) 温良恭俭让,是以得之:S.1920、S.3491均作"是以得之",而汪本、郑本均脱"是",且录文为"温良恭俭让以得之"。此句语见《论语·学而》:"夫子温良恭俭让以得之。"

(3) 良:写卷S.1920、S.3491均作"暴",《贞松堂藏西陲秘籍丛残》脱字。今依据上文及各位前辈录文为"良"。

【录文】

志行章第四十六

同日友寒,己亦不重衣[1];友饥,己亦不饱食;友患,己亦如之言。寄死托孤之徒,同遭盛衰之侣。故云:自远方来,不亦乐乎[2]?以索居久远[3],不得尽其智;柔居在朝,流自卑焉[4]。善虽当高位,默默为人[5];内外柔和,上下无怨[6]。人之视己,亦如己视人家[7]。若为强刚,必独折。

【校释】

(1) 同日友寒,己亦不重衣:己,S.3491 作"巳",下同。盖"巳"与"己"形似而误。意谓同日朋友冷寒时,自己也不多加衣服。重衣,衣上加衣。《礼记·内则》"寒不敢袭"。汉·郑玄注:"袭,谓重衣。"《左传·庄公二十九年》"有钟鼓曰伐,无曰侵,轻曰袭。"唐·孔颖达疏:"袭者,重衣之名,倍道轻行,掩其不备,忽然而至,若披衣然。"

(2) 自远方来,不亦乐乎:语见《论语·学而》:"有朋自远方来,不亦乐乎?"

(3) 索居:孤独地散处一方。《礼记·檀弓上》:"吾离群而索居,亦已久矣。"郑玄注:"群,谓同门朋友也;索,犹散也。"

(4) 自卑:S.1920、S.3491 作"自卑",比较前文及其他写卷中"卑"与"升"的写法,本句中似为"卑"。汪泛舟先生录文为"自升",今存疑。

(5) 人:S.1920、S.3491 均作"人",学者们录文改为"仁",实无须改。古代汉语"人"与"仁"通假。《荀子·修身》:"体恭敬而心忠信,术礼义而情爱人。"王先谦集解引王引之曰:"人读为仁。言其体则恭敬,其心则忠信,其术则礼义,其情则爱仁也。爱仁犹言仁爱。"

(6) 怨:怨恨、仇恨。《易·系辞下》:"益以兴利,困以寡怨。"

(7) 亦如己视人家:S.1920、S.3491 均作"以",误文。

【录文】

愍行章第四十七

蠢动含灵,皆居人性(1);有气之类(2),盛爱其躯。莫好煞生(3),勿规他命。身既惜死(4),彼亦如之。欲求长命,何忍煞害?沙弥命,尽煞命,如来未得道靚(5),苍生悉渡之也。

【校释】

（1）人性：S.3491作"性人"，"人"旁似有倒文符号；S.1920作"人性"，今从之。

（2）有气：有生气。

（3）煞生：即杀生。煞，死、弄死。晋·葛洪《抱朴子·金丹》："取鸟鷇之未生毛羽者，以真丹和牛肉以吞之；至长，其毛羽皆赤，乃煞之。"又《敦煌变文集·大目干连冥间救母变文》："言作天堂没地狱，广煞猪羊祭鬼神。"

（4）惜死：写卷似"借死"，意难通。今据上文意思改。"借"与"惜"因形似而误。

（5）覩：同"睹"，异体字。

【录文】

念行章第四十八

终其身，不忘亲；居生位，莫忘生。是以爱子始悟父慈，身劳方知人苦(1)。若国盛，基强民；若国衰，必须决之以特，赋之以理(2)。

【校释】

（1）身劳方知人苦：自己辛劳了才能体会到别人的苦。劳：辛劳。

（2）必须决之以特，赋之以理：S.3491作"必须决之特赋之以理"；S.1920作"必须决之以特赋之以理"。汪本读为"必须决之，特赋之以理。"意难通。今从郑本句读。

【录文】

怜行章第四十九

怜贫恤老(1)，抚育孤穷(2)。莫看颜面，去其阿党(3)。知其勤堕，赏之以功，罚之以过。若赏不当功，罚不当罪，虽率士众，无用力焉。

【校释】

（1）怜贫恤老：怜悯、同情贫困、衰老之人。

（2）孤穷：孤苦穷困之人。

（3）阿党：结党营私之人。《礼记·月令》："是阿党，则罪无有掩蔽。"郑玄注："阿党，谓治狱吏以私恩曲桡相为也。"

【录文】

身行章第五十

身当宠贵，不可以势凌人(1)；若守困穷，不可以苟求朝夕。是以仁者不以盛衰改志，智者不以存亡易心(2)。

【校释】

（1）凌人：欺负人。凌，欺凌。

（2）易心：改变心志、改变想法。《韩诗外传》卷六："小人易心，百姓易俗。"

【录文】

蒙行章第五十一

蒙人引接(1)，至死衔恩(2)。受禄居宠，灭身非谢(3)。伤蛇遇药，尚有存报之心(4)；困雀逢箱，犹报眷养之重(5)。是以宁人负己，莫己负人。

【校释】

（1）蒙人引接：承蒙别人引荐提拔。引接，推荐提拔。唐·赵璘《因话录·商下》："而韩、柳、皇甫、李公，皆以引接后学为务。"

（2）至死衔恩：到死也要怀着感恩之心。衔恩，心怀恩情、感恩。唐·李白《塞下曲》之二："横戈从百战，直为衔恩甚。"

（3）受禄居宠，灭身非谢：（因人引荐）而拥有高官厚禄之人，即使灭身也不能报完其恩情。非，不、不能。

（4）伤蛇遇药，尚有存报之心：典出晋·干宝《搜神记》卷二十、《淮南子·览冥训》《水经注》卷三十一等文献。详见报行章第八"衔珠以报恩"注释。

（5）困雀逢箱，犹报眷养之重：S.1920脱"眷"字。该句典出晋·干宝《搜神记》。详见报行章第八"持环而奉其德"注释。

【录文】

凡行章第五十二

人多敦者(1)，皆轻非理而谈(2)，贱亦不听容止无则(3)。治家不成，言不及语(4)，谁为称名？故云：君子不重则不威(5)，唯须自严正。察狱须问罪不易。人心险隔，不等山河(6)，或戴罪之徒，而致死免；无愆之类，辩拙而入辜(7)。特须审劫根源(8)，无劳抑酷。囚情既定，刑戮将加，必须覆审(9)，勿令冤滥(10)。

【校释】

（1）敦者：敦厚之人。敦，厚重、笃实。《易·艮》："敦艮，吉。"孔颖达疏："敦，厚也……在上能用敦厚以自止，不陷非妄，宜其吉也。"程颐传："敦，笃实也。"

（2）非理：S.1920、S.3491均作"非理"，汪泛舟先生录文作"非礼"。据上句，当为"非理"，即不合乎道理。非，许慎《说文解字》："非，违也。"（二四五下）

（3）贱亦不听容止无则：即使地位低贱也不可听任容仪举止不合仪轨。容止，仪容举止。《左传·襄公三十一年》："周旋可则，容止可观。"则，规律；法则。《诗·大雅·烝民》："天生烝民，有物有则。"

（4）言不及语：S.1920、S.3491作"言不及语"，邓文宽先生作"言不及义"，汪泛舟、郑阿财等先生录文从之。盖从《论语》而改。《论语·卫灵公》："子曰：'群居终日，言不及义，好行小慧，难矣哉。'"

（5）君子不重则不威：君子不庄重则没有威严。重，庄重、稳重。语见《论语·学而》："君子不重则不威。"又《荀子·议兵》："徙举进退，欲安以重，欲疾以速。"

（6）不等山河：S.1920、S.3491均作"山等山河"，然学者均录文为"不等山河"，今依据汪泛舟、郑阿财录文。①

（7）辜：罪、罪过。《书·大禹谟》："与其杀不辜，宁失不经。"孔传："辜，罪也。"

（8）审劫根源：S.1920、S.3491作"审劫根源"，汪泛舟先生录文作"审劫根源"，并认为意思是审核取证案件的根源、始末材料。引《玉篇·力部》："劫，强取也"为证。郑阿财先生录文作"审劼根源"。今从疑。

（9）覆审：核查审问。覆，审察、查核。《周礼·考工记·弓人》："覆之而角至，谓之句弓。"郑玄注："覆，犹察也。"

（10）冤滥：指断狱冤枉失实。语见《后汉书·霍谞传》："谞与光骨肉，义有相隐，言其冤滥，未必可谅。"

【录文】

才行章第五十三

才过周、孔，恒言将短；智慧灼然⁽¹⁾，常卑下劣⁽²⁾。贵在从众，勿表独能；谦退于人，穷穷于己⁽³⁾。

【校释】

（1）智慧灼然：指智慧突出的人。灼然，明显貌。汉·徐干《中

---

① 汪泛舟先生认为："'山等山河'当作'不等山河'，山、不古文形式相似已混，为手抄误。"参见汪泛舟著《敦煌古代儿童课本》，甘肃人民出版社2000年版，第132页。

论·审大臣》："文王之识也，灼然若披云而见日，霍然若开雾而观天。"

（2）下劣：低劣、恶劣、卑劣。《百喻经·劫盗分财喻》："唯有鹿野钦婆罗色不纯好，以为下分，与最劣者。下劣者得之恚恨。"

（3）穹穷于己：自己显得高大突出。穹穷，也作"穹穹"，高而大貌。宋·杨万里《游蒲涧呈周师蔡漕张舶》诗："穹岩千仞欹欲裂，仰看飞泉泻云窟。"

【录文】

进行章第五十四

欲立身，先立人；欲达己，先达人⁽¹⁾。进人者，人还进之；立人者，人还立之。是以独高则危，单长必折⁽³⁾。

【校释】

（1）欲立身，先立人；欲达己，先达人：语见《论语·雍也》："己欲立而立人，己欲达而达人。"敦煌写卷《太公家教》："己欲求立，先立于人；己欲求达，先达于人。"

（2）进人：推荐、提拔别人。进，晋升、提拔。《史记·李斯列传》："二世曰：'何哉？夫高……以忠得进，以信守位，朕实贤之，而君疑之，何也？'"

（3）独高则危，单长必折：独自处高处就危险，单个生长的东西就容易折断。

【录文】

救行章第五十五

邻有惊急⁽¹⁾，寻声往奔；人遭厄难⁽²⁾，便须匍匐⁽³⁾。随流蒙救⁽⁴⁾，尚获延年；必若施功，宁有无报！

【校释】

（1）惊急：S.1920、S.3491均作"惊急"，"惊"通"警"。警急，危急。《六韬·绝道》："凡帅师之法，当先发远候，去敌二百里，审知敌人所在。地势不利，则以武冲为垒而前，又置两踵军于后，远者百里，近者五十里，即有警急，前后相救。"按：汪泛舟、郑阿财等先生均改录作"警急"。

（2）厄难：即指祸难。晋·袁宏《后汉纪·章帝纪上》："臣初与官属三十六人在疏勒更遭厄难，今已五岁矣。"

（3）匍匐：尽力。《诗·邶风·谷风》："凡民有丧，匍匐救之。"郑玄笺："匍匐，言尽力也。"

（4）随流蒙救：S.1920、S.3491均作"随流蒙救"。按：汪泛舟先生录文作"堕流蒙救"，郑阿财先生作"坠流蒙救"。见字书，得知"随"通"惰"，而"惰流"意不明。未见"隋"通"堕"或"坠"之例。不得真解，今存疑。

【录文】

济行章第五十六

救危扶厄，济养众生。若睹病患饥寒，啜续其命[1]。但以桒中之弊，尚致扶轮[2]；并粮之恩，须报泉路[3]。

【校释】

（1）啜续其命：意谓延续其生命。啜，通"缀"，连接、延续。

（2）桒中之弊，尚致扶轮：事见《左传·宣公二年》《吕氏春秋·报更》。桒，"桑"之俗字。桑中，桑树林里。《穆天子传》卷五："甲寅，天子作居范宫以观桑者，乃饮于桑中。"郭璞注："桑林之中。"扶轮，相传春秋时晋大夫赵盾猎于首山，见灵辄饿不能起，食之。后灵辄为晋灵公卫士。一日灵公邀赵盾饮，欲害之。赵盾知之，中饮而出。

灵公遣卫士追杀之。灵辄疾追先至，告宣子登车速走，并倒戈以御公徒，宣子因以得免。后以"扶轮"为怀恩报效之典。如，《北齐书·文襄帝纪》："待为国士者乃立漆身之节，馈以一餐者便致扶轮之効，况其重于此乎？"

（3）并粮之恩，须报泉路：指羊角哀、左伯桃事，事见《后汉书·申屠刚传》注引《列士传》。详见《古贤集》"伯桃并粮身受死"注释。

【录文】

畏行章第五十七

虽处幽冥，天佛知之；虽居暗昧[1]，神明察之。不可以幽冥[2]，改其操行；终日畏天惧地，无宜宽慢。

【校释】

（1）暗昧：隐晦不明。汉·王充《论衡·谢短》："上古久远，其事暗昧，故经不载而师不说也。"此处指隐晦不明之处。

（2）不可以幽冥：S.1920、S.3491于"幽"后衍出一"显"字。幽冥，幽僻、荒远。《汉书·贾捐之传》："快心幽冥之地，非所以救助饥馑，保全元元也。"

【录文】

惧行章第五十八

二亲年老，昏耄在堂[1]；明君年迈，扶衰治国；兄弟为笃[2]，昼夜临床。此之三者，何能不惧？若居荣宠，如履薄冰；位至公私[3]，如飘泛海[4]。

【校释】

（1）昏耄：衰老、老迈。汉·赵晔《吴越春秋·夫差传》："杀四方蓬蒿以立名于荆蛮，斯亦大夫之力。今大夫昏耄而不自安，生变起诈，怨恶而出。"

（2）笃：形容病势沉重。《史记·范雎蔡泽列传》："昭王强起应侯，应侯遂称病笃。"《旧唐书·列女传·樊彦琛魏氏》："彦琛病笃。"

（3）位至公私：S.1290、S.3491均作"位至公私"。汪泛舟先生认为"公私"指王公和家臣。郑阿财先生录文作"公卿"。今存疑。

（4）飘泛：S.1920、S.3491作"瓢讥"，"飘"通"漂"，"讥"为"泛"之俗写。

【录文】

断行章第五十九

妖言惑众，国之常害(1)；蛊毒厌魅(2)，是人所憎。必须止其二事，共修正法（以）绝(3)。劫盗生民(4)，世人所嫉(5)；蒲摊博戏(6)，二亲之忧。非直灭身破家，几许损于朝宪。如此之事，直须绝之。

【校释】

（1）害：写卷作"害"，为"害"之俗写。

（2）蛊毒厌魅：指用毒药杀人或用迷信方法伤害别人。蛊毒，谓用毒药杀人。《左传·昭公元年》"何谓蛊？"唐·孔颖达疏："以毒药药人，令人不自知者，今律谓之蛊毒。"厌魅，指用迷信方法祈祷鬼神以迷惑或伤害别人。《陈书·皇后传·后主张贵妃》："又好厌魅之术，假鬼道以惑后主。"

（3）共修正法（以）绝：各写卷均脱"以"字。今依前学者录文补，所补字用加"（）"示明。

（4）民：S.1920作" 民"，S.3491作"民"，当为避讳省写。

（5）世：S.1920作"让"。

（6）蒲摊：蒲摊，即"摊蒲"，古代博戏名。蒲，写卷S.1920作"捕"，S.3491作"蒲"。指，樗蒲，古代的一种博戏，后世亦指赌博。

《南史·萧坚传》："侯景围城，坚屯太阳门，终日蒲饮，不抚军政。"摊，即摊钱。唐·李匡义《资暇集》卷中："钱戏有每以四文为一列者，即史传所云意钱是也，俗谓之摊钱，亦曰摊铺。"宋·洪迈《容斋五笔·俗语有出》："今人意钱赌博，皆以四数之，谓之摊。案《广韵》'摊'字下云：'摊蒱，四数也。'……李济翁《资暇集》云：意钱当为摊铺，疾道之，讹其音为蒲。此说不然。"

【录文】

割行章第六十

情色（之）处[1]，无能为之；不改原火，盛风便加[2]，嫉妬因兹而起[3]。细寻斯事，幻化皆空；废寐思量，何曾有实？苦言重戒，必须割之。若也不依，岂成人子？

【校释】

（1）情色（之）处：S.1920、S.3491均作"情色处"，汪泛舟先生等根据句意录为"情色（之）处"。今从之。

（2）盛风：大风。

（3）嫉妬：S.1920作"嫉妬"，S.3491作"妬嫉"。"妬"通"妒"；"妬"同"妒"，为"妒"的异体字。泛指忌人之长。《荀子·仲尼》："处重擅权，则好专事而妒贤能。"

【录文】

舍行章第六十一

宁舍有罪，不滥无辜：枷杖定辞，披指取占[1]。人非木石，何以堪当？是以楚救于绝缨，乃置投躯之女[2]；秦舍群盗，后有没命之臣[3]。

【校释】

（1）披指取占：以披指之刑逼口供。披，劈开、裂开。汉·刘向《列女传·聂政姊》："（聂政）恐祸及姊，因自披其面，抉其目，自屠刎而死。"

（2）楚救于绝缨，乃置投躯之女：典出西汉·刘向《说苑》。绝缨，扯断结冠的带。据汉·刘向《说苑·复恩》载：楚庄王宴群臣，日暮酒酣，灯烛灭。有人引美人之衣。美人援绝其冠缨，以告王，命上火，欲得绝缨之人。王不从，令群臣尽绝缨而上火，尽欢而罢。后三年，晋与楚战，有楚将奋死赴敌，卒胜晋军。王问之，始知即前之绝缨者。后遂用作宽厚待人之典。三国·魏曹植《求自试表》："绝缨盗马之臣赦，楚赵以济其难。"

（3）秦舍群盗，后有没命之臣：典出西汉·刘向《说苑·复恩》：秦穆公外出，失其马，自往求之。见群盗已杀其马，正食马肉。穆公曰："是吾骏马也。"群盗皆惧而起立。穆公曰："吾闻食骏马肉而不饮酒者杀。"于是群盗饮酒惭愧而去。后二年，晋攻秦，穆公被围。群盗亦在其中，相谓曰："可以出死报食马得酒之恩矣。"遂溃围而出，穆公得救，并获晋惠公。

【录文】

盛行章第六十二

颜貌俨然[1]，望而畏之；容止进退，观而则之[2]。不可轻喜，无宜辄嗔。喜怒二情，能戏大志[3]。

【校释】

（1）颜貌俨然：容仪庄重。颜貌，写卷 S.1920、S.3491 作"颜皃"。指容仪、面貌。晋·葛洪《抱朴子·行品》："士有颜貌修丽，风表闲雅，望之溢目，接之适意，威仪如龙虎，盘旋成规矩，然心蔽神否，才无所堪。"又《文选·颜延之〈秋胡诗〉》"日落游子颜"唐·

吕向注:"每及岁暮,常凄惨烦忧,恐秋胡颜皃日就销落。"

（2）容止进退,观而则之:仪容举止进退,人看后就去效法他。容止,仪容举止。《左传·襄公三十一年》:"周旋可则,容止可观。"则,效法。

（3）能戏大志:能颠覆人的远大志向。戏,倾危。《集韵·支韵》:"戏,倾侧也。"

【录文】

嘿行章第六十三

言之甚易,收之甚难。丧国兴邦,皆由一诺。多言多失,不如嘿然[1]。失之毫厘,谬之千里[2]。

【校释】

（1）多言多失,不如嘿然:话说多了失误多,还不如默然不语。嘿然,沉默不言貌。嘿,同"默"。不说话、不出声。《晏子春秋·谏上十二》:"臣闻之,近臣嘿,远臣瘖,众口铄金。"又《韩非子·六反》:"人皆寐,则盲者不知;皆嘿,则喑者不知。"陈奇猷集释:"嘿,同'默'。"

（2）失之毫厘,谬之千里:细微的失误,可导致巨大的差错。语出《大戴礼记·保傅》:"《易》曰:'正其本,万物理。失之毫厘,差之千里。'故君子慎始也。"

【录文】

普行章第六十四

在官之体,断决无偏;在家之法,平如概揆[1]。莫生爱增[2],勿为彼此。偏厚不如薄遍,独好不如众丑[3]。

【校释】

（1）在家之法，平如概揆：S.1920、S.3491均作"桼"，同"概"。揆，亦作"楑"，义为度量、揣度。《诗·鄘风·定之方中》："揆之以日，作于楚室。"毛传："揆，度也。"意谓治家要像用概具刮量斗斛一样平均。概，量谷物时刮平斗斛的器具。《礼记·月令》："（仲春之月）角斗甬，正权概。"郑玄注："概，平斗斛者。"

（2）爱增：即爱憎。增，S.1920、S.3491均作"增"，"增"通"憎"。厌恶之义。《墨子·非命下》："我闻有夏人矫天命，于下帝式是增，用爽厥师。"按：汪泛舟、郑阿财先生录文均改作"憎"。

（3）偏厚不如薄遍，独好不如众丑：对某个人偏厚，不如大家平等；一个人好，不如大家同样好。丑，比并；相同。《孟子·公孙丑下》："今天下地丑德齐，莫能相尚，无他，好臣其所教，而不好臣其所受教。"杨伯峻注引《方言》："丑，同也，东齐曰丑。"按：汪泛舟先生解"丑"为"众"，认为"众丑"即"众众，众人，大家。"义难通。①

【录文】

遵行章第六十五

信凭佛法，敬神遵道，莫起慢心，勿生不信。五戒十善[(1)]，种果之因；祇奉神祇[(2)]，收福无量。

【校释】

（1）五戒十善：佛教所说的五种戒律（不杀生、不偷盗、不邪淫、不妄语、不饮食酒肉）和十种善行（不两舌、不恶口、不绮语、不贪欲、不瞋忿、不邪见、不杀生、不偷盗、不邪淫、不妄语）。

（2）神祇：天神地神。《史记·宋微子世家》："今殷民乃陋淫神祇

---

① 汪泛舟：《敦煌古代儿童课本》，甘肃人民出版社2000年版，第140页。

之祀。"裴骃集解引马融曰:"天曰神,地曰祇。"此处泛指神灵。

【录文】

赞行章第六十六

掩恶扬善,说是除非;称其美名,勿传微碎⁽¹⁾。慈乌反哺,汉相惭之⁽²⁾;君子贵言,身居不耻。但以成人之美,不成人之恶⁽³⁾。

【校释】

(1) 勿传微碎:不传闲言碎语。

(2) 慈乌反哺,汉相惭之:事出桓谭《新论》:汉宣帝时,公卿大夫朝会廷中,丞相语次言:"闻枭生子,子长,且食其母,乃能飞,宁然也?"时有贤者应曰:"但闻乌子反哺其母耳。"丞相大惭,自讳其言之非也。

(3) 成人之美,不成人之恶:《论语·颜渊》:"君子成人之美,不成人之恶。"刘宝楠正义:"君子不说人之过,成人之美,朝有过,夕改则与之,夕有过,朝改则与之。"

【录文】

扬行章第六十七

士无良朋,谁以显其德?人无良友,无以益其智⁽¹⁾;女无明镜,何以照其颜色⁽²⁾?是以良友能扬其德也⁽³⁾。

【校释】

(1) 智:S.1920作"智",S.3491作"知"。"知"为"智"之初文。

(2) 颜色:面容、面色。《礼记·玉藻》:"凡祭,容貌颜色,如见所祭者。"南朝·梁江淹《古离别》诗:"愿一见颜色,不异琼树枝。"

(3) 扬：S.1920作"杨"，S.3491作"扬"。"杨"与"扬"形似致误。

【录文】

毁行章第六十八

父母有疾，不得光悦其身，临食忘味，绝于梳洗⁽¹⁾。君有危难，弃好衣马，舍其音乐⁽²⁾。故云：食旨不甘，闻乐不乐⁽³⁾。择逊辞而言⁽⁴⁾，不得秽语⁽⁵⁾；细碎之句，不可妄申。是以口无择言，言满天下⁽⁶⁾；寡陈美报，有何口过？避家国之讳，直须慎之。小者见老，速而避之；轻人慎重⁽⁷⁾，便须让路；贱者见贵，驰骤而去。能存此行，终身何患？

【校释】

（1）梳洗：S.1920"梳"从"扌"。按：敦煌写卷中部首"木""扌"混用情况较多。

（2）舍：写卷均作"捨"，今写作"舍"。

（3）食旨不甘，闻乐不乐：语见《论语·阳货》："夫君子之居丧，食旨不甘，闻乐不乐，居处不安，故不为也。"

（4）择逊辞而言：S.1920、S.3491作"逊择辞而言"。似不同，今从汪泛舟、郑阿财先生录文。

（5）秽语：肮脏、下流之言。

（6）口无择言，言满天下：语出《孝经·卿大夫章》："口无择言，身无择行，言满天下无口过，行满天下无怨恶。"按：S.3491脱一"言"字。

（7）轻人慎重：S.1920作"轻人慎重"，"慎"右边似为"直"；S.3491作"轻大慎重"。汪泛舟、郑阿财先生均录作"轻人值重"，义难通。

【录文】

疑行章第六十九

立身之道，疑则问之。胜于己者，以托为友。至于察狱之罪，疑从断之为难[1]。出没二途，论情不易，是以偿疑为重[2]，罚疑为轻。

【校释】

（1）疑从断之为难：对疑案中的从犯断罪是比较困难的。疑从，汪泛舟先生认为是"疑案中的从犯"，今从之。

（2）偿：写卷均作"償"，当为"赏"。

【录文】

哀行章第七十

临丧助泣，盛进育养之情；殡穴睹圹，以加悲恩劬劳之念[1]。怀将十月，困辱三年[2]，伐喘倾心[3]，回干就湿，乳哺之恩，实难可报。父者，天也；母者，地也，欲报之恩，昊天罔极[4]。若不崩摧[5]，而乃何以亲之？

【校释】

（1）殡穴睹圹，以加悲恩劬劳之念：殡葬时看见圹穴，则更加产生悲思父母养育之恩。劬（qú）劳，劳累、劳苦。《诗·小雅·蓼莪》："哀哀父母，生我劬劳。"《后汉书·胡广传》："臣等窃以为广在尚书，劬劳日久。"

（2）困辱：S.1920、S.3491均作"困辱"。义难通。当为"因辱"，为"裀褥"之讹化。汪泛舟先生认为"因辱"为唐代"裀褥"之通用字。[①] 裀褥，婴儿铺用的垫子。

[①] 汪泛舟：《敦煌古代儿童课本》，甘肃人民出版社2000年版，第144页。

（3）伐喘：S.1920、S.3491作"伐喘"。按：汪泛舟、郑阿财先生录文为"发喘"。汪泛舟先生认为古代"伐"同"发"。非也。伐，诊疗、治疗。倾心，尽心、诚心诚意。《后汉书·皇后纪上·章德窦皇后》："后性敏给，倾心承接，称誉日闻。"本句意谓给孩子治疗喘病时父母会尽心尽力。

（4）昊天罔极：像广阔的天一样无边际。昊，大也。罔极，无穷尽。语出《诗·小雅·蓼莪》："父兮生我，母兮鞠我……欲报之德，昊天罔极。"朱熹集传："言父母之恩，如天无穷，不知所以为报也。"后因以"罔极"指父母恩德无穷。

（5）崩摧：意谓痛心悲伤。

【录文】

谋行章第七十一

贮财成祸，积物成怨。求之不与，交生患害(1)。若谍讥患孝(2)，间里心平；悋财悭惜(3)，亲旧相刑(4)。

【校释】

（1）求之不与，交生患害：S.1920作"求之不以与，交生患害。""以"右旁似有符号"▶"。S.3491作"求之不与，交生患害。"按：汪泛舟先生录文作"教生患容"，非也。

（2）谍讥：S.1920、S.3491、P.4937作"谍讥"，汪泛舟先生录文作"谍僟"。未知何意，今存疑。

（3）悋财悭惜：吝惜钱财。悋（lìn），同"吝"，爱惜、舍不得。汉·刘向《说苑·尊贤》："当此之时，诚使周公骄而且悋，则天下贤士至者寡矣。"

（4）亲旧相刑：亲朋旧友会相互比较，对照。相刑，即"相形"。意谓相互比较。马王堆汉墓帛书甲本《老子·道经》："长、短之相刑也。"通行本作"相形"。

【录文】

识行章第七十二

　　察言观色，审其善恶，择朋而交，非人莫往。贤愚等貌，非知无以成真；骥驽齐形[1]，不驾宁知其骏？若相成者[2]，数陈逆耳之言；相败者，偏事浮华之语也[3]。

【校释】

　　（1）骥驽齐形：S.1920、S.3491作"骥驽二情"，P.4937作"骥驽齐形"。今从之。意谓千里马和驽马站在一起。

　　（2）相：当为"想"。

　　（3）浮华之语：浮华，P.4937作"浮 花 "，S.1920、S.3491作"浮 莘 "，" 莘 "当为"华"之误。指奉承之言。

【录文】

知行章第七十三

　　温故知新，可以师矣[1]。若不广学，安能知也？未游远边，宁知四海之宽？不涉丘门[2]，岂知孝者为重乎？

【校释】

　　（1）温故知新，可以师矣：语见《论语·为政》："温故而知新，可以为师矣。"

　　（2）丘门：即孔门。《列子·仲尼》："乃反丘门，弦歌诵书，终身不辍。"丘门、孔门均指儒家之学。

【录文】

克行章第七十四⁽¹⁾

克己修身⁽²⁾，事之大用；行恩布德，天下归焉。若居首法⁽³⁾，不可亏移；领率乡间，唯须整肃。

【校释】

（1）克：各写卷作"尅"。
（2）克己修身：各写卷均脱"克"字，今据前辈学者录文补。
（3）若居首法：P.4937、北图卷作"若居首法"；S.1920、S.3491作"若居贵法"。未知何意，今存疑。

【录文】

诚行章第七十五

执当加心⁽¹⁾，役民以理。浮华之计，不及拙朴。巧妙之端，而不如成功显效。是以朝花之草，夕则零落⁽²⁾；松柏之茂，经冬不变⁽³⁾。卑恭下人，自益于己，人皆敬之；欺慢于人，自损于己，无损于人，人皆害之。若轻相持，下能凌上，岂不耻乎？

【校释】

（1）执当加心：拘捕人时应当格外用心。
（2）零落：凋谢。《楚辞·离骚》："惟草木之零落兮，恐美人之迟暮。"王逸注："零、落，皆堕也。草曰零，木曰落。"
（3）经冬不变：S.1920、S.3491、P.4937作"经冬不变"，北图卷作"经冬不衰"。

【录文】

弃行章第七十六

夫妇之义,人伦所先。好则同荣,恶则同耻[1]。不得观其花蕊[2],便生爱重之心;一旦衰零,方怀弃背之意。若犯七出之状者[3],不用此章。

【校释】

(1) 恶则同耻:S.1920、P.4937作"恶则同耻",汪泛舟、郑阿财先生录文作"恶则同辱"。

(2) 花蕊:S.1920、P.4937作"花蕊";北图卷作"花萼"。

(3) 七出:古代社会丈夫遗弃妻子的七种条款。《仪礼·丧服》"出妻之子为母"条:唐·贾公彦疏:"七出者:无子,一也;淫佚,二也;不事舅姑,三也;口舌,四也;盗窃,五也;妒忌,六也;恶疾,七也。"

【录文】

护行章第七十七

山泽不可非时焚烧,树木不可非理斫伐。若非时放火,煞害苍生[1];伐树理乖,绝其产业。有罪即能改,人谁无过[2]?过而不改,必斯成矣[3]。故云:颜回有改,孔子如其仁也[4]。从旦已来[5],何言不是[6]?何行不周?夜则寻思,昼则循改[7]。故云:吾日三省吾身[8]。谓思察己之所行难。居家理治,禁约为先;妇女小儿,勿听多语。乡间邻里[9],淡以交游;朋友往还,无劳亲昵。比邻借取,有则与之;回前作后,谁无短缺[10]?此能相济,彼亦无惭[11];有而不与,致招怨患。

【校释】

(1) 煞害苍生:S.1920作"烧煞苍生";P.4937作"煞害苍生",

今从之。

（2）有罪即能改，人谁无过：语出《左传·成公二年》："（士季）稽首而对曰：'人谁无过？过而能改，善莫大焉。'"

（3）必斯成矣：S.1920作"怱斯成矣"。各位学者录文均作"必斯成矣"。今检"怱"，未得结果。暂存疑。

（4）颜回有改，孔子如其仁也：典出《列子·仲尼篇》：孔子闲居，颜回援琴而歌；孔子教诲其要"乐天知命而忧"，颜回"亦得之矣"。如，犹乃、是。《论语·宪问》："桓公九合诸侯，不以兵车，管仲之力也。如其仁，如其仁。"

（5）已：通"以"。

（6）何言不是：S.1920、P.4937均脱此句。

（7）夜则寻思，昼则循改：写卷P.4937作"夜则寻常思念，昼则时慎"；S.1920作"夜则寻思，昼则循改。"今从之。汪本、郑本均作"昼则修改"。①

（8）吾日三省吾身：语见《论语·学而》："曾子曰：'吾日三省吾身：为人谋而不忠乎？与朋友交而不信乎？传不习乎？'"

（9）乡间邻里：谓乡邻之间。S.1920于"邻"与"里"之间衍出"回前作后谁"五字。

（10）短缺：S.1920作"断阙"，古汉语中"阙""缺"通用。

（11）惭：S.1920作"慙"，"慙"，"惭"之异体也。

【录文】

速行章第七十八

去就进退，俯仰敬从⁽¹⁾；应接随机⁽²⁾，无容赊缓。至于使往东西，

---

① 参见汪泛舟编著《敦煌古代儿童课本》，甘肃人民出版社2000年版，第149页；郑阿财、朱凤玉《敦煌蒙书研究》，甘肃教育出版社2002年版，第340页。

不及人马，依期而赴，勿使父母有忧⁽²⁾。

【校释】

（1）俯仰：即俯仰。S.1920作"府仰"，"府"通"俯"。《荀子·非相》："府然若渠匽檃栝之于己也。"杨倞注："府，与俯同，就物之貌。"

（2）机：S.1920"机"似从"扌"，不从"木"。

（3）有：S.1920、P.3053作"有"，北图卷作"致"。今从前者。

【录文】

疾行章第七十九⁽¹⁾

借取时还，贷物早偿⁽²⁾。此虽小事，廉耻之本⁽³⁾。若值天灾危厄，百姓无端，又蒙赈恤者⁽⁴⁾，不拘此限。

【校释】

（1）疾行章：S.1920、P.3053作"病行章"，北图卷作"疾行章"。今从后者。

（2）贷物早偿：贷，写卷S.1920作"貸"。意谓借了别人东西应早偿还。

（3）廉耻：S.1920、P.3053作"嫌耻"；北图卷作"兼耻"。汪泛舟先生认为唐初"兼""嫌""廉"三字混用。①

（4）赈恤：S.1920、P.3053作"赈恤"，北图卷作"赈给"。今从前者。赈恤，以钱物救济贫苦或受灾的人。《后汉书·郎𫖮传》："立春以来，未见朝廷赏录有功，表显有德，存问孤寡，赈恤贫弱。"

---

① 参见汪泛舟编著《敦煌古代儿童课本》，甘肃人民出版社2000年版，第151页。

【录文】

存行章第八十

若居高位，须存恋旧之情⁽¹⁾；率领乡间，莫缺尊卑之礼⁽²⁾。衙厅府县⁽³⁾，不用此条。宴席私情，先人后己。

【校释】

（1）情：心思。S.1920、P.3053 作"情"，北图卷作"心"。今从前者。

（2）莫缺尊卑之礼：S.1920 作"莫𣁋尊昪之礼"。今从郑阿财先生录文。

（3）衙厅府县：S.1920、P.3053 均作"衙听府县"。听，同"厅"，厅堂。南朝·宋刘义庆《世说新语·黜免》："大司马府听前有一老槐，甚扶疏。"

【录文】

德行章第八十一

贫不改操，揖让如常⁽¹⁾。退职失宠，犹须恭肃。士之常也，不以荣辱而易其心⁽²⁾；仁之礼也，不以盛衰而亏其志⁽³⁾。

【校释】

（1）贫不改操，揖让如常：处于贫困时不改变自己的操守，对待宾客的礼仪同平常一样。

（2）易其心：改变其想法。

（3）亏其志：挫伤自己的志气。亏，毁坏、损伤。《诗·鲁颂·閟宫》："不亏不崩，不震不腾。"郑玄笺："亏、崩皆谓毁坏也。"

【录文】

留行章第八十二

陈救勇急⁽¹⁾,典记留名;去就改修⁽²⁾,持荣千载;仁慈愍念⁽³⁾,善自称传;赞扬守志,可为君子。

【校释】

(1) 陈救勇急:在阵前勇敢地解救危急。陈,"阵"之初文,后来写作"阵"。
(2) 去就改修:是否在官,都要改过、修身。
(3) 仁慈愍念:要有仁慈、怜悯之心。愍,同"悯",怜悯。

【录文】

守行章第八十三

守者,贫则守慎,勿共滥人同荣;穷居须不亏守志⁽¹⁾,莫与弊友交游。贵不亏其容,便则不改其操⁽²⁾。湛然自守,可谓至矣。

【校释】

(1) 穷居须不亏守志:S.1920作"居穷须不亏守志","居"右旁似有符号"⊦"。
(2) 便:汪泛舟先生认为"便"通"偏",与"上"相对。今检无果,暂存疑。

【录文】

劝行章第八十四

教人为善,莫听长恶⁽¹⁾;劝念修身,勿行非法。但以心居奸盗,罗网及之$^{(2)}$；凶横相陵$^{(3)}$，刑狱交重。非直身加苦痛$^{(4)}$，几许损族亏名$^{(5)}$。

【校释】

（1）莫听长恶：不要听任别人助长其恶行。写卷 S.1920 作"莫德长恶"，盖"德""聽"形似而误。

（2）罗网及之：指法律加至其身。罗网，即法网。

（3）凶横相陵：凶横之事相互侵扰。陵，通"凌"，侵犯、欺压。

（4）非直身加苦痛：不只是自己身受痛苦。非直，不仅仅、不只是。直，只是。《孟子·梁惠王上》："（梁惠王）曰：'不可，直不百步耳，是亦走也。'"

（5）几许损族亏名：多么损坏家族的名声。几许，多么、何等。《北齐书·高元海传》："尔（高元海）在邺城说我以弟反兄，几许不义！邺城兵马抗并州，几许无智！"

太公家教

【题解】

《太公家教》是唐代重要的训蒙文献，敦煌写本《太公家教》是现存最早的格言谚语类家训蒙书，普遍流行于民间。敦煌遗书中现存42件之多，写卷存于法国、英国、中国、日本等地。这些写卷是：P.2553、P.2564、P.2600、P.2738、P.2774、P.2825、P.2891、P.2937、P.3069、P.3104、P.3248、P.3430、P.3569、P.3599、P.3623、P.3764、P.3797、P.3894、P.4085、P.4588、P.4880、P.4995；S.479、S.1163、S.1291、S.1401、S.3835、S.4901、S.4920、S.5655、S.5729、S.5773、S.6173、S.6183、S.6243、S.10847、北平乃字27、《鸣沙石室佚书》、《贞松堂西陲秘籍丛残》、日本宁乐美术馆藏、日本有邻馆藏及大谷文书3507残片。

《太公家教》的研究者发端于王国维先生，其后研究者甚多，具体情况可参郑阿财、朱凤玉先生《敦煌蒙书研究》[1]。今以郑阿财、朱凤玉《敦煌蒙书研究》中录文为底本，参照P.2564、P.2825及各家研究成果进行注释。

【录文】

太公家教

余乃生逢乱代，长值危时，亡乡失土，波迸流离[1]，只欲隐山学

---

[1] 郑阿财、朱凤玉：《敦煌蒙书研究》，甘肃教育出版社2002年版，第440—442页。

道，不能忍冻受饥；只欲扬名后世，复无晏婴之机⁽²⁾；才轻德薄，不堪人师；徒消人食，浪费人衣；随缘信业⁽³⁾，且逐时之宜，辄以讨论坟典⁽⁴⁾，简择诗书，依经傍史⁽⁵⁾，约礼时宜⁽⁶⁾，为书一卷，助诱童儿，流传万代，幸愿思之。

【校释】

（1）波迸：波动、动荡，不稳定。犹言今之"颠沛"。《诗经·大雅·荡》："颠沛之揭，枝叶未有害，本实先拨。"《传》："颠，仆；沛，拔也。"《论语·里仁》："君子无终食之间违仁，造次必于是，颠沛必于是。"流离：流转离散，失掉了安身的地方。波迸流离：为隋唐习语，形容人事困顿、社会顿乱。①

（2）晏婴之机：晏婴那样的机会。晏婴（前？—前500），春秋时齐国夷维人。字平仲（一说谥号为平仲）。相齐景公，以节俭力行，名显诸侯。《史记》有传。相传撰有《晏子春秋》，所述皆晏婴遗事。据学者研究，此书当为后人辑录而成。

（3）随缘信业：佛教术语。信业：信仰之事业。敦煌蒙书《古贤集》："范雎折肋人疑死，随缘信业相于秦。"又作"信业随缘。"《伍子胥变文》："悲歌以了，更复前行，信业随缘，至于颍水。"

（4）坟典：三坟、五典的简称，后为古书的通称。《后汉书》八十下《赵壹传》："以贵下贱，握发垂接，高可敷翫坟典，起发圣意，下则抗论当世，消弭时灾。"

（5）依经傍史：依据经史。依、傍，根据、依据、依赖。

（6）约礼时宜：用符合时代的礼来约束。约礼，用礼仪约束自己。《论语·雍也》："君子博学于文，约之以礼。"时宜，当时的需要或当时风俗、习惯认为合宜的。《汉书·食货志》："动欲慕古，不度时宜。"

【录文】

经论曲直⁽¹⁾，《书》论上下⁽²⁾，《易》辩刚柔⁽³⁾，《诗》分风雅⁽⁴⁾。

---

① 汪泛舟先生认为"波迸流离"是隋唐习语，《北史·隋房陵王勇传》："恋土怀旧之本情，波迸流离，盖不护已。"见汪泛舟《〈太公家教〉考》，《敦煌研究》1986年第1期。

礼乐兴行，信义成著⁽⁵⁾，仁道立焉。礼尚往来⁽⁶⁾，尊卑高下⁽⁷⁾。得人一牛，还人一马。往而不来，非成礼也，来而不往，亦非礼也⁽⁸⁾；知恩报恩，风流儒雅⁽⁹⁾，有恩不报，岂成人也⁽¹⁰⁾。

【校释】

（1）经论曲直：儒家经典讨论是非曲直。经，儒家经典。论，议论，分析和说明事理。

（2）《书》论上下：P.2564 此句下衍出"得人一牛"，显然系抄写之误。《书》，即《尚书》。上，指天。下，指民。《尚书》体现出"敬天保民"思想，所以这里说"论上下"。

（3）《易》辩刚柔：P.2564 作"易别刚柔"。汪本作"易辨阴阳"。《周易》分辨阴阳刚柔。"辩"通"辨"。

（4）《诗》分风雅：P.2564 此处为"风流儒雅"，当为抄写所致衍文。汪本作"诗分儒雅"。《诗经》分为风、雅、颂。

（5）礼乐兴行，信义成著：礼乐盛行，信义显著。儒家认为礼乐盛行，信义显著，人道才能确立。

（6）礼尚往来：P.2564 作"礼上往来"。古代汉语中"上"与"尚"通用。在礼节上注重有来有往。《礼记·曲礼上》："太上贵德，其次务施报，礼尚往来，往而不来非礼也。"

（7）尊卑高下：有尊卑高低之分别。

（8）往而不来，非成礼也，来而不往，亦非礼也：汪本中无"来而不往，亦非礼也。"① 典出《礼记》。《礼记·曲礼上》："礼尚往来，往而不来非礼也，来而不往亦非礼也。人有礼则安，无礼则危，故曰：礼者不可不学也。夫礼者，自卑而尊人，虽负贩者必有专也，而况富贵乎？"

（9）风流儒雅：指人文雅洒脱，学识渊博。古人认为知恩报恩，才算风流儒雅贤者。风流，有文采且不拘礼法。儒雅，学识深湛，气度不凡。唐·卢照邻《五悲·悲才难》："杳之为人也，风流儒雅，为一

---

① 汪泛舟先生录文至于"非成礼也"，无后句"来而不往，亦非礼也。"参见汪泛舟编著《敦煌古代儿童课本》，甘肃人民出版社 2000 年版，第 177 页。

代之和到此为止；昂之为人也，文章卓荦，为四海之随珠。"

（10）成人：这里指完美无缺的人。非今之"成人"。

【录文】

事君尽忠，事父尽孝[1]。礼闻来学，不闻往教[2]。舍父事师，必望功效[3]。先慎口言，却整容貌[4]。善事须贪，恶事莫乐[5]。直实在心，莫生诈巧[6]。

【校释】

（1）事君尽忠，事父尽孝：侍奉君王要进忠心，侍奉父亲要尽孝心。《孝经·广扬名章》："君子之事亲孝，故忠可移于君。"

（2）礼闻来学，不闻往教：只听说礼用来学习，没听说过礼用来教人。《礼记·曲礼上》："礼闻取于人，不闻取人，礼闻来学，不闻往教"。

（3）必望功效：一定希望获得功效。

（4）先慎口言，却整容貌：汪本作"慎其言语，整其容貌。"先在言语上慎重，再端正容貌。《礼记·冠义》："礼仪之始，在于正容体，齐颜色，顺辞令。"儒家认为一个有良好修养的人，一定是体态端整、服饰整洁、表情庄重、言语得体。这既是他个人内在修养的流露，也是尊重他人的表现。

（5）善事须贪，恶事莫乐：喜欢做善事，不喜欢做恶事。

（6）直实在心，莫生诈巧：P.2564、P.3599作"直实在心，勿行欺巧。"其他卷多作"莫作诈巧""勿生欺诳"。意谓心地真实，不要生欺诈之心。

【录文】

孝子事亲，晨省暮参[1]；知饥知渴，知暖知寒[2]；忧则同戚，乐则同欢[3]。父母有疾，甘美不餐[4]；食无求饱，居无求安[5]。闻乐不乐，闻喜不看[6]；不修身体，不整衣冠；父母疾愈，整亦不难。

【校释】

（1）晨省：早上探望、问候。暮参：P.2564作"孝子事父，晨省暮参"。汪本作"孝心事父，晨省暮看。"① 此二句典出《礼记·曲礼上》："凡为人子之礼，冬温夏清，昏定而晨省。"

（2）知：了解。

（3）戚：忧愁、悲哀。P.2564等卷子作"忧则同戚，乐则同欢。"汪本作"忧时同戚，乐时同欢。"

（4）父母有疾，甘美不餐：儒家认为父母有病，孩子感同身受，甘美食物也吃不下。《礼记·曲礼》："父母有疾，冠者不栉，行不翔，言不惰，琴瑟不御，食肉不至变味，饮酒不至变貌，笑不引矧，怒不言詈，疾止复故。"《东观汉记》记载："汝郁，字叔异，年五岁，母被疾不能饭食。郁常抱持啼，不肯饮食。母怜之，强为餐饭，欺言已愈。郁察母颜色不平，辄复不食。"

（5）食无求饱，居无求安：语出《论语·学而篇》："子曰：'君子食无求饱，居无求安。'"

（6）闻乐不乐，闻喜不看：喜乐不闻不看。按：郑本认为，"父母有疾，甘美不餐，……闻乐不乐，闻戏不看。"由《论语·阳货篇》与《孝经·丧亲章》化用而来。《论语·阳货篇》："子曰：'……夫君子之居丧，食旨不甘，闻乐不乐，居处不安，故不为也。今女安，则为之！'"《孝经·丧亲章》："子曰：'孝子之丧亲也，哭不哀，礼无容，言不文，服美不安，闻乐不乐，食旨不甘，此哀戚之情也。'"②

【录文】

弟子事师，敬同于父⁽¹⁾；习其道术⁽²⁾，学其言语；有疑则问，有教则受；黄金白银，乍可相与⁽³⁾；好言善述，莫漫出口⁽⁴⁾。忠臣无境外之交，弟子有束脩之好⁽⁵⁾。一日为君，终日为主；一日为师，终生为父。

【校释】

（1）弟子事师，敬同于父：弟子侍奉老师，要同尊敬父亲那样尊敬他。《汉书·孔光传》："太后诏书，国之将兴，尊师重傅。"

---

① 汪泛舟：《敦煌古代儿童课本》，甘肃人民出版社2000年版，第179页。
② 郑阿财、朱凤玉：《敦煌蒙书研究》，甘肃教育出版社2002年版，第361页。

（2）道术：道理方法。《广雅》："术，道也。"

（3）乍可相与：只可相互交往。汪本"黄金白银，乍可相与"前有"凤凰爱其羽毛，贤者惜其言语"两句。待考。乍可，只可。隋唐习语。"乍可"一词可见《高适诗》："乍可狂歌草泽中，宁堪作吏风尘下。"又唐·元稹《虫豸诗·浮尘子》之二："乍可巢蚊睫，胡为附蟒鳞。"相与，相交往。《史记·淮阴侯列传》："此二人相与，天下至欢也，然而卒相禽者①，何也？"

（4）莫漫出口：指不要随便说。漫，不受约束，随便。

（5）忠臣无境外之交，弟子有束脩之好：P.2564 此二句中脱"忠"字。根据句子的对仗特点，当作"忠臣"。此二句意谓忠臣不与国境之外的人交往，弟子应该有好学之德。束脩，本指十条干肉，旧时常用作馈赠的一般性礼物。《礼记·少仪》："其以乘壶酒、束脩、一犬赐人。"郑玄注："束脩，十脡脯也。"后来也指学生古代入学敬师的礼物。按：此二句典出《礼记》《论语》。《礼记·檀弓上》："县子曰：'古之大夫，束脩之问不出竟②，虽欲哭之，安得而哭之？'"《论语·述而》："子曰：'自行束脩以上，吾未尝无悔焉。'"邢昺疏："束脩，礼之薄者。"

【录文】

教子之法，常令自慎⁽¹⁾；勿得随宜⁽²⁾，言不可失，行不可亏。他篱莫驀⁽³⁾，他户莫窥⁽⁴⁾；他嫌莫道⁽⁵⁾，他事莫知；他贫莫笑，他病莫欺；他财莫愿，他色莫思；他强莫触，他弱莫欺；他弓莫挽，他马勿骑；弓折马死，偿他无疑⁽⁶⁾。

【校释】

（1）自慎：自己小心谨慎。

（2）勿得随宜：汪泛舟先生录文无此句。

（3）驀：超越，跨越。唐·李贺《送沈亚之歌》："雄光宝矿献春

---

① 禽，同"擒"，后来写作"擒"。
② 竟，同"境"，后来写作"境"。

卿，烟底蒟波乘一叶。"

（4）他户莫窥：别人的门内别偷看。窥：偷看。

（5）他嫌莫道：别去说对别人有嫌疑的话。

（6）偿他无疑：赔偿别人，不要迟疑。

【录文】

财能害己，必须远之[1]；酒能败身，必须戒之；色能致乱，必须弃之[2]；忿能积恶[3]，必须忍之；心能造恶，必须裁之[4]；口能招祸，必须慎之[5]。见人善事，必须赞之；见人恶事，必须掩之[6]。邻有灾难，必须救之[7]；见人斗打，必须谏之；见人不是，必须语之；美言善述[8]，必须学之；意欲去处，必须审之；不如己者，必须教之；非是时流，必须弃之[9]。恶人欲染，必须避之[10]。罗网之鸟，悔不高飞[11]；吞钩之鱼，恨不忍饥[12]；人生误计，恨不三思[13]；祸将及己，恨不慎之。

【校释】

（1）远之：P.2564等写卷作"远之"。汪本作"畏之"，"才能害己，必须畏之"不通，当为"远之"。

（2）色能致乱，必须弃之：汪本作"必须远之。"意谓美色能使人迷乱，必须抛弃她。古人认为财、酒、色为三害，人们应当远离它们。唐初杜正伦《百行章》："财能害己，何假苦哉；酒能败身，不牢多饮；色能尽命，特须割之。"

（3）忿：愤怒。

（4）心能造恶，必须裁之：汪本作"心能生恶"。裁，本义为裁制、裁剪。此处引申为消除、解除。《国语·鲁语下》："夫民劳则思，思则善心生；逸则淫，淫则忘善，忘善则恶心生。"

（5）口能招祸，必须慎之：说话不谨慎就容易招来灾祸，因此一定要慎言。晋·傅玄《口铭》："病从口入，祸从口出。"司马迁《报任安书》："仆以口语遇此祸。"

（6）见人善事，必须赞之；见人恶事，必须掩之：掩，掩藏。《礼记·中庸》："舜好问而好察迩言，隐恶而扬善。"《王梵志诗》亦云：

"见恶须掩藏,知贤须赞扬。"

(7)邻有灾难,必须救之:语出《诗经》。《诗经·古风》:"凡民有丧,匍匐救之。"

(8)美言善述:P. 2564作"好言",且脱"善"字。

(9)非是时流,必须弃之:P. 2564作"非时是流,必须避之"。

(10)恶人欲染,必须避之:P. 2564脱此句。

(11)罗网之鸟,悔不高飞:此句一"高飞"喻人要有远见。敦煌写卷《韩鹏赋》:"鸟自高飞,罗当奈何?"又《王梵志诗》:"高飞能去网,岂得值低罗。"

(12)吞钩之鱼,恨不忍饥:鱼儿吞钩被捕,悔恨它不能忍饥。

(13)人生误计,恨不三思:"三思":语出《论语·公冶长》:"季文子三思而后行。"

【录文】

其父出行,子须从后;路逢尊者,齐脚敛手(1);尊者赐酒,必须拜受;尊者赐肉,骨不与狗;尊者赐果,怀核在手;勿得弃之,违礼大丑(2)。对客之前,不得叱狗;对食之前,不得唾地,亦不得漱口(3)。忆而莫忘,终身无咎(4)。

【校释】

(1)"路逢尊者,齐脚敛手"典出《礼记·曲礼上》。原话为:"遭先生于道,趋而进,正立拱手。"

(2)尊者赐酒……违礼大丑:此八句典出《礼记·曲礼》,有增删改易。《礼记·曲礼上》:"侍食于长者,主人亲馈,则拜而食。""毋反鱼肉,亦毋投骨于狗。"又云:"侍饮于长者,酒进则起,拜受于尊所。""长者赐,少者贱者不敢辞。赐果于君前,其有核者,怀其核。"按:汪泛舟先生录文中,于"尊者赐酒"六句前有"尊人之前,不得唾地。"今据P. 2564及郑阿财先生录文改。

(3)对客之前……亦不得漱口:语出《礼记·曲礼上》:"尊客之前不叱狗,让食不唾。"敦煌写卷《百行章》:"人前莫听涕唾,同食勿先漱口。"

（4）终身无咎：终身不会有过失。咎：罪过、过失。《诗·小雅·北山》："或湛乐饮酒，或惨惨畏咎。"郑玄笺："咎，犹罪过也。"《后汉书·钟离意传》："汤引六事，咎在一人。"

【录文】

立身之本，义让为先⁽¹⁾。贱莫与交，贵莫与亲。他奴莫与语，他婢莫与言⁽²⁾。商贩之家，慎莫为婚⁽³⁾；市道接利，莫与为邻⁽⁴⁾。敬上爱下，泛爱尊贤，孤儿寡妇，特可矜怜⁽⁵⁾。乃可无官，不得失婚⁽⁶⁾；身须择行，口须择言⁽⁷⁾；共恶人同会，祸必及身。

【校释】

（1）义让：仁义、礼让。《左传》："上之使民以义让哀乐为本，言不可力强。"

（2）他奴莫与语，他婢莫与言：不要与别人家的奴仆言语交谈。语，告诉。

（3）商贩之家，慎莫为婚：对商贩之家，要谨慎，不要与其缔结婚姻。P. 2564 作"生人之家，莫与为昏。"

（4）市道接利，莫与为邻：市场交易之道，重利轻义，不要与之为邻。市道，谓商贾逐利之道。《史记·廉颇蔺相如列传》："夫天下以市道交，君有势，我则从君；君无势，则去，此固其理也。"颜之推《颜氏家训》："市道之人，挣一钱之利。"

（5）特可矜怜：尤其要特别同情。矜，怜悯；同情。《书·泰誓上》："天矜于民。"孔传："矜，怜也。"《论语·子张》："嘉善而矜不能。"《魏书·序纪·穆帝》："帝以琨（刘琨）忠义，矜而许之。"

（6）乃可无官，不得失婚：宁可不要做官，但不能失去婚配。乃可，宁可、宁使。《敦煌变文集·丑女缘起》："将来今日目前，见这个弱事，乃可不要富贵，亦不藉你官职。"《礼记》："天地不合，万物不生，大昏万世之嗣也。"

（7）身须择行，口须择言：意谓人在行为上做应该做的，言语上说该说的。《孝经·卿大夫》："是故非法不言，非道不行，口无择言，身无择行。言满天下，无口过，行满天下，无怨恶。"

【录文】

养子之法，莫听诳语^(1)；育女之法，莫听离母^(2)。男年长大，莫听好酒；女年长大，莫听游走。丈夫好酒，揎拳捋肘^(3)；行不择地，言不择口；触突尊卑，斗乱朋友^(4)。女人游走，逞其姿首^(5)；男女杂合，风声大丑，惭耻宗亲，损辱门户。

【校释】

（1）莫听诳语：P.2564 作"莫听诳语"。汪本作"莫听诳言"。听，听凭，任凭。《庄子·徐无鬼》："郢人垩慢其鼻端，若蝇翼，使匠石斲之，匠石运斤成风，听而斲之，尽垩而鼻不伤，郢人立不失容。"又汉·桓宽《盐铁论·疾贪》："政教闇而不著，百姓颠蹶而不扶，犹赤子临井焉，听其入也。"诳，惑乱；欺骗。《礼记·曲礼上》："幼子常视毋诳。"郑玄注："小未有所知，常示以正物，以正教之，无诳欺。"《国语·周语下》："夫天道导可而省否，苌叔反是，以诳刘子，必有三殃。"又唐·柳宗元《天对》："巧欺淫诳，幽阳以别。"

（2）莫听离母：不要听任她离开母亲。

（3）丈夫好酒，揎拳捋肘：男人好酒，就会伸拳伸肘失态。丈夫，指成年男子。《广雅疏证》："男子谓之丈夫，女子谓之妇人。"《谷梁传·文公十二年》："男子二十而冠，冠而列丈夫。"又《管子·地数》："凡食盐之数，一月：丈夫五升少半，妇人三升少半，婴儿二升少半。"揎拳捋肘，亦作"揎拳捋袖"，意为捋起袖子露出胳膊。捋，用手握物向一端滑动。《水浒传》第二六回："武松捋起双袖，握着尖刀。"

（4）触突尊卑，斗乱朋友：触犯尊者、卑者，和朋友打斗。触突：触犯。

（5）逞其姿首：卖弄其姿首（美好的姿态、容貌）。逞，显示、夸耀。《庄子·山木》："此筋骨非有加急而不柔也，处势不便，未足以逞其能也。"

【录文】

妇人送客，不出闺庭；所有言语，下气低声。出行逐伴，隐影藏形⁽¹⁾；门前有客，莫出闻听⁽²⁾。一行有失，百行俱倾⁽³⁾。能依此礼，无事不精。

【校释】

（1）隐影藏形：将形影隐藏起来。

（2）门前有客，莫出闻听：门前有客人，不要走出闺门闻听。《大戴礼记》："（妇人）不出闺门，使在馈食之间而已矣。"

（3）一行有失，百行俱倾：一方面品行有失，则多方面品行都会受到损害。《女论语·守节》第十二："一行有时，百行无成。"敦煌写卷《百行章》云："一朝失行，积代亏名。"

【录文】

新妇事君，敬同于父；音声莫听，形影不觌⁽¹⁾；夫之父兄，不得对语。孝养翁家⁽²⁾，敬事夫主⁽³⁾；亲爱尊卑，教示男女。行则缓步，言必细语；勤事女功⁽⁴⁾，莫学歌舞；少为人子，长为人母；出则敛容，动则庠序⁽⁵⁾；谨慎口言，终身无苦。希见今时，贫家养女：不解丝麻，不闲针缕⁽⁶⁾；贪食不作，好喜游走。女年长大，聘为人妇⁽⁷⁾；不敬翁家，不畏夫主；大人使命，说辛道苦⁽⁸⁾；夫骂一言，反应十句。损辱兄弟，连累父母；本不是人，状同猪狗。

【校释】

（1）觌：同"睹"。觌，看见、察看。《易·干》："圣人作而万物觌。"《史记·赵世家》："愚者闇成事，智者觌未形。"

（2）孝养翁家：孝顺奉养公婆。翁家，翁姑、公婆。

（3）夫主：丈夫。古时以丈夫为家主，故称夫主。《后汉书·列女传·班昭》："正色端操，以事夫主。"《敦煌变文集·丑女缘起》："夫主入来无喜色，亲罗未看见殷懃。"

（4）勤事女功：旧谓妇女从事的纺织、刺绣、缝纫等。《周礼·地官·鄟长》："趣其耕耨，稽其女功。"郑玄注："女功，丝枲之事。"《史记·货殖列传》："于是太公劝其女功，极技巧，通鱼盐。"唐·于鹄《寄卢俨员外秋衣词》："缝制虽女功，尺度手自持。"又作"女工"。

如《淮南子·齐俗训》："锦绣纂组，害女工者也。"

（5）出则敛容，动则庠序：敛容，容貌端庄貌。唐·白居易《琵琶行》："沉吟放拨插弦中，整顿衣裳起敛容。"庠序，安详肃穆。庠，通"详"，安详。蒋礼鸿《敦煌变文字义通释·释容体》："庠序，举动安详肃穆的意思。"《后汉书·左雄传》："九卿位亚三事，班在大臣，行有佩玉之节，动有庠序之仪。"唐·玄奘《大唐西域记·战主国》："僧徒肃穆，众仪庠序。"《敦煌变文集·维摩诘经讲经文》："纤手举而淡泞风光，玉步移而威仪庠序。"

（6）不解丝麻，不闲针缕：闲，各写卷分别写作"闲""娴"，闲、娴通用。汪本作"不解麻布，不娴针缕"。此二句意谓不懂得纺织，不熟练针线。

（7）聘为人妇：聘嫁为人妻。聘，聘娶正妻。《礼记·内则》："聘则为妻，奔则为妾。"《左传·文公七年》："穆伯娶于莒，曰戴己，生文伯；其娣声己，生惠叔。戴己卒，又聘于莒，莒人以声己辞，则为襄仲聘焉。"《后汉书·逸民传·梁鸿》："女曰：'欲得贤如梁伯鸾者。'鸿闻而聘之。"唐·李白《白头吟》："相如作赋得黄金，丈夫好新多异心；一朝将聘茂陵女，文君因赠《白头吟》。"

（8）大人使命，说辛道苦：大人，对父母叔伯等长辈的敬称。使命，使唤、命令。说辛道苦，诉说辛苦。意谓推脱、不听"大人"使唤、吩咐。

【录文】

含血噀人，先污其口[1]。夫人不言，言必有中；十言九中，不语者胜。少为人子，长为人父；居必择邻[2]，慕近良友[3]；侧立闻听，厚待宾客；侣无新疏[4]，来者当受；合食与食，合酒与酒。闭门不看，还如猪狗[5]。拔贫作富[6]，事须方寸；看客不贫[7]，古今实语。握发吐餐[8]，先有常据[9]；闭门不看，不如狗鼠。

【校释】

（1）含血噀（xùn）人，先污其口：含血喷人，先玷污了自己的嘴巴。比喻用恶语伤害别人，而自己的嘴先被污染。噀，含在口中而喷出。唐·元稹《春分投简明洞天作》诗："投壶怜玉女，噀饭笑麻姑。"

（2）居必择邻：选择好的邻居。典出"孟母三迁"故事。事见《列女传·母仪》。东汉·赵岐《孟子题词》："孟子生有淑质，幼被慈母三迁之教。"《三字经》："昔孟母，择邻处。"

（3）慕近良友：仰慕、接近良友。良友，品行端正的朋友。《荀子·性恶》："夫人虽有性质美而心辩知，必将求贤师而事之，择良友而友之。"晋·葛洪《抱朴子·交际》："檃栝修则枉刺之疾消矣，良友结则辅仁之道弘矣。"

（4）侣无新疏：P.2564作"客无亲踈"。"踈"同"疏"，疏远，不亲近。《荀子·修身》："谄谀者亲，谏争者疏。"《韩诗外传》卷九："与人以实，虽疏必密；与人以虚，虽戚必疏。"

（5）还如猪狗：P.2564作"还同猪狗"。汪本作"不如猪狗"。

（6）拔贫作富：去贫致富。拔贫，去贫。唐人习语。

（7）看客不贫：看待客人不分贫富。敦煌写卷《百行章》："接客无贵贱，至者当看。"

（8）握发吐餐：也作"握发吐哺"，后世比喻礼贤下士，招揽人才。此典出于《史记》。据《史记·鲁周公世家》："周公戒伯禽曰：'我文王之子，武王之弟，成王之叔父，我于天亦不贱矣。然我一沐三捉发，一饭三吐哺，起以待士，犹恐失天下之贤人。子之鲁，慎无以国骄人。'"后用为在位者礼贤下士之典实。三国·魏·曹操《短歌行》："周公吐哺，天下归心。"

（9）先有常据：先人留下了常人所知的依据。

【录文】

高山之树，苦于风雨；路边之树，苦于刀斧；当道作舍，苦于客侣⁽¹⁾；不慎之家，苦于官府；牛羊不圈，苦于狼虎；禾熟不收，苦于雀鼠；屋漏不覆⁽²⁾，坏于梁柱；兵将不慎，败于军旅；人生不学，费于言语⁽³⁾。

【校释】

（1）当道作舍，苦于客侣：在当路建造房屋，则苦于听取客旅不同之见以致难成。《诗经·小雅·小旻》:"如彼筑室与道谋,是用不溃于成。"郑玄笺:"如当道筑室,得人而与之谋所为,路人之意不同,故不得遂成也。"又《幼学琼林·人事类》:"作者道旁,议论多而难成。"客侣,即客旅。"侣"通"旅"。

（2）屋漏不覆：覆，修覆、覆盖。

（3）费于言语：P.2564 作"费其言语"。"费",花费、耗费,跟"省"相对。《说文》:"费,散财用也。"《论语》:"尧曰:'君子惠而不费。'"何晏《论语集解》引王肃:"利民在政,无费于财。"本句意谓说话时言语就多余烦琐。

【录文】

近朱者赤,近墨者黑[1];蓬生麻中,不扶自直[2];白玉投泥,不污其色[3]。近佞者谄[4],近偷者贼;近愚者痴[5],近圣者明;近贤者德,近圣者明,近淫者色。贫人由懒,富人多力;勤耕之人,必丰谷食;勤学之人,必居官职;良田不耕,损人功力[6];养子不教,费人衣食。

【校释】

（1）近朱者赤,近墨者黑：比喻环境对人的影响。典出晋·傅玄《太子少傅箴》:"故近朱者赤,近墨者黑;声和则响清,形正则影直。"

（2）蓬生麻中,不扶自直：蓬草和麻生长在一起,依附于麻,不用人扶植就长得很高。语见《荀子·劝学》:"蓬生麻中,不扶而直。"

（3）白玉投泥,不污其色：白玉投到泥中,不会污染玉的颜色。典出《论语·阳货》:"子曰:'不曰白乎,涅而不缁。'"

（4）近佞者谄：接近佞者的人,就好谗佞。佞,用花言巧语谄媚人。

（5）近愚者痴：接近愚昧的人就憨痴。

（6）损人功力：损害人的耕种功夫和气力。敦煌写卷《百行章》:"好地不耕,终是荒芜之秽。"

【录文】

与人共食,慎莫先尝;与人同饮,莫先举觞[1]。行不当路,坐不当堂⁽²⁾；路逢尊者，侧立其傍⁽³⁾；有问善对，必须审详⁽⁴⁾。子从外来，先须就堂⁽⁵⁾，未见尊者，莫入私房；若得饮食，慎莫先尝，飨其宗祖⁽⁶⁾，始到爷娘，次沾兄弟，后及儿郎。食必先让，劳必先当；知过必改，得能莫忘⁽⁷⁾。

【校释】

（1）觞：盛满酒的酒杯。亦泛指酒器。《礼记·投壶》："命酌，曰：'请行觞。'"晋·葛洪《抱朴子·酒诫》："举万寿之觞，诵温克之义。"

（2）行不当路，坐不当堂：行走时不要当在路中间，坐卧时不在父母居室。当，对着。《礼记·檀弓上》：既歌而入，当户而坐。堂，父母的居室。当堂，P.2564作"背堂"。背堂，即北堂，指父母居室。古代居室东房的后部，为妇女盥洗之所。《仪礼·士昏礼》："妇洗在北堂。"郑玄注："北堂，房中半以北。"贾公彦疏："房与室相连为之，房无北壁，故得北堂之名。"后因以"北堂"指主妇居处。

（3）路逢尊者，侧立其傍：在道路上遇见尊长，要侧立路旁，以示尊敬。《礼记·曲礼》："遭先生于道，趋而进。"趋，古代的一种礼节，以碎步疾行表示敬意。《论语·子罕》："子见齐衰者、冕衣裳者与瞽者，见之，虽少，必作；过之，必趋。"

（4）审详：审慎周详。《礼记·曲礼》："长者问，不辞让而对，非礼也。"

（5）先须就堂：先到父母居室省视。《礼记·曲礼》："夫为人子者，出必告，反必面。""入户奉扃，视瞻毋回，抠衣趋隅，必慎唯诺。"

（6）飨其宗祖：祭奠祖宗。飨，P.2564作"饗"。通"享"。祭祀，祭献。《礼记·郊特牲》："蜡也者，索也，岁十二月，合聚万物而索飨之也。"郑玄注："飨者，祭其神也。"《文选·刘琨〈劝进表〉》："圣帝明王鉴其若此，知天地不可以乏飨，故屈其身以奉之。"吕延济注："飨，献也。天地神明，依人而行，故圣人屈身以奉祭祀。"

（7）知过必改，得能莫忘：取自《千字文》："知过必改，得能莫忘。"得能，这样、如许。宋·赵长卿《临江仙·赏兴》词："醉乡日月得能长,仙源正闲散,伴我老高唐。"汪泛舟先生解"得能"为"学得某些技能",似与文意不符。

【录文】

与人相识,先正仪容;称名道字⁽¹⁾,然后相知。倍年已长,则父事之;十年已长,则兄事之;五年已长,则肩随之。群居五人,长者必跪⁽²⁾。三人同行,必有我师焉,择其善者而从之,其不善者而改之⁽³⁾。滞不择职⁽⁴⁾,贫不择妻;饥不择食,寒不择衣⁽⁵⁾。小人为财相杀,君子以德义相知⁽⁶⁾。

【校释】

(1) 称名道字:称呼名与字。古人有名有字,尊对卑称名,卑对尊则称字,自称时则称名。称字以示尊重。

(2) 倍年已长……长者必跪:已,通"以"。此八句语出《礼记·曲礼上》:"年长以倍,则父事之;十年以长,则兄事之;五年以长,则肩随之。群居五人,则长者必异常。"

(3) 三人同行,必有我师焉,择其善者而从之,其不善者而改之:此四句语出《论语·述而》:"三人行,必有我师焉,择其善者而从之,其不善者而改之。"

(4) 滞不择职:人不顺时不选择职务。滞,滞涩、阻碍、不流畅。《韩诗外传》:"家贫亲老者,不择官而仕。"

(5) 饥不择食,寒不择衣:化用古语。《韩非子·本经训》:"饥不择食,渴不择饮。"又西汉·晁错《论贵粟疏》:"夫寒之于衣,不待轻煖(暖);饥之于食,不待甘旨;饥寒至身,不顾廉耻。"

(6) 小人为财相杀,君子以德义相知:P.2564"杀"作"煞",二字古代通用。此二句化用古语而来。《论语·里仁》:"君子喻于义,小人喻于利。"又《南华真经》:"小人则以身殉利,士则以身殉名。"

【录文】

欲求其短,先取其长;欲求其圆,先取其方;欲求其弱,先取其强⁽¹⁾;欲求其柔,先取其刚⁽²⁾;欲防外敌,先须自防;欲量他人,先须自量⁽³⁾；扬人之恶，还是自扬⁽⁴⁾；伤人之语，还是自伤。凡人不可貌相⁽⁵⁾，海水不可斗量⁽⁶⁾。茅茨之下，必出公王⁽⁷⁾；蒿艾之下，必有兰芳⁽⁸⁾。助祭得食，助斗得伤⁽⁹⁾；仁慈者寿，凶暴者亡。清清之水，为土所伤；济济之人，为酒所殃⁽¹⁰⁾。闻人善事，乍可称扬；知人有过，密掩深藏；是故罔谈彼短，靡说已长⁽¹¹⁾。

【校释】

（1）欲求其弱，先取其强：P.2564 作"欲求其强，先取其弱。"据韵律判断，当为抄写之误。

（2）欲求其柔，先取其刚：语出《老子》。《老子》三十六章："柔弱胜刚强。"《老子》七十八章："弱能胜强，柔能胜刚。"

（3）欲量他人，先须自量：想要估量别人，就先估量自己。量，估计、估量。

（4）扬人之恶，还是自扬：宣扬别人的恶，实际上也是宣扬自己的恶。《群书治要·家语》："扬人之恶，斯为小人。""言人之恶，若己受之。"

（5）人不可貌相：P.2564 此句前衍文"九"。貌相，即相貌。

（6）海水不可斗量：语出《淮南子》："海水不可斗量。"

（7）茅茨之下，必出公王：P.2564 作"或出公王"。茅茨，草盖的屋顶，亦指茅屋。《墨子·三辩》："昔者尧舜有茅茨者，且以为礼，且以为乐。"《韩非子·五蠹》："尧之王天下也，茅茨不剪，采椽不斫。"这里代之贫穷人家。公王，即王公，倒文以协韵。亦即王公贵族。汪本认为"公王"特指"唐尧"，有待商榷。

（8）蒿艾之下，必有兰芳：蒿艾，野草。比喻贫贱人家。兰芳，香草。比喻富贵人家。敦煌写卷《新集文词九经抄》写作"蒿艾之下，或有兰芳。"

（9）助祭得食，助斗得伤：帮助祭祀的人能够得到食物，帮助打斗的人能够得到损伤。《风俗遗篇》："佐雠者尝焉，佐斗者伤焉。"又《古今风谣》："助祭得食，助斗得伤。"

（10）清清之水，为土所伤；济济之人，为酒所殃：敦煌卷子《百行章》作："清清之水，尘土浊之；济济之人，愚朋所误。"

（11）罔谈彼短，靡说已长：P.2564 作"忘谈彼短，靡恃己长。"意谓不要谈论别人的短处，也不要宣扬自己的长处。罔，不要。靡，不要。

【录文】

鹰鹞虽迅，不能快于风雨；日月虽明，不照覆盆之下[1]；唐虞虽盛，不能化其明主；微子虽贤，不能谏其暗君[2]；比干虽惠，不能自免其身；蛟龙虽猛，不能杀岸上之人[3]；刀剑虽利，不能杀清洁之士[4]；罗网虽细，不能执无事之人；非灾横祸，不入慎家之门。人无远虑，必有近忧[5]。

【校释】

（1）日月虽明，不照覆盆之下：语出晋·葛洪《抱朴子·内篇·辨问》："日月有所不照，圣人有所不知，岂可以圣人所不为，便云天下无仙！是责三光不照覆盆之下。"

（2）唐虞虽盛，不能化其明主；微子虽贤，不能谏其暗君：P.2564 作"唐虞虽圣，不能谏其暗君。"疑似脱句。

（3）杀：P.2564 作"煞"。

（4）刀剑虽利，不能杀清洁之士：P.2564 作"刀剑虽利，不斩无罪之人。"

（5）人无远虑，必有近忧：人没有长远的考虑，但一定有眼前的忧愁。语出《论语·卫灵公》："子曰：'人无远虑，必有近忧。'"

【录文】

斜径败于良田，谗言败于善人[1]。君子以含弘为大[2]，海水以博纳为深[3]；宽则得众，尽法无人[4]。治国信谗，必杀忠臣[5]；治家信谗，家必败亡；兄弟信谗，分别异居；夫妇信谗，男女生分；朋友信谗，必致死怨。天雨五谷，荆棘蒙恩[6]。抱薪救火，火必盛炎[7]；扬汤止沸，不如去薪[8]。千人排门，不如一人拔关[9]；一人守隘[10]，万夫莫当。贪心害己，利口伤身。瓜田不蹑履，李下不整冠[11]。圣君虽渴，不饮盗泉之水[12]；暴风疾雨，不入寡妇之门。孝子不隐情于父，忠臣不隐情于君⁽¹³⁾。法不加于君子，礼不下于小人⁽¹⁴⁾。君浊则用武，君清则用文。多言不益其体，百伎不妨其身⁽¹⁵⁾。明君不爱邪佞之臣，慈父不爱不孝之子⁽¹⁶⁾。道之以德，齐之以礼⁽¹⁷⁾。小人负重，不择地而息；君子困穷，不择官而仕⁽¹⁸⁾。屈厄之人，不羞执鞭之事⁽¹⁹⁾；饥寒在身，不羞乞食之耻。贫不可欺，富不可恃⁽²⁰⁾；阴阳相摧，周而复始⁽²¹⁾。太公未遇，钓鱼于水⁽²²⁾。相如未达，卖卜于市⁽²³⁾。巢父居山⁽²⁴⁾，鲁连赴海⁽²⁵⁾。孔明盘桓，候时而起⁽²⁶⁾。

【校释】

（1）斜径败于良田，谗言败于善人：意谓斜路能破坏良田，谗言能败坏善良之人的名声。《汉书·五行志》记载成帝时的歌谣为："邪径败良田，谗口乱善人，桂树华不实，黄鸟巢其颠。"

（2）君子以含弘为大：君子因为拥有博大的胸怀而显得道德高尚。含，包含。弘，指胸怀博大。

（3）海水以博纳为深：大海因为能容纳百川而显得深广。西晋·左思《吴都赋》："百川派别，归海而会。"

（4）宽则得众，尽法无人：P.2564作"宽则得众，愍则有功。"汪泛舟先生录文作"宽则得众，敏则有功。"

（5）治国信谗，必杀忠臣：杀，P.2564作"煞"。此二句前P.2564及汪泛舟先生录文均有"以法治人，民则得安。"

（6）天雨五谷，荆棘蒙恩：此二句比喻广施恩德。雨，下雨。动词。

（7）抱薪救火，火必盛炎：比喻做事情方法要得当。《史记·魏世家》："且夫以地事秦，譬犹抱薪救火，薪不尽，火不灭"。

（8）扬汤止沸，不如去薪：语见西汉·枚乘《上吴王书》："欲汤之沧，一人炊之，百人扬之，无益；不如绝薪止火而已。"

（9）千人排门，不如一人拔关：排，推移、推挤。排门，即推门。关，门闩。本句是谚语，意谓上千人正面推门，不如一人从门后拔掉门闩。比喻找窍门比用蛮力更能把事情做好。

（10）隘：关隘、关口。

（11）瓜田不蹑履，李下不整冠：经过瓜田不可弯腰提鞋子，走过李树下不要举手端正帽子。比喻避免招惹无端的怀疑。蹑履，弓腰提鞋、整理鞋子。亦作"瓜田不纳履，李下不正冠。"《乐府诗集·相和歌辞七·君子行》："君子防未然，不处嫌疑间。瓜田不纳履，李下不正冠。"后因以"李下瓜田"指容易引起嫌疑的地方。又作"瓜田不蹑履，李下不正冠。"《乐府诗集·清商曲辞六》："瓜田不蹑履，李下不正冠。"

（12）不饮盗泉之水：不喝盗泉的水。盗泉，古泉名，旧址在今山东泗水县东北。《淮南子·说山训》："曾子之廉，不饮盗泉。"又陆机《猛虎行》："渴不饮盗泉水，热不息恶木阴。"

（13）孝子不隐情于父，忠臣不隐情于君：孝子不向父母隐瞒实情，忠臣不对君王隐瞒实情。敦煌写卷《新集文词九经抄》："忠臣不隐词于君，孝子不隐词于父。"

（14）法不加于君子，礼不下于小人：语出《礼记·曲礼上》："礼不下庶人，刑不上大夫。"

（15）百伎不妨其身：汪本作"百伎不妨自身"。说话多对身体并无补益，学会了各种技艺不会妨碍自身。伎，旧指医卜历算之类方术。《史记·扁鹊仓公列传》："诏问故太仓长臣意：'方伎所长，及所能治病者？有其书无有？'"这里指各种技艺。汉·司马相如《上书谏猎》："虽有乌获、逢蒙之伎，力不得用。"《南齐书·垣荣祖传》记载："荣祖曰：'昔曹操、曹丕上马横槊，下马谈论，此于天下可不负饮食矣。君辈无自全之伎，何异犬羊乎！'"

（16）明君不爱邪佞之臣，慈父不爱不孝之子：敦煌写卷《新集文词九经抄》作"慈父不爱不孝之子，明君不纳无益之臣。"

（17）道之以德，齐之以礼：明君治国要用德来引导，用礼来约束百姓。语出《论语·为政》："道之以政，齐之以刑，民免而无耻。道之以德，齐之以礼，有尺且格。"道，同"导"，后来写作"导"。齐，整治、整理。《荀子·富国》："必将修礼以齐朝，正法以齐官，平政以齐民。"杨倞注："齐，整也。"《礼记·大学》："欲治其国者，先齐其家。"

（18）君子困穷，不择官而仕：P.2564作"君子困穷，不择官而事"。汪本作"君子固穷，小人穷斯滥矣。"君子在困穷时，入仕不选择官职。语见《韩诗外传》:"家贫亲老者,不择官而仕。"

（19）屈厄之人，不羞执鞭之事：处于困窘中的人，不以给人驾车而感到耻辱。屈厄，困窘。汉·陆贾《新语·本行》："夫子陈蔡之厄，豆饭菜羹不足以接馁，二三子布弊缊袍不足以避寒，倥偬屈厄，自处甚矣。"（三国）魏人李康《运命论》："以仲尼之智也，而屈厄于陈蔡。"羞，以……为羞耻。意动用法。执鞭，本意为拿着鞭子，亦代指驾车，比喻地位卑微低下。《论语·述而》："富而可求也，虽执鞭之士，吾以为之。"

（20）贫不可欺，富不可恃：即不可欺贫，不可恃富。敦煌写卷《新集文词九经抄》作："贫不可轻，富不可恃。"恃，自负。《吕氏春秋·本味》："士有孤而自恃，人主有奋而好独者。"《三国志·吴志·陆逊传》："当御备时，诸将军或是孙策时旧将，或公室贵戚，各自矜恃，不相听从。"

（21）阴阳相摧，周而复始：白天与晚上相互推移，往返循环。摧，推、推移。《韩诗外传》："周而复始，穷则反本。"

（22）太公未遇，钓鱼于水：P.2564作"太公未达"。汪泛舟先生《敦煌古代儿童课本》录文作"太公未遇，钓鱼渭水。"① 敦煌写卷《新集文词九经抄》亦作："太公未遇，钓鱼于水。"意谓姜太公还没有遇到周文王之前，在渭水垂钓。太公，即太公望吕尚。《韩非子·喻老》："文王举太公于渭滨者，贵之也。"据《史记·齐太公世家》记载："周西北猎，果遇太公于渭之阳……"

（23）相如未达，卖卜于市：司马相如未显达之时，在市场上以卖卜为生。相如，即司马相如，西汉著名辞赋家。达，显贵、显达。《孟子·尽心上》："穷则独善其身，达则兼善天下。"《汉书·司马相如传》载："文君当卢，相如身自着犊鼻裈（kūn），与庸保杂作，涤器于市中。"不见卖卜事。唐·李商隐《送崔珏往西传诗》："卜肆至今多寂寞，酒垆从古檀风流。"敦煌写卷《新集九经文词抄》亦云："相如未达，卖卜于市。"

（24）巢父居山：巢父，传说为尧时的隐士，尧让君位，不受，隐

---

① 汪泛舟：《敦煌古代儿童课本》，甘肃人民出版社2000年版，第202页。

居于山上。汉·王符《潜夫论·交际》："巢父木栖而自愿。"晋·皇甫谧《高士传·巢父》："巢父者，尧时隐人也，山居不营世利，年老以树为巢而寝其上，故时人号曰巢父。"

（25）鲁连赴海：鲁连，即鲁仲连，战国时齐国隐士。《史记·鲁仲连邹阳列传》载：齐国欲收复被燕国占领的聊城时，鲁连劝燕将撤守。"燕将见鲁连书，泣三日……喟然叹曰：'与人刃我，宁自刃。'乃自杀，聊城乱，田单遂屠城。归而言鲁连，欲爵之，鲁连逃隐于海上。"

（26）孔明盘桓，候时而起：诸葛孔明盘桓隐居于隆中，等待时机而起。盘桓，即盘旋、徘徊，联绵词。

【录文】

鹤鸣九皋，声闻于天[1]；灶里燃火，烟气成云；家中有恶，人必知之；身有德行，人必称传。恶不可作，善必可亲[2]；人能弘道，非道弘人[3]。孟母三徙，为子择邻[4]。不患人之不己知，但患己之不知人也[5]。己欲求立，先立于人；己欲求达，先达于人[6]。立身行道，始于事亲[7]；孝无终始，不离其身[8]。修身慎行，恐辱先人[9]；己所不欲，勿施于人[10]。

【校释】

（1）鹤鸣九皋，声闻于天：鹤鸣叫于曲折深远的沼泽，声音却响彻于天空。皋亦作"臯"。语见《诗经·小雅·鹤鸣》："鹤鸣于九皋，声闻于野。"毛传："皋，泽也。言身隐而名著也。"郑玄笺："皋，泽中水溢出所为坎，自外数至九，喻深远也。鹤在中鸣焉，而野闻其鸣声……喻贤者虽隐居，人咸知之。"汉·桓宽《盐铁论·西域》："茫茫乎若行九皋，未知所止。"

（2）恶不可作，善必可亲：P.2564 作"恶不可作，善不可观。"汪本同此。敦煌写卷《新集文词九经抄》作："恶必须远，善必须亲。"意谓恶事不能做，善事一定要亲为。

（3）人能弘道，非道弘人：弘，弘扬。道，儒道。语见《论语·卫灵公》："子曰：'人能弘道，非道弘人也。'"

（4）孟母三徙，为子择邻：徙，搬迁、迁徙。

（5）不患人之不己知，但患己之不知人也：不己知，即不知己。语出《论语·学而》："子曰：'不患人之不己知，患不知人也。'"

（6）己欲求立，先立于人；己欲求达，先达于人：语见《论语·雍也》："子曰：'夫仁者，己欲立而立人，己欲达而达人。'"

（7）立身行道，始于事亲：立身行道先要从侍奉双亲开始。语见《孝经·开宗明义》第一："立身行道，扬名于后世，以显父母，孝之终也。夫孝，始于事亲，中于事君，终于立身。"

（8）孝无终始，不离其身：孝道没有始终，孝行永远不能离开自己。语见《孝经·庶人》第六："故自天子至庶人，孝无终始，而患不及者，未之有也。"

（9）修身慎行，恐辱先人：人们修养自己，言行谨慎，担心羞辱了先人。此语见《孝经·感应》第十六："修身慎行，恐辱先也。"

（10）己所不欲，勿施于人：这是儒家讲的"恕"道，意谓自己不想要的就不要加在别人身上。语见《论语·卫灵公》："子曰：'己所不欲，勿施于人。'"

【录文】

近鲍者臭，近兰者香(1)；近愚者暗，近智者良(2)。明珠不莹(3)，焉发其光；人生不学，言不成章。小而学者，如日出之光；长而学者，如日中之光；老而学者，如日暮之光；人生不学，冥冥如夜行(4)。柔必胜刚，弱必胜强(5)；齿坚即折，舌柔则长(6)。凶必横死，欺敌者亡(7)。女慕贞洁，男效才良(8)；行善获福，行恶得殃(9)；行来不远，所见不长；学问不广，智慧不长(10)。

【校释】

（1）近鲍者臭，近兰者香：喻指人受环境影响。《孔子家语》："与善人居，如入芝兰之室，久而不闻其香，即与之化矣；与不善人居，如入鲍鱼之肆，久而不闻其臭，亦与之化矣。"

（2）近愚者暗，近智者良：接近愚笨之人者自己也会暗惑，接近聪智之人者自己也会优秀。

（3）莹：珠玉的光彩。《韩诗外传》卷四："良珠度寸，虽有百仞之水，不能掩其莹。"

（4）小而学者……冥冥如夜行：此八句见于《说苑·建本》晋平公与师旷的一段对话。师旷曰："臣闻之，少而好学，如日出之阳；壮而好学，如日中之光；老而好学，如炳烛之明；炳烛之明，孰与昧行乎？"。又见于《颜氏家训·勉学》："幼而学者，如日出之光；老而学者，如秉烛夜行，犹贤乎瞑目而无见者也。"

（5）柔必胜刚，弱必胜强：语出《老子》七十八章："弱之胜强，柔之胜刚，天下莫不知，莫能行。"

（6）齿坚即折，舌柔则长：此二句语出《说苑·敬慎》："（常枞）开其口而示老子，曰：'吾舌存乎？'老子曰：'然。''吾齿存乎？'老子曰：'亡。'常枞曰：'子知之乎？'老子曰：'夫舌之存也，岂非以其柔耶！齿之亡也，岂非以其刚也耶！'"

（7）凶必横死，欺敌者亡：横死，指因自杀、被害或因意外事故而死亡。《孔子家语》云："强梁者不得其死，好胜者必遭其敌。"

（8）女慕贞洁，男效才良：意谓女子要爱慕贞操高洁之人，男儿当仿效品学兼优的人。《千字文》作："女慕贞烈，男效才良。"敦煌写卷《新集文词九经抄》亦作"女慕贞洁，男效才良。"

（9）行善获福，行恶得殃：此二句语出《周易·坤》："积善之家，必有余庆；积不善之家，必有余殃。"敦煌写卷《新集文词九经抄》："积善之家，必有余庆；积恶之家，必有余殃。"

（10）行来不远，所见不长；学问不广，智慧不长：走得不远，见识就不长；学问不渊博，智慧就不增加。《礼记·学记》："故君子之学也，藏焉，修焉，游焉。"敦煌写卷《百行章》亦云："若不广学，安能知也？未游边远，宁知四海之宽？"

【录文】

欲知其君，视其所使；欲知其父，先视其子[1]。欲作其木，视其文理[2]；欲知其人，先知奴婢。君子固穷，小人穷斯滥矣[3]。病则无法，醉则无忧；饮人狂药，不得责人之礼[4]。圣人避其酒客，君子恐其酒士[5]。智者不见人之过，愚夫好见人耻[6]。将军之门，必出勇夫；博学之家，必有君子[7]。是以人相知于道术，鱼相望于江湖[8]。

【校释】

（1）欲知其君，视其所使；欲知其父，先视其子：意取刘向《列女传》："且吾闻之，不知其子者，视其父；不知其君者，视其所使。"

（2）文理：即纹理。文，同"纹"，后来写作"纹"。

（3）君子固穷，小人穷斯滥矣：君子本来可以守穷，而小人穷困了则任意胡作非为。语见《论语·卫灵公》："子曰：'君子固穷，小人穷斯滥矣。'"

（4）饮人狂药，不得责人之礼：喝了别人的酒过量了，不能责备别人无礼貌。狂药，指酒。狂，通"诳"。此二句语出《晋书·裴楷传》："足下饮人狂药，责人正礼，不亦乖乎？"

（5）圣人避其酒客，君子恐其酒士：P.2564作"君子避其酒客，圣人恐其醉士。"汪本作"圣人避其酒客，君子恕其醉士"。

（6）智者不见人之过，愚夫好见人耻：P.2564作"智者不见人知过，愚夫好觅之人耻。"盖抄写有误。汪本作"智者不见人之过，愚夫好觅人之耻"是矣。

（7）将军之门，必出勇夫；博学之家，必有君子：敦煌写卷《新集文词九经抄》作"将军之门，必出勇士；博学之家，则有君子。"

（8）是以人相知于道术，鱼相望于江湖：因此人通过道术而相知，鱼儿则通过江湖而相望。语出《庄子·大宗师》："故曰：鱼相忘乎江湖，人相忘乎道术。"

【录文】

女无明镜，不知面上之精粗；人无良友，不知行之亏余[1]。是以结朋交友，须择良贤。寄儿托孤，意重则密，情薄则疏；荣则同荣，辱则同辱[2]；难则相救，危则相扶。勤是无价之宝，学是明目神珠[3]。积财千万，不如明解一经；良田千顷，不如薄艺随驱[4]。慎是护身之符，谦是百行之本。香饵之下，必有悬鱼；重赏之下，必有勇夫。有功者赏，过者可诛[5]。慈父不爱无力之子，只爱有力之奴。养男不教，为人养奴；养女不教，不如养猪。痴人畏妇，贤女敬夫。孝是百行之本[6]，故云其大者乎。

【校释】

（1）女无明镜，不知面上之精粗；人无良友，不知行之亏余：女性没有明镜，就不知道脸面的美丑；人无良朋，就不知道行为的好坏。敦煌写卷《百行章》云："人无良朋，无以益其志；女无明镜，何以照其色？"敦煌写卷《新集文词九经抄》作"女无镜，不知面之精粗；士无良朋，不知己之有失。"

（2）荣则同荣，辱则同辱：即一荣俱荣，一辱俱辱。敦煌写卷《百行章》云："好则同荣，恶则同辱。"

（3）勤是无价之宝，学是明目神珠：敦煌写卷《新集文词九经抄》作"勤是无价之宝，慎是符身之符，作是龙宫海藏，学是明月神珠。"

（4）积财千万，不如明解一经；良田千顷，不如薄艺随躯：语出《颜氏家训·勉学》："谚曰：'积财千万，不如薄技在身。'"又《汉书·韦贤传》："待蔡燕为丞相，少子元成复以明经历位至丞相。故邹鲁谚曰：'遗子黄金满籯，不如一经。'"

（5）有功者赏，过者可诛：董仲舒《春秋繁露》："有功则赏，有罪则罚。"汪泛舟先生《敦煌古代儿童课本》录文作"有功则赏，有过则诛。"

（6）孝是百行之本：孝道是百行之根本。百行，各种品行。《诗·卫风·氓》"士之耽兮，犹可说也。"汉·郑玄笺："士有百行，可以功过相除。"《旧唐书·孝友传·刘君良》："士有百行，孝敬为先。"

【录文】

余之志也，四海为宅，五常为家⁽¹⁾；不骄身体，不慕荣华⁽²⁾；食不重味，衣不丝麻⁽³⁾。唯贪此书一卷，不用黄金千车；集之数韵，未辨疵瑕⁽⁴⁾；本不呈于君子，抑郁教于童儿⁽⁵⁾。

太公家教一卷。

【校释】

（1）五常：指旧时的五种伦常道德，即父义、母慈、兄友、弟恭、子孝。《书·泰誓下》："今商王受，狎侮五常。"孔颖达疏："五常即五典，谓父义、母慈、兄友、弟恭、子孝，五者人之常行。"

（2）不骄身体，不慕荣华：S.3835、S.5655等作"不思恩爱，不慕容华。"

（3）食不重味，衣（yì）不丝麻：吃饭时不用两种以上菜肴，穿衣时不追求丝麻制品。重，重复。衣，穿衣服。

（4）疵瑕：即瑕疵。原指玉的斑痕，亦比喻人的过失或事物的缺点。北齐·颜之推《颜氏家训·省事》："或有劫持宰相瑕疵，而获酬谢。"本文"疵瑕"为自谦之词。

（5）抑郁教于童儿：S.5655、S.3835、P.2825等亦作"意欲教于童儿"。

武王家教

【题解】

《武王家教》是敦煌所出重要蒙书之一，形式上采用对话体，通过"武王"与"太公"的一问一答，来阐明进德的嘉言懿行。现存11件写卷，藏于英国伦敦不列颠图书馆的有2件，分别是S.479、S.11681，皆为残卷。前者首缺尾完，存七行，且有题记；后者只残存三行。这两件写卷均与《太公家教》合抄。法国巴黎国家图书馆藏7件写卷，分别是P.2600、P.2825、P.2981V、P.3764、P.4724、P.4899、P.5546。多与《太公家教》合抄，其中P.5546与P.4899为同卷，可拼合。俄罗斯科学院东方学研究所圣彼得堡分所藏2件，分别是Дх.98、Дх.513，二者皆首尾俱缺。盖因《武王家教》多与《太公家教》合抄之故，《武王家教》或被看作是《太公家教》的附录，或被看成是《太公家教》正文内容的一部分。

今以P.2825为底本，以其他各写本及郑本参校。

将《武王家教》作为专篇、专门的蒙书看待的，起于王重民先生，他认为《武王家教》是有别于《太公家教》的另一部蒙童读本。Дх.513尾题"武王家教"，另外，S.11681、P.4724等写卷只抄有《武王家教》，这些都说明王重民先生的观点是正确的。该蒙书的研究成果还有周凤五《敦煌写本〈太公家教〉研究》第四章"《武王家教》研究"；郑阿财、朱凤玉的《敦煌蒙书研究》等。《敦煌蒙书研究》一书对《武王家教》各写卷做了详细叙录，此处不再赘述。

【录文】

武王家教一卷

武王问太公曰："凡夫皆蒙天地覆载，何为贵贱不等、贫富不同？愿为说之。[1]"太公答曰："天下万物不等着何？由家有十恶[2]。"

【校释】

（1）凡夫皆蒙天地覆载，何为贵贱不等、贫富不同？愿为说之：写卷 P.2825 作"人生天地之间，以何为贵显，闻其▢▢▢▢。"P.3764 作"人生天地之间，以何道贵显，问其要▢▢▢▢。"P.2600 作"人生天地之▢▢▢▢。"今据写卷 P.2981V 录文。蒙天地覆载，即蒙受天覆地载。何为，犹为何。愿，希望。《楚辞·九章·惜诵》："固烦言不可结诒兮，愿陈志而无路。"东汉·王逸注："愿，思也。"

（2）十恶：即下文所讲"耕种不时""用物无道""早卧晚起""废作吃酒""蓄养无用之物""不惜衣食""盖藏不牢""井灶不利""贷取倍还""不作燃灯"十大恶行。

【录文】

武王曰："何名为十恶[1]？"太公曰："耕种不时为一恶[1]，用物无道为二恶[2]，早卧晚起为三恶，废作吃酒为四恶，畜养无用之物为五恶，不惜衣食为六恶，盖藏不牢为七恶，井灶不利为八恶，贷取倍还为九恶[4]，不作燃灯为十恶[5]。"

【校释】

（1）何名为十恶：P.2825"恶"前衍出"要"字，旁有删除符号。

（2）耕种不时：不按时节耕种。P.2825、P.3764"耕"作"耕"，为"耕"之俗体。

（3）用物无道：使用东西无度。P.2600、P.3764 自"用物无道"

开始至"十恶",每句皆脱"为"。

（4）贷取倍还：谓放高利贷,取翻倍的利息。P.2825作"岱取倍还","岱"为别字。

（5）燃灯：本为梵语的意译。指燃灯佛,过去世诸佛之一。佛经说他生时周身光明如灯,故名。《大智度论》卷九："如燃灯佛,生时一切身边如灯,故名燃灯太子。作佛亦名燃灯。旧名锭光佛。"此处意思似无关于佛教,今待考。

【录文】

武王曰："家无十恶,不富者何？"太公曰："家有三耗[1]。"

【校释】

（1）三耗：即谷熟不收而苦于风雨、蓄积在场而苦于雀鼠、器皿覆盖不勤,且打扫不干净。皆指生活中的浪费。耗,写卷均作"耗"。

【录文】

武王曰："何名有三耗？"太公答曰："禾熟不收,苦于风雨为一耗；蓄积在场[1],不早持治,苦于雀鼠为二耗；盆瓮碓硙[2],覆盖不勤,扫洒不净为三耗[3]。"

【校释】

（1）蓄积在场：指将庄稼收割后堆放在场上不打碾、不收藏。

（2）碓（duì）硙（wèi）：舂米和磨粉用具。《资治通鉴·唐僖宗中和三年》："时民间无积聚,贼掠人为粮,生投于碓硙,并骨食之。"

（3）扫洒不净为三耗：P.3764作"扫洒不净为三耗"。P.2825作"扫略不净为三耗"。郑阿财先生据P.2825录文。

【录文】

武王曰："家无三耗,不富者何？"太公曰："家有三衰[1]。"

【校释】

（1）三衰：三种恶行。即恃酒健斗、逐他人夫或妇、专为盗贼。

【录文】

武王曰："何名为三衰？"太公曰："恃酒健斗为一衰[(1)]；子逐他妇，妇逐他夫为二衰[(2)]；手不执作，专为盗贼为三衰[(3)]。"

【校释】

（1）恃酒健斗为一衰：P.2600作"家有三衰，嗜斗好酒一衰"。S.479、P.2825作"恃酒健斗为一衰"。P.3764作"家有三衰，嗜酒健斗为一衰。"亦通。P.2600、P.3764"太公曰：家有三衰"后无"武王曰：何谓三衰"句。

（2）子逐他妇，妇逐他夫为二衰：写卷P.3764于"妇逐他夫"后衍出"者"字。此句谓男子勾引、追逐他人妻子或已婚女子勾引、追逐他人丈夫者，皆为不道德之事。

（3）专为盗贼：写卷S.479、P.3764作"专行盗贼"。今据P.2600、P.2825迻录。

【录文】

武王曰："人命长短不等者何[(1)]？"太公曰："世人由家有一错、二悮[(2)]、三痴、四失、五逆、六不祥、七奴相[(3)]、八贱[(4)]、九愚[(5)]、十狂。"

【校释】

（1）长短：P.2600作"长矩"。"矩"与"短"形似致误。

（2）二悮：P.2825作"二娱"。"娱"与"误"形似而误。且该写卷下文"误"均误作"娱"。其他写卷作"悮"，"悮"同"误"。谬误。《周书·寇儁传》："恶木之阴，不可暂息；盗泉之水，无容悮饮。"下文同此。

（3）七奴相：各写卷均作"七奴"。但根据写卷所描述的内容来看，当为七种"奴相"。皆为不雅之行。且S.479所讲的"七奴"具体内容中均作"奴相。"

（4）八贱：P.3764脱"八"字。

（5）九愚：S.479作"遇"，盖为抄写之误。

【录文】

武王曰："何名为一错⁽¹⁾？"太公曰："养子不教为一错⁽²⁾。"

【校释】

（1）何名为一错：什么叫作"一错"？名，称作、叫作。

（2）养子不教为一错：古人重视子女教育，认为养子不教是大错。敦煌写卷《太公家教》："养子之法，莫听诳语；育女之法，莫听离母。男年长大，莫听好酒；女年长大，莫听游走"，又说："养子不教，费人衣食。""养男不教，为人养奴；养女不教，不如养猪。"《三字经》有云："子不教，父之过。"

【录文】

"何名为二误？"太公曰："贪酒逐色为一误；不择师友，损辱己身为二误⁽¹⁾。"

【校释】

（1）不择师友，损辱己身为二误：指选择不好的老师、朋友，就会损坏自己的名声。《论语·季氏》："孔子曰：'益者三友，损者三友。友直，友谅，友多闻，益矣。友便辟，友善柔，友便佞，损矣。'"

【录文】

"何名为三痴？"太公曰："诽谤调戏为一痴⁽¹⁾，未语先笑为二痴⁽²⁾，言语不善为三痴⁽³⁾。"

【校释】

（1）诽谤调戏为一痴：P.2600脱"为"字。

（2）未语先笑为二痴：P.2600脱"为"字。

（3）言语不善为三痴：S.479作"言不择善为三痴"；S.2600脱"为"字。

【录文】

"何名为四失?"太公曰："好挽他弓，好骑他马为一失⁽¹⁾；饱喫他酒，劝他人为二失⁽²⁾；喫他饭，笑他人为三失⁽³⁾；借他物，转借人为四失⁽⁴⁾。"

【校释】

（1）好骑他马为一失：写卷P.3764作"好弃他马为一失"。"弃"为误字。P.2600脱"为"字。

（2）饱喫他酒，劝他人为二失：依据写卷P.2825迻录。S.479作"饮他酒，劝他人二失。"脱"为"字。P.2600作"喫他酒，劝他人二失。"亦脱"为"字。P.3764作"饮他酒，劝他人为二失。"

（3）喫他饭，笑他人为三失：依据写卷S.479、P.2825、P.3764迻录。P.2600作"喫他饭，劝他人三失。"脱"为"字。

（4）借他物，转借人为四失：依据P.3764迻录。S.479作"借他人物，转借人为四失。"衍出"人"字。P.2600作"☐物，转借与人四失。"衍出"与"字，脱"为"字。P.2825作"借他物，转者人为四失。"

【录文】

"何名为五逆⁽¹⁾?"太公曰："不孝父母为一逆⁽²⁾，不爱师友为二逆⁽³⁾，事官不勤为三逆⁽⁴⁾，违上命教为四逆⁽⁵⁾，乡党不相唇齿为五逆⁽⁶⁾。"

【校释】

（1）何名为五逆：据P.2825迻录。S.479作"武王曰：'何为五逆'"。P.2600、P.3764作"何为五逆"。

（2）不孝父母为一逆：P.2600、P.3764脱"为"字。

（3）不爱师友为二逆：P.2825 作"不爱师父为二逆"，郑阿财先生录文据此。然根据其他写卷及上下文意，"父"当为"友"之误。P.2600、P.3764 均作"不爱师友二逆"。另，S.479 作"不受所有为二逆"。虽然"受"与"爱"（繁体为"愛"）形似而误，"有"亦为别字，但根据音读恰好证明此处当为"友"，今据此改之。

（4）事官不勤为三逆：据 P.2825 迻录。S.479 作"仕官不勤为三逆"。P.2600、P.3764 作"士官不勤三逆"。

（5）违上命教为四逆：据 S.479、P.2825 迻录。命教，犹命令。《后汉书·彭宠传》："（子密）伪称宠命教，收缚奴婢，各置一处。" P.2600 作"违上教命四逆"，脱"为"字。亦通。P.3764 作"违上交命四逆"，亦脱"为"。"交"为别字。教命，犹教令。上对下的告谕。《晋书·会稽王道子传》："时有人为《云中诗》以指斥朝廷曰：'相王沈醉，轻出教命。'"

（6）乡党不相唇齿为五逆：今据 P.2600、P.2825 迻录。S.479 作"乡党相辱为五逆"。P.3764 作"乡党不相唇齿五逆"，脱"为"字。乡党，同乡、乡亲。《逸周书·官人》："君臣之间，观其忠惠；乡党之间，观其诚信。"又《汉书·司马迁传》："仆以口语遭此祸，重为乡党戮笑，污辱先人。"唇齿，比喻互相依存而有共同利益的双方。唐·高适《酬河南节度使贺兰大夫》诗："股肱瞻列岳，唇齿赖长城。"

【录文】

"何名为六不祥⁽¹⁾？"太公曰："与恶人交往为一不祥⁽²⁾，无事生嗔为二不祥⁽³⁾，轻慢师长为三不祥⁽⁴⁾，夜卧露刑为四不祥⁽⁵⁾，非理求财为五不祥⁽⁶⁾，有过不改为六不祥⁽⁷⁾。"

【校释】

（1）何名为六不祥：写卷 S.479 此句前有"武王曰"。P.2600、P.3764 作"何为六不祥"，脱"名"字。

（2）与恶人交往为一不祥：今据 P.2825 迻录。S.479、P.2600、P.3764 均脱"为"字。

（3）无事生嗔为二不祥：今据 P.2825 迻录。S.479、P.2600、

P.3764均脱"为"字。

（4）轻慢师长为三不祥：写卷S.479作"轻师慢长三不祥"，亦通。P.2600作"轻慢师长三不祥"。P.2825作"轻慢师长为一不祥三"，"三"右旁有倒文符号。P.3764作"轻漫师长三不祥"，"漫"与"慢"形似而误。嗔，发怒、生气。南朝·宋·刘义庆《世说新语·德行》："丞相见长豫辄喜，见敬豫辄嗔。"

（5）夜卧露刑为四不祥：依据P.2825迻录。刑，通"形"。《孝经·天子章》："德教加于百姓，刑于四海。"郑玄注："形，见也。"S.479作"夜起路刑四不祥"。路，通"露"，裸露。《太平广记》第二五一引五代·王定保《唐摭言·张祜》："但知报道金钗落，髣髴还应路指尖。"P.2600作"夜起路形四不祥"。P.3764作"夜起露形四不祥"。

（6）非理求财为五不祥：今P.2825迻录。S.479、P.2600脱"为"字。P.3764"财"抄作"才"。亦。"才"通"财"。

（7）有过不改为六不祥：依据P.2825迻录。其他卷均脱"为"字。

【录文】

"何名为七奴相⁽¹⁾？"太公曰："跣脚下床为一奴相⁽²⁾，食不漱口为二奴相⁽³⁾，著鞋上床为三奴相⁽⁴⁾，起立著裈为四奴相⁽⁵⁾，坐起背人为五奴相⁽⁶⁾，露刑洗浴为六奴相⁽⁷⁾，口面不净为七奴相⁽⁸⁾。"

【校释】

（1）何名为七奴相：S.479此句前有"武王曰"。P.2600、P.3764作"何为七奴"。P.2825作"何名为七奴"。

（2）跣脚下床为一奴相：S.479作"⿰⾜⿱士兀 脚下床一奴相"。P.2600、P.3764作"跣脚下床一奴"。P.2825作"⿰⾜光 脚下床为一奴"。跣脚，跣足、赤脚。

（3）食不漱口为二奴相：P.2600、P.3764脱"为"字、"相"字。S.479脱"为"字。P.2825脱"相"字。

（4）著鞋上床为三奴相：S.479作"着鞋上床三奴相"。P.2600作"著鞋上床三奴"。P.2825脱"相"字。P.3764作"着靴上床三奴。""着""著"同义。"靴"当为"鞋"之误。

（5）起立著裤为四奴相：P.2600、P.3764脱"为"字、"相"字，"著"抄作"着"。P.2825脱"相"字。S.479作"立起着裤四奴相"。

（6）坐起背人为五奴相：S.479作"起坐背人五奴相"。P.2600作"坐起背人五奴"。P.2825作"坐起背人为五奴"。P.3764"坐起皆人五奴"，"皆"为"背"之误。

（7）露刑洗浴为六奴相：S.479作"露刑洗浴六奴相"。P.2600作"路形洗浴六奴"。P.2825脱"相"。P.3764脱"为"字、"相"字。刑，通"形"，见前注。

（8）口面不净为七奴相：S.479作"恶口不损七奴相"。P.2600"口面不净七奴"。P.2825作脱"相"字。P.3764作"口面不净七奴"。"净"与"净"形似而误。

【录文】

"何名为八贱⁽¹⁾？"太公曰："行步匆匆为一贱⁽²⁾，跷脚立尿为二贱⁽³⁾，坐不端整为三贱⁽⁴⁾，你我他人为四贱⁽⁵⁾，唾涕汗地为五贱⁽⁶⁾，著杂色衣裳为六贱⁽⁷⁾，不自修饰为七贱⁽⁸⁾，坐不择地为八贱⁽⁹⁾。"

【校释】

（1）何名为八贱：S.479此句前有"武王曰"。P.2600、P.3764脱"名"字。

（2）行步匆匆为一贱：据P.2825迻录。S.479、P.2600、P.3764均脱"为"。

（3）跷脚立尿为二贱：据P.2825迻录。P.2600、P.3764均脱"为"。S.479"尿"似作"屎"。

（4）坐不端整为三贱：据P.2825迻录。S.479脱"为"。P.3764作"坐不端正三贱"。P.2600作"坐不端政三贱"。古汉语"正""政""整"通用。整，端方、端庄、严肃。《韩非子·六反》："嘉厚纯粹，整谷之民也。"陈奇猷集释引王先谦曰："整，正；谷，善也。"

（5）你我他人为四贱：据 P.2825 迻录。其他卷均脱"为"字。此句意思难解，今待考。

（6）唾涕汗地为五贱：据 P.2825 迻录。S.479、P.3764 脱"为"字。P.2600 作"唾地污地五贱"。"汗"同"污"。

（7）著杂色衣裳为六贱：写卷 P.2825 "裳"作"常"。P.2600 作"杂衣裳六贱"。P.3764 作"杂色衣裳六贱"。S.479 作"著杂色衣六贱"。

（8）不自修饰为七贱：据 P.2825 迻录。其他卷均脱"为"字。

（9）坐不择地为八贱：据 P.2825 迻录。其他卷均脱"为"字。

【录文】

武王曰："何为九愚？"太公曰："躭酒逐色为一愚[1]，求财不足为二愚[2]，好衣薄德为三愚[3]，自谈己善为四愚[4]，好说他人为五愚[5]，悭贪悋惜为六愚[6]，妒疾胜己为七愚[7]，行恶不虑为八愚[8]，被辱不耻为九愚[9]。"

【校释】

（1）躭（dān）酒逐色为一愚：据 P.2825 迻录。S.479 脱"为"字。P.2600 作"贪酒逐色一愚"。P.3764 脱"愚"字。躭，迷恋、酷嗜。《汉书·王嘉传》："躭于酒色，损德伤年。"

（2）求财不足为二愚：P.2600 脱"为"字。P.3764 作"求才不足二愚"。"才"同"财"。

（3）好衣薄德为三愚：P.2825 作"好衣博与人为三愚"，其意费解。今据 P.2600 迻录。S.479、P.3764 均作"好衣薄得三愚"，"得"通"德"。德行。《荀子·成相》："舜授禹以天下，尚得推贤不失序。"王先谦集解："得当为德。"

（4）自谈己善为四愚：据 P.2825 迻录。其他卷均脱"为"字。

（5）好说他人为五愚：据 P.2825 迻录。其他卷均脱"为"字。

（6）悭贪悋惜为六愚：据 P.2825 迻录。其他卷均脱"为"字。悭贪，吝啬而贪得。《百喻经·牧羊人喻》："昔有一人，巧于牧羊，其羊滋多，乃有千万。极大悭贪，不肯外用。"悋惜，吝啬顾惜。《三国志·魏志·荀彧传》："公以至仁待人，推诚心不为虚美，行己谨俭，而与有功者无所悋惜，故天下忠正效实之士咸愿为用。"

（7）姤疾胜己为七愚：据 P.2825 迻录。其他卷脱"为"字，且作"姤嫉"。"姤"当为"妬"，通"妒"。

（8）行恶不虑为八愚：据 P.2825 迻录。P.2600、S.479 脱"为"字。P.3764 作"行恶八愚"。

（9）被辱不耻为九愚：据 P.2825 迻录。P.2600、P.3764 脱"为"字。S.479 作"受辱不处九愚"。"处"当为误字。

【录文】

武王曰："何名为十狂[1]？"太公曰："为下忤上为一狂[2]，说他密事为二狂[3]，立身无志为三狂[4]，不修道业为四狂[5]，见善不习为五狂[6]，轻慢胜己为六狂[7]，嗔他行善为七狂[8]，同类相欺为八狂[9]，专习鹰犬为九狂[10]，谗说他人为十狂[11]。《礼记》云：'君子不失色于人，不妄言于口[12]。'《庄子》云：'吾比养汝，怜汝极深；汝今养子，当知吾心；汝今不孝，子亦如之；相续相报，是其常理也[13]。'"

【校释】

（1）何名为十狂：P.3764 脱"为"字。P.2600 作"何为一狂"，"一"为抄写之误。

（2）为下忤上为一狂：据 S.479 迻录。P.2825 作"违下于上为一狂"。P.3764 作"为下丁上一狂"。P.2600 作"为下忤上一狂"。

（3）说他密事为二狂：据 P.2825 迻录。S.479、P.2600 脱"为"字。P.3764 作"说他密士二狂"。"士"当为别字。

（4）立身无志为三狂：据 P.2825 迻录。S.479、P.2600 脱"为"字。P.3764 作"立身无智三狂"。"智"亦通。

（5）不修道业为四狂：据写卷 P.2825 迻录。其他卷均脱"为"字。道业，谓善行、美德。因其可以化导他人，故称。《三国志·蜀志·庞统传》："当今天下大乱，雅道陵迟，善人少而恶人多。方欲兴风俗，长道业，不美其谭即声名不足慕企，不足慕企而为善者少矣。"也指佛道教化事业。北魏·郦道元《水经注·鲍丘水》："水东有观鸡寺……盖以此土寒严，霜气肃猛，出家沙门，率皆贫薄，施主虑阙道业，故崇斯构，是以志道者多栖托焉。"又《魏书·释老志》："于是崇奉天师，显扬新法，宣布天下，道业大行。"

（6）见善不习为五狂：据 P.2825 迻录。其他卷均脱"为"字。

（7）轻慢胜己为六狂：据 P.2825 迻录。P.2600 脱"为"字。P.3764"慢"作"漫"。S.479 作"轻师胜己六狂"。

（8）嗔他行善为七狂：据 P.2825 迻录。其他卷均脱"为"字。

（9）同类相欺为八狂：据 P.2825 迻录。其他卷均脱"为"字。

（10）专习鹰犬为九狂：据 P.2825 迻录。P.2600、P.3764 脱"为"字。S.479 作"修习鹰犬九狂"。

（11）谗说他人为十狂：据 P.2825 迻录。P.2600、P.3764 脱"为"字。S.479 作"言说天下十狂"。

（12）《礼记》云："君子不失色于人，不妄言于口"：P.2825 脱"妄"字。P.2600 作"《礼》云"。S.479 无此句。该句见于《礼记·表记》。原文为：子曰："君子不失足于人，不失色于人，不失口于人。"

（13）吾比养汝，怜汝极深；汝今养子，当知吾心；汝今不孝，子亦如之；相续相报，是其常理也：今据 P.2825 迻录。P.2600 作"怜汝实深"，"应"作"始"；P.3764 作"方"。S.479 无此引言。写卷作"庄子云"，遍检《庄子》，不得此引言。今存疑。另，P.2825、P.3764 此引言后，题"太公家教一卷"，再无下文。

【录文】

武王曰："欲成益己如之何[1]？"太公曰："五谷养人，种之[2]；六畜代人[3]，畜之；家产生活[4]，勤之；酒能败身，去之；色能丧身，畏之；口能招祸，慎之；虽丰钱财[5]，俭之；粮食少短[6]，节之；尊长教诲[7]，依之；勤奴健婢[8]，怜之；若有愆过，罚之；自能服首[9]，恕之；恶人欲染，避之[10]；恭勤孝养，习之；口欲出言，慎之；无财与者，悦之；

不自决者，问之；言语不典，正之⁽¹¹⁾；引道苦 空 ，化之⁽¹²⁾。"

【校释】

（1）欲成益己如之何：P.2600"之"误作"知"。S.479脱"之"。

（2）五谷养人，种之：P.2600作"谷养人所以种之"。

（3）六畜代人：P.2600作"六畜代人行步"。S.479作"六畜大人"，"大"为误字。

（4）家产生活：今据S.479迻录。P.2600作"家生治"。"治"与"活"形似而误。家产，指家庭财产。《史记·李将军列传》："终广之身，为二千石四十余年，家无余财，终不言家产事。"生活，衣食住行等方面的情况。也指生计。《魏书·胡叟传》："（胡叟）家于密云，蓬室草筵，惟以酒自适。谓友人金城宗舒曰：'我此生活，似胜焦先。'"

（5）虽丰钱财：P.2600脱"丰"字。

（6）粮食少短：P.2600作"粮食少矩"，"矩"与"短"形似而误。今改之。S.470作"良食少矩"。"良""矩"皆为误字。

（7）尊长教诲：S.479作"尊长孝训"。

（8）健婢：S.479作"见妇"，当为误抄。

（9）自能皈首：S.479作"身能皈首"。其意费解，今存疑。

（10）恶人欲染，避之：S.479脱此句。

（11）言语不典，正之：P.2600作"言语不善教正典之"。典，典雅。《西京杂记》卷三："司马长卿赋，时人皆称典而丽。"

（12）引道苦 空 ，化之：P.2600脱此句。

【录文】

武王曰："欲教子孙如之何⁽¹⁾？"太公曰："为子慈孝⁽²⁾，为父威严⁽³⁾，为兄矜和，为弟孝顺⁽⁴⁾，夫妻相敬。莫□□□人莫与交通，淫人莫与相亲；他奴莫与语，他□□□□家特可远之。饮君酒莫嫌薄，食□□□莫嫌粗，受君赐莫嫌恶。孤寡莫近，小人莫欺。摴蒲六博，令汝家贫；贪淫嗜酒，岂不灭身。《庄子》云：'穷巷莫立，他墙莫窥，他弓莫挽，他马莫骑，他儿莫抱，他事莫知。'穷巷莫立道理长，他墙莫窥自慎防，他弓莫挽岂自张，他马莫骑量自伤，他儿莫抱岂惊忙，他事莫知无祸殃。男教学问，拟待明君；女教针缝，不犯七出。常莫用佞言，治家莫取妇语；怜子始知父慈，身劳方知人苦。慎莫多事，多事被人憎；见事如不见，无言最为能；莫为无益事，莫居无益邻，莫听无益语，莫亲无益人。此情可藏于金柜也。"

武王家教一卷。

【校释】

（1）欲教子孙如之何：S.479 脱"之"。

（2）为子慈孝：P.2600 作"为人慈孝"。根据 S.479 及上下文，当作"为子慈孝"。

（3）为父威严：P.2600 止于此句。

（4）为弟孝顺：S.479 止于此句，尾题太公家教一卷。按，今存 11 件写卷均无下文。以下内容依据郑本录文。

辩才家教

【题解】

《辩才家教》是一篇出自佛教徒之手,寺院用来教育蒙童的通俗读物。就内容而言,《辩才家教》杂糅佛教义理,所讲多为品德陶冶与行为规范,也是带有浓郁的佛教劝世意味的敦煌家教类蒙书。形式上也不同于其他敦煌蒙书,而是采用了佛经偈颂的体式,来劝教世人。"辩才"是佛教词,也写作"辨才",是佛教中善巧解说佛法,颇具辩说能力的人才。据郑阿财先生研究,《辩才家教》中的"辩才"命名取义有两种可能:一是指称某个善于巧说的人,二是可能托名中唐僧人"辩才"。日本学者山崎宏《支那中世佛教の展开》一文认为《辩才家教》中的"辩才"是后人假托名。

敦煌写卷《辩才家教》共计存2件,其中法国巴黎国家图书馆藏1件,卷号为P.2515。英国伦敦不列颠图书馆藏1件,卷号为S.4329。三个写卷中,唯P.2515首尾俱全,能展现该蒙书的全貌。另S.4329虽首尾俱残,然残存部分内容却有句读痕迹,亦弥足珍贵。关于写卷S.4329和P.2515,郑阿财先生在《敦煌蒙书研究》一书中作了详细的叙录,这里不再赘述。今以P.2515为底本,以其他写卷及郑本参校。

有关《辩才家教》的研究成果并不是很多。早期有前文提到的[日]山崎宏的《支那中世佛教の展开》。我国大陆有1982年刘修业据王重民先生遗稿整理发表的《敦煌写本跋文》(四篇),其中一篇为《敦煌写本〈辩才家教〉跋》,该文简要介绍了法藏P.2515卷号《辩才家教》写本的概况。后有周凤五先生《敦煌写本〈辩才家教〉初探》一文和王国良《敦煌写本〈辩才家教〉卷子补说》等。著作方面主要有郑阿财、朱凤玉先生所著的《敦煌蒙书研究》第四章第二节"家训类蒙书"中的《辩才家教》。

【录文】

辩才家教卷上并序

　　昔辩才者，是不可思议人也，是善知识[1]，教化阎浮提众生成道[2]，免堕迷愚之中，痴顽之类。人身难得，中国难生[3]，却遇迷□，自须添知，会其八节[4]，知（其）四季[5]，酌量时便[6]，禀其年岁。时丰即贱，凶年即贵。栽树防热，筑堤防水，积行防衰，积谷防饥。勤读诗书，自然知足[7]。学时虽难，用[时]还易[8]。鱼潜[江]海[9]，须愧其水。鹤寄千林，高枝即贵。奉劝时人，须於此义。不可轻辩才之美。齐之足知，达之义理，终身无咎[10]。人之仰贵，譬如土生□□，金生丽水[11]。

【校释】

（1）知识：了解、辨识。汉·刘向《列女传·齐管妾婧》："人已语君矣，君不知识邪？"

（2）教化阎浮提众生成道：教化人世间众生修成正道。阎浮提，梵语，即南赡部洲。阎浮，树名。提为"提鞞波"之略，义译为洲。洲上阎浮树最多，故称阎浮提。诗文中多指人世间。晋·法显《佛国记》："吾却后七日，当下阎浮提。"

（3）中国难生：中原地区难有。中国，上古时代，我国华夏族建国于黄河流域一带，以为居天下之中，故称中国，而把周围其他地区称为四方。后泛指中原地区。《诗·小雅·六月序》："《小雅》尽废，则四夷交侵，中国微矣。"

（4）八节：八个节气。即立春、春分、立夏、夏至、立秋、秋分、立冬、冬至。《开蒙要训》："四时往来，八节相迎。"

（5）知（其）四季：P.2515脱"其"，今依据上文及文意补之。

（6）酌量时便：P.2515"便"模糊不清，今据郑本。

（7）知足：P.2515 作"足知"。今改之。

（8）用［时］还易：P.2515 脱"时"，今据上文结构补之。

（9）鱼潜［江］海：P.2515 文字斑驳不清，今据郑本录文。

（10）终身无咎：一辈子都不会有灾祸。咎，灾祸、不幸之事。与"休"相对。《书·大禹谟》："君子在野，小人在位，民弃不保，天降之咎。"孔颖达疏："天降之殃咎。"

（11）丽水：古水名。《韩非子·内储说上》："荆南之地、丽水之中生金，人多窃采金。"

【录文】

贞清门第一

学士问辩才▭答曰："欲嗔即喜，欲恨即休；欲贪即止，欲财即▭以得报得(1)。人来相雠(2)，以怨报而不绝，则行是人之大……先立他人。危人自安，死门何远。既要立身，须得良友。近贤者▭，近贱者忧。衣破须补，屋漏须修。好事即须▭，不可勤求。结交先须离己(3)，负心必见怨雠(4)。"

【校释】

（1）以得报得：即以德报德。得，P.2515 作"得"，郑本改为本字"德"。"得"通"德"。感恩。《孟子·告子上》："为宫室之美，妻妾之奉，所识穷乏者得我与？"焦循正义："得与德通。"

（2）人来相雠：来，P.2515 "来"右旁似改为"如"，郑本作"如"；雠，郑本作"仇"。雠指仇恨、怨恨。《左传·僖公十四年》："庆郑曰：'背施，幸灾，民所弃也。近犹雠之，况怨敌乎？'"

（3）结交先须离己：据 P.2515 迻录。郑本"先须"作"须先"。

（4）怨雠：今写作"怨仇"。怨仇，怨恨仇视。《史记·大宛列传》："皆言匈奴破月氏王，以其头为饮器，月氏遁逃而常怨仇匈奴。"

【录文】

省［事］门章［第二］⁽¹⁾

学士问辩才曰："如何省事⁽²⁾？"辩才答曰："但行正直⁽³⁾，莫行□□⁽⁴⁾，大道如行⁽⁵⁾，免登山谷。莫轻他人不被辱⁽⁶⁾，知理识分得人□⁽⁷⁾。酒莫多喫⁽⁸⁾，必无犯触；财莫多贪⁽⁹⁾，免遭枷狱。官法明明，恪令如烛⁽¹⁰⁾。吾语不可忘，弟子须开耳目。劝时不听吾言⁽¹¹⁾，一朝悔将何及？"

【校释】

（1）省［事］门章［第二］：写卷作"省门章□□□□"，［］中内容据第一段及郑阿财先生录文补。

（2）省事：指懂事、明白事理。唐·韩愈《与崔群书》："自省事已来，又见贤者恒不遇，不贤者比肩青紫。"

（3）但行正直：只做正直之事。但，只，仅仅。

（4）莫行□□：写卷莫行后面字迹模糊不清，郑阿财先生录文作"莫行诸［恶］"。

（5）大道如行：在宽阔的路上行走。大道，宽阔的道路。《列子·说符》："大道以多歧亡羊，学者以多方丧生。"又汉·班昭《东征赋》："遵通衢之大道兮，求快捷方式欲从谁？"郑阿财先生录文作"大道而行"。亦通。

（6）被辱：遭受耻辱。

（7）知理识分得人□：郑本作"知礼知分得人□"，今依据P.2515改。

（8）酒莫多喫：意谓不要贪酒。喫，指"吃酒"，今简化为"吃"。古代"喫"与"吃"不同，"喫"指吃饭、吃酒；"吃"则指口吃。古人视财、酒、色为三害，主张戒之。如敦煌蒙书《太公家教》有云：财能害己，必须远之；酒能败身，必须戒之；色能致乱，必须弃之。

（9）财莫多贪：P.2515作"才莫多贪"。才，通"财"。

（10）恪令如烛：法令像火烛一样光明。恪，通"格"。法式、标准。恪令，即法令。

（11）吾言：郑本作"善言"。今据 P.2515 改。

【录文】

劝善门章第三

学士问辩才曰："善门有何因缘⁽¹⁾？"辩（才）答曰⁽²⁾："万般求法，不如劝心；千种多知，不如禁口。三教之中⁽³⁾，臭恶不过秽言；一切名香，□□不过善语。《孝经》云：'言满天下无口过，行满天下无怨恶⁽⁴⁾。'磨刀恨不利，刀利伤人指；求财恨不多，财多害人己⁽⁵⁾。不枉法⁽⁶⁾，不得财；若枉法，祸必来。君子爱财，取之有道；贞夫爱色，纳之以礼。莫将有限之身，求无限之宝。诵曰⁽⁷⁾：'劝君莫贪财，贪财祸必来；于道但依人，法门为谁开⁽⁸⁾。'"

【校释】

（1）因缘：佛教语。佛教谓使事物生起、变化和坏灭的主要条件为因，辅助条件为缘。《四十二章经》卷十三："沙门问佛，以何因缘，得知宿命，会其至道？"《翻译名义集·释十二支》："前缘相生，因也；现相助成，缘也。"

（2）辩（才）答曰：P.2515 脱"才"，今据前文补之。

（3）三教：佛教传入我国后，称儒、道、释为"三教"。《北史·周本纪下》："十二月癸巳，集群官及沙门道士等，帝升高座，辨释三教先后。以儒教为先，道教次之，佛教为后。"

（4）《孝经》云："言满天下无口过，行满天下无怨恶"：出之《孝经·卿大夫章》，原文为："是故非法不言，非道不行；口无择言，身无择行；言满天下无口过，行满天下无怨恶。"

（5）己：写卷作"巳"。按，敦煌写卷中"已""己"多误作"巳"。

（6）枉法：指歪曲和破坏法律。《史记·滑稽列传》："又恐受赇枉法，为奸触大罪，身死而家灭。"

（7）诵曰：P.2515 作"诵"，郑阿财先生录文作"颂曰"。

（8）法门为谁开：谓佛门为谁开。法门，佛教语。指修行者入道的门径。亦泛指佛门。《法华经·序品》："以种种法门，宣示于佛道。"

【录文】

六亲(1) 章第四

立身须行孝，家务亦殷勤(2)。出门求诸事，先须启二亲。善言胜美味，含笑莫怀嗔(3)。好儿和眷属(4)，婢妇和六亲。为人莫骄慢(5)，为礼莫因循(6)。侍奉莫辞苦，礼业莫辞辛(7)。在众莫人我，非亲莫为亲。山行须让道，言语莫伤人。伤他还自伤(8)，更交断说人(9)。有茶屈东舍，有酒命西邻。出去入他户，人来莫闭门(10)。输官莫在后(11)，种莳莫伤春(12)。居村莫越众，众处莫超群。言多有何益，少语省精神。好贿莫为有(13)，好煞莫（为）朋(14)。分争莫为理，五眼莫为邻(15)。非□□陶米(16)，不作莫燃灯。从头须节省，免后受饥贫。

【校释】

（1）六亲：六种亲人。具体所指历来说法不一：①《老子》："六亲不和有孝慈。"王弼注："六亲，父、子、兄、弟、夫、妇。"②《管子·牧民》："上服度，则六亲固。"尹知章注："六亲，谓父母兄弟妻子。"③汉·贾谊《新书·六术》篇，以父、昆弟、从父昆弟、从祖昆弟、从曾祖昆弟、族兄弟为"六亲"。④《史记·管晏列传》："上服度则六亲固。"张守节正义："六亲谓外祖父母一，父母二，姊妹三，妻兄弟之子四，从母之子五，女子之子六也。"⑤《左传·昭公二十五年》"为父子、兄弟、姑姊、甥舅、昏媾、姻亚，以象天明"晋杜预注："六亲和睦，以事严父，若众星之共辰极也。"即以父子、兄弟、姑姊、甥舅、婚媾、姻娅为六亲。

（2）殷勤：关注、勤劳。三国·魏·曹操《请追赠郭嘉封邑表》：

"贤君殷勤于清良,圣祖敦笃于明勋。"

（3）嗔：发怒、生气。南朝·梁·沈约《六忆》诗之二："笑时应无比,嗔时更可怜。"

（4）好儿和眷属：优秀男儿使家眷和睦。眷属,家属、亲属。《南齐书·江敩传》："江忠简胤嗣所寄,唯敩一人,旁无眷属。"又唐·白居易《自咏老身示诸家属》："家居虽濩落,眷属幸团圆。"郑阿财先生录文作"好儿和家眷"。今从 P.2515 改。

（5）骄慢：亦作"骄嫚"。骄傲怠慢。《汉书·五行志上》："刘向以为时宋愍公骄慢,睹灾不改。"又《汉书·五行志中之上》："与驺奴宰人游居娱戏,骄嫚不敬。"

（6）因循：轻率；随随便便。《敦煌变文集·捉季布传文》："濮阳之日为因循,用却百金忙买得,不曾子细问根由。"又《敦煌变文集·妙法莲华经讲经文》："供养十方菩萨,且要饮馔精珍……如斯不敢因循,毕竟一生供养。"

（7）礼业莫辞辛：谓打理家业不辞辛劳。礼,通"理"。

（8）伤他还自伤：敦煌蒙书《太公家教》："伤人之语,还是自伤。"

（9）更交断说人：郑阿财先生录文作"更教断说人"。句意费解,今存疑。

（10）人来莫闭门：意谓待人要热情有礼。敦煌蒙书《太公家教》云："侣无新疏,来者当受;合食与食,合酒与酒。闭门不看,还如猪狗"。

（11）输官莫在后：向官府缴纳赋税不要落在后面。输官,向官府缴纳。清·赵翼《瓯北诗话·吴梅村诗》："世祖章皇帝特诏:免此加派,其已输官者,准抵次年钱粮。"

（12）种（zhǒng）莳莫伤春：意谓按时种植。种莳,犹种植。北魏·贾思勰《〈齐民要术〉序》："其有五谷果蓏,非中国所殖者,存其名目而已；种莳之法,盖无闻焉。"

（13）有：写卷抄写之误,当作"友"。

（14）好煞莫（为）朋：写卷 P.2515 脱"为"字,今据上下句句式补之。煞,同"杀"。

（15）五眼莫为邻：不要与五眼之人做邻居。五眼，佛教语。指肉眼、天眼、慧眼、法眼、佛眼。凡夫所见为肉眼，天人禅定所见为天眼，小乘照见真空之理为慧眼，菩萨照见普度众生的一切法门为法眼，佛陀具种种眼而照见中道实相为佛眼。《大智度论》卷三三："菩萨摩诃萨欲得五眼者，当学般若波罗蜜。"又南朝·宋·谢灵运《山居赋》："蕴终古于三季，俟通明于五眼。"

（16）非□□陶米：郑阿财先生录文作"非□［莫］淘米"，今据写卷P.2515改。陶，当为"淘"。

【录文】

积行章第五

学士问辩才曰："何名为积行？"辩才答曰："积行防衰，积谷防饥，积义防亏[1]。积善之家，必有余庆；积恶之家，必有余殃[2]。终日行善，善犹不足；一日行恶，恶及有余[3]。《老子》云：'一朝不洗面尘生[4]，一日念善诸恶超。时人只（解）水洗面[5]，不解用善静其心[6]。'以偈诵[7]曰：'家教看时真似浅，款曲寻思始知深[8]。向外搜求无可觅，五蕴山中闹如林。梦里昏昏无不见[9]，觉来惶惶用意寻[10]。贱人贱薄轻文字，贵人贵即重如金。剪截浮调宣要妙，无过彼此不相侵。'"

【校释】

（1）积义防亏：积累义行，可以防止损失。亏，损失。《战国策·魏策一》："夫事秦必割地效质，故兵未用而国已亏矣。"

（2）积善之家，必有余庆；积恶之家，必有余殃：语出《周易·坤》，原文为："积善之家，必有余庆；积不善之家，必有余殃。"另敦煌写卷《新集文词九经抄》亦云："积善之家，必有余庆；积恶之家，必有余殃。"

（3）恶及有余：今据P.2515迻录。及，当为"即"之误字。郑本作"即"。

（4）一朝不洗面尘生：P.2515"生"前衍"拾"字。今据郑本改。

（5）时人只（解）水洗面：P.2515无"解"字，今据上下文及郑本补之。

（6）不解用善静其心：静，清洁、干净。唐·杜甫《渼陂行》："沉竿续蔓深莫测，菱叶荷花静如拭。"一本作"净"。另，《老子》中并无"一朝不洗面尘生"等四句，当为作者假托之辞。

（7）诵：P.2515作"诵"，郑本作"颂"。

（8）款曲寻思始知深：写卷作"款曲寻思如知深"。"如"当为"始"之误，今据郑阿财先生录文改之。款曲：详情、内情。《三国志·魏志·郭淮传》："每羌胡来降，淮辄先使人推问其亲理，男女多少，年岁长幼；及见，一二知其款曲，讯问周至，咸称神明。"

（9）梦里昏昏无不见：此句"梦里昏昏"与"无不见"意义相矛盾。费解。疑"不"为"所"，二字形似而致抄误。

（10）觉来惶惶用意寻：此句意为醒来后惶惶回味其用意所在。觉，睡醒、清醒。《诗·王风·兔爰》："尚寐无觉。"又《庄子·齐物论》："俄然觉，则蘧蘧然周也。"惶惶，恐惧不安貌。南朝·宋·刘义庆《世说新语·言语》："帝曰：'卿面何以汗？'毓对曰：'战战惶惶，汗出如浆。'"

【录文】

十劝章第六

学士问辩才曰："十劝之中，有何所□⁽¹⁾？"辩才答曰："十劝之中，非常利益⁽²⁾。善能于此教⁽³⁾，的然无误失⁽⁴⁾。诵曰⁽⁵⁾：'劝君一，居家济济无啾唧⁽⁶⁾。约束莫交行诈伪⁽⁷⁾，即此无灾身大吉。一行若也有 参差 ⁽⁸⁾，百行之中将总失。旁人免道家教疏，家教天生道理密。劝君二，莫令小女知家事。八十老人学种田，由自不得天心至⁽⁹⁾。劝君作小用尊言，禀受虔心须用耳⁽¹⁰⁾。保爱六亲行善缘，此是男儿在终始。劝君三，虽然成长未更谙[11]。见他人笑学他笑，述意愚痴未所堪[12]。使交出去遣人愁[13]，父母恩言苦再三。即可送入于学门，莫交夫子就门参。劝君四，修德人身莫取此[14]。亲近智人学风流[15]，交伊远近传君子。合有人情须精尽，若没人情狗相似。即徒迤逦劝成人[16]，不是辩才夸文字。劝君五，奉侍不可辞（辛）苦[17]。十月怀胎起坐难，报取三年亲乳哺。不论男女一般怜，总随恩爱无他苦。既若不听辩才言[18]，请问慈乌来反哺[19]。劝君六，家贫不用贪酒肉。一□荣农一🐂田[20]，因甚你家偏不熟[21]？冬前不见秋耕地，春时难可求资蓄[22]。无柴无米及无铛[23]，谁人肯煮无米粥？劝君七，嘱付殷勤非今日[24]。立身若也不殷勤，懒惰慵馋惟乐乙[25]。尸陁林里觅蓬僚[26]，如此般流非不一。当时不纳辩才言，一入闇门无处出[27]。劝君八，立身切莫亲屠煞[28]。世间生死有论迴[29]，冤家并对词难说[30]。将心悔不早□惟[31]，负命有雠须救拔[32]。愿身早🐎登生路[33]，转劝修行休宰煞。劝君九，事须小喫无名酒[34]。多喫令人失礼仪，醉后人传无去就。醉时狂语万般言，众人责辱千般有。醉时不听辩才言[35]，须向人前呈羞丑。劝君十，知有法门何要入。纵有妖邪索命来，远离浊泥净处立。但以心中行正直，非理谁人何所及？十善之中总能依，季不将心求节级[36]。'"

【校释】

（1）有何所□：此句P.2515末字模糊难辨，郑本作"得"。今存疑。

（2）非常利益：有不寻常的好处。

（3）善能于此教：今据P.2515迻录。郑本作"（若）能（依）此教"。

（4）的然无误失：的确没有失误。的然，明显貌。《礼记·中庸》："故君子之道，闇然而日章；小人之道，的然而日亡。"该语词唐代多用。如唐·柳宗元《与萧翰林俛书》："非的然昭晳，自断于内，则孰能了仆于冥冥之间哉。"

（5）诵曰：今依P.2515迻录。诵，通"颂"。郑本作"［颂］曰"。

（6）居家济济无啾唧：居家时众人面前不要总嘀咕。济济，众多貌。《诗·大雅·旱麓》："瞻彼旱麓，榛楛济济。"毛传："济济，众多也。"啾唧，本为象声词。形容细碎的声音。汉·枚乘《柳赋》："鎗锽啾唧，萧条寂寥。"本文中义犹嘀咕。也指烦躁不安。

（7）约束莫交行诈伪：约束自己不要做欺诈之事。交，通"教"。使。《南史·张融传》："交尔蓝缕，亦亏朝望。"又唐·牛峤《杨柳枝》诗之四："莫交移入灵和殿，宫女三千又妬伊。"郑本改作"教"。

（8）参差：P.2515 此二字模糊难辨，今据郑本。参差，差池、差错。唐·元稹《代九九》诗："每常同坐卧，不省暂参差。"

（9）八十老人学种田，由自不得天心至：意谓八十岁的老人学种田，纵有其心，然力不从心。由，通"犹"。欲、想要。《墨子·明鬼下》："齐君由谦杀之，恐不辜；犹谦释之，恐失有罪。"清·王念孙《读书杂志·墨三》："由、犹，皆欲也。谦与兼同。言欲兼杀之兼释之也。"天心，犹天意。《汉书·杜周传》："宜修孝文时政，示以俭约宽和，顺天心，说民意，年岁宜应。"

（10）禀受虔心须用耳：意谓接受别人的意见要诚心恭听。禀受，犹承受。旧常指受于自然的体性或气质。《淮南子·修务训》："各有其自然之势，无禀受于外。"汉·王充《论衡·气寿》："非天有长短之命，而人各有禀受也。"虔心，即诚心。北周·庾信《祀圆丘歌》："翼翼虔心，明明上彻。"又唐·杨炯《梓州惠义寺重阁铭》："远览形势，虔心净域。"

（11）更谙：犹更事，明白事理。

（12）述意愚痴未所堪：P.2515"未"写作"末"，误。

（13）使交出去遣人愁：交，通"教"。下文同。

（14）此：郑本作"次"。今存疑。

（15）亲近智人学风流：亲近有智慧的人，学习他们的卓绝才能。智人，有智慧的人。《国语·晋语六》："武人不乱，智人不诈，仁人不党。"晋·葛洪《抱朴子·行品》："量理乱以卷舒，审去就以保身者，智人也。"风流，杰出不凡的样子。宋·苏轼《与江惇礼秀才书》之一："仆虽晚生，犹及见君之王父也。追思一时风流贤达，岂可复梦见哉！"

（16）即徒迤逦劝成人：迤逦，曲折连绵貌。南朝·齐·谢朓《治宅》诗："迢遰南川阳，迤逦西山足。"

（17）奉侍不可辞（辛）苦：P.2515无"辛"字。今据句意补之。

（18）既若不听辩才言：郑本"若"作"苦"，义难通。

（19）请问慈乌来反哺：今据P.2515迻录。此句典出桓谭《新论》：汉宣帝时，公卿大夫朝会廷中，丞相语次言："闻枭生子，子长，且食其母，乃能飞，宁然也？"时有贤者应曰："但闻乌子反哺其母耳。"丞相大惭，自讳其言之非也。郑本"乌"为"鸟"。

（20）一□荣农一❀田：据P.2515迻录，然此句费解。郑本作"一种[营]农一种田"。今存疑。

（21）因甚你家偏不熟：写卷P.2515作"因家甚你偏不熟"，"家""甚"右旁似有倒文符号。今据郑本改之。

（22）春时难可求资蓄：到了春天青黄不接，很难积蓄资财。资蓄，积蓄的资财。《北史·独孤罗传》："齐将独孤永业以宗族故，哀之，为买田宅，遗以资畜。"又宋·苏辙《民政上》："骄奢之风行于天下，则富者至于破其资畜。"

（23）铛（chēng）：古代的锅，以金属或陶瓷制成。有耳有足，用于烧煮饭食等。南朝·宋·刘义庆《世说新语·德行》："母好食铛底焦饭。"《太平御览》卷七五七引汉·服虔《通俗文》："鬴有足曰铛。"

（24）嘱付殷勤非今日：嘱付，当为："嘱咐"。付，与"咐"同音而误。郑阿财先生改录为"咐"。殷勤，频繁、反复。《后汉书·陈蕃传》："天之于汉，恨之无已，故殷勤示变，以悟陛下。"又《北史·拓拔澄传》："澄亦尽心匡辅，事有不便于人者，必于谏诤殷勤不已，内外咸敬惮之。"

（25）立身若也不殷勤，懒惰慵镬惟乐乞：乞，今考不得其果，疑为"乞"之俗体，郑本作"吃"。今存疑。此二句意谓如果平时不勤奋，就会变得懒惰、懒散、好吃，只知道享乐。郑阿财先生断"若"为"苦"，句意费解。殷勤，此处意为勤奋、勤苦。后世小说中多有此用例。如《红楼梦》第二六回："别说他平日殷勤小心，就是不殷勤小心，也拼不得。"《东北人民抗日诗词选·贫农四季歌》："我们贫农人，劳苦又殷勤。"又《西游记》第二七回："行者道：'弟子亦颇殷勤，何常懒惰？'"慵馋，写卷似写作"慵鑱"，"鑱"笔画模糊难辨。今据句意录作"慵馋"，此语词唐时多用，亦作"慵馋"。意为懒而且馋；好吃懒做。如《敦煌变文集·太子成道经》："努力向鹫峯从圣道，新妇莫慵谗不擎却回来。"唐·白居易《残酌晚飡》诗："除却慵馋外，其余尽不知。"

（26）尸陁林里觅蓬僚：尸陁林，亦作"尸陀林"。梵语的译音。弃尸之处、僧人墓地。《陈书·孝行传·谢贞》："气绝之后，若直弃之草野，依僧家尸陁林法，是吾所愿。"又唐·玄应《一切经音义》卷十八："尸陀林正言尸多婆那，此云寒林。其林幽邃而且寒，因以名也，在王舍城侧……今总指弃尸之处名尸陀林者，取彼名。"蓬僚，当指穷困的朋辈。写卷不误。郑本改作"朋僚"。

（27）一入闇门无处出：P.2515"闇"不误。郑本作"暗门"。"闇"与"暗"义有所不同，此处"闇"有"蒙蔽""遮蔽"之义。一旦走入歧途就出不来。闇门，隐蔽的门。《新五代史·梁臣传·葛从周》："从周至军，益闭垒不出，而凿三闇门以待。晋兵攻之，从周以精兵自闇门出击，败晋王兵。"

（28）屠煞：即屠杀。煞，杀死、弄死。晋·葛洪《抱朴子·金丹》曰："取鸟鷇之未生毛羽者，以真丹和牛肉以吞之；至长，其毛羽皆赤，乃煞之。"《敦煌变文集·大目干连冥间救母变文》云："言作天堂没地狱，广煞猪羊祭鬼神。"

（29）论迴：当为"轮迴"。"论""轮"形似而误。迴，同"回"。轮回，亦作轮回，又作轮回，佛教语。梵语的意译，原意是流转。佛教认为众生各依善恶业因，在天道、人道、阿修罗道、地狱道、饿鬼道、畜生道六道中生死交替，有如车轮般旋转不停，故称。也称六道轮回、轮回六道。《法华经·方便品》："以诸欲因缘，坠堕三恶道，轮回六趣中，备受诸苦毒。"

（30）冤家并对词难说：P.2515"冤家并"三字后有"喫令人失礼仪醉时不听"等字，其中"醉时"后标出"×"符号，其他各字右旁均似标有删除符号。且据后文可知这些字均为误抄衍出者。故今从郑本。

（31）将心悔不早□惟：据上下文句式可知此句"惟"字前脱字。

今以"□"代之,并存疑。

（32）负命有雠须救拔：此句费解,今存疑。

（33）愿身早❏登生路：意谓希望能早日托生。❏,难辨认,今存疑。

（34）事须小喫无名酒：古人认为酒能败身,故而主张戒之。小,当为"少"之误。无名酒,当指没有名头、没有来由的酒。

（35）辩才言：写卷作"辩言才","才"右上角有倒文符号。

（36）季不将心求节级：季,疑为"即"之误。今存疑。节级,次第。《魏书·释老志》："年常度僧……若无精行,不得滥采。若取非人,刺史为首,以违旨论,太守、县令、纲僚节级连坐,统及维那移五百里外异州为僧。"唐·玄奘《大唐西域记·钵逻耶伽国》："备极珍玩,穷诸上馔,如是节级,莫不周施。"

【录文】

经业门章第七

学士问辩才曰："何名为经业？立谁为师[1]？立谁为主？"辩才答曰："自❏自整[2],自治自教。立心为师,立身为主。自制家业,自用本智。不笑贫穷,不羡富贵。不作非违,不愁道理。不解经荣[3],不求名利。不犯官愆[4],不怕神鬼。黄昏则睡,天明则起。不饮盃觞[5],不愁酒醉。不参上下[6],不问名讳[7]。病来即卧,病差即起[8]。活则且住,死来即去。亦不求神,亦无祸祟[9]。求神若得病差,☐[10]。"

【校释】

（1）立谁为师：P.2515"立"抄作"❏",误,今据下文改之。

（2）自❏自整：自己修整。"❏"当为"修"之俗体。

（3）经荣：写卷作"经荣"。疑为"经营"。今存疑。

（4）官愆：当指国家法律。

（5）盃觞：即杯觞。指酒器。也代指饮酒。盃,同"杯"。饮器。

《战国策·魏策一》："中山之君烹其子而遗之羹，乐羊坐于幕下而啜之，尽一杯。"觞，盛满酒的杯。亦泛指酒器。《礼记·投壶》："命酌，曰：'请行觞。'"又晋·葛洪《抱朴子·酒诫》云："举万寿之觞，诵温克之义。"

（6）不参上下：不弹劾上位或下位之人。参，弹劾。三国·魏·曹操《与和洽辩毛玠谤毁令》："和侍中比求实之，所以不听，欲重参之耳。"

（7）名讳：旧指尊长或所尊敬之人的名字。旧时生前曰名，死后曰讳。分用义异；合用义同名字，但含有敬意。《艺文类聚》卷六五引晋·束皙《劝农赋》："条牒所领，注列名讳。"

（8）病差（chài）即起：病愈后就起来。差，病除。《方言》第三："差，愈也。南楚病愈者谓之差。"又晋·王羲之《十七帖》："冀病患差，末秋初冬，必思与诸君一佳集。"

（9）亦无祸祟：也没有灾祸。祸祟，旧时谓鬼神所兴作的灾祸。《墨子·天志上》："我欲福禄，而恶祸祟。"汉·王充《论衡·辨祟》亦云："世俗信祸祟，以为人之疾病死亡，及更患被罪、戮辱欢笑，皆有所犯。"

（10）求神若得病差，□□□□：写卷"求神若得病差"后脱若干字。

【录文】

□□□□第八

□□□□，□□答曰⁽¹⁾："以身为本，以财为利。莫损其身，莫求其利。莫说他非，莫论他事。莫笑他贫，莫羡富贵。兢兢自使，战战自治⁽²⁾。用天之道，分地之利。谨身节用，莫违甘旨。饥即投人乞食⁽³⁾，渴即甘泉饮水。闲来窗下读书，闷则房中稳睡。孝养堂前父母，出入总须安委。夜间即须脱服，旦朝还须早起。恃来参却大人⁽⁴⁾，便须庭前扫地。煞可梳头洗面，处分厨中妯娌⁽⁵⁾。出语切莫高声，少长□在分义⁽⁶⁾。叔母拘柴着火，伯母则即（抬）水。一个拣择菜蔬⁽⁷⁾，一个便须淘米。妯娌切须和颜⁽⁸⁾，人人须知次第⁽⁹⁾。大人若有指撝⁽¹⁰⁾，切莫强来说理。男女恩爱莫偏，递互莫令有二。孝顺和颜姑嫜⁽¹¹⁾，切莫说他兄弟。内外总得传名，亲族必应欢喜。若乃以此而行⁽¹²⁾，便是孝名妇礼。"

【校释】

（1）答曰：P.2515"答曰"前文字脱漏严重。亦无"××××章第八"字样。

（2）兢兢自使，战战自治：意谓小心谨慎行事。二句互文以见其义。兢兢，小心谨慎貌。战战，恐惧貌。二者常常连用，作"战战兢兢"。意为畏惧谨慎貌。如《诗·小雅·小旻》："战战兢兢，如临深渊，如履薄冰。"毛传："战战，恐也。兢兢，戒也。"

（3）乞食：乞讨食物。《左传·僖公二十三年》："（重耳）乞食于野人，野人与之块。"

（4）恃来参却大人："恃"当为"待"之误。郑本作"待来参却大人"。

（5）处分厨中妯娌：处分，处理、处置。《玉台新咏·古诗〈为焦仲卿妻作〉》："处分适兄意，那得自任专。"妯娌，兄、弟之妻的合称。《尔雅·释亲》"长妇谓稚妇为娣妇；娣妇谓长妇为姒妇"晋·郭璞注："今相呼先后，或云妯娌。"

（6）少长□在分义：P.2515"少"抄作"小"，误。今改之。郑本认为"分义"前脱字。今存之。分义，疑为"分议"。

（7）菜蔬：即蔬菜。不误。郑阿财先生录作"蔬菜"。

（8）和颜：和蔼的面色。（汉）刘向《列女传·郑督》："妇人以端正和颜为容。"又三国·魏·曹植《洛神赋》："收和颜而静志兮，申礼防以自持。"

（9）次第：次序、顺序。《诗·大雅·行苇》"序宾以贤"。汉·郑玄笺："谓以射中多少爲次第。"

（10）指撝：又作"指挥""指麾"。安排。北魏·贾思勰《齐民要术·种榆白杨》:"能种一顷,岁收千匹,唯须一人守护,指挥处分。"

(11) 姑嫜:丈夫的母亲与父亲。犹今之公婆。汉·陈琳《饮马长城窟行》:"善事新姑嫜,时时念我故夫子。"又唐·杜甫《新婚别》诗:"妾身未分明,何以拜姑嫜。"又作"姑章"。如唐·颜师古《匡谬正俗》卷六:"古谓舅姑为姑章。"

(12) 若乃以此而行:今据 S.4329 迻录。P.2515 作"若乃以此如行"。如,当为"而"。盖受抄手方音影响而误。郑本作"而"。

【录文】

贞女章第九

学士问辩才曰:"贞女之门如何?"辩才答曰:"贞女聘与贤良,谨节侍奉姑嫜。严母出贞女,严父出贤良[1]。侍奉慇懃莫亏失[2],免令损辱阿耶孃[3]。身体发肤须保爱,父母千金莫毁伤。劝君审思量[4],莫护短[5],必寿长。内得外,莫称扬。行善巧,必无殃。行恶积[6],招不祥。依律吕,合宫商[7]。但取弱,莫争强。勤节省,必余粮。无失措,大吉昌[8]。"

【校释】

(1) 严父出贤良:今据 S.4329 迻录。P.2515 脱"贤"字。

(2) 侍奉慇懃莫亏失:P.2515"慇"字模糊,似为"应"。"懃"清晰可辨。S.4329"懃"字清晰,二卷互校,知此为"慇懃"。"慇懃"同"殷勤"。郑本"殷勤"作"殷劝",误。

(3) 耶孃:P.2515 脱"耶"字。耶孃,父母。后多作"爷娘"。古乐府《木兰诗》:"耶娘闻女来,出郭相扶将。"唐·杜甫《兵车行》亦云:"耶娘妻子走相送,尘埃不见咸阳桥。"《敦煌曲子词·鹊踏枝》云:"仰告三光垂泪滴,教他耶娘甚处传书觅。"

(4) 劝君审思量:P.2515 脱"思"字。

(5) 莫护短:据 S.4329 迻录。P.2515 作"莫护矩"。"矩"与"短"形似而误。

（6）行恶积：今据 S.4329 迻录。P.2515 作"积行恶"。郑阿财先生录文亦作"积行恶"。然此上句为"行善巧"，下句当"行恶积"以对。

（7）依律吕，合宫商：指合乎律吕、宫商音律。也喻指合乎行为准则。律吕，古代校正乐律的器具。用竹管或金属管制成，共十二管，管径相等，以管的长短来确定音的不同高度。从低音管算起，成奇数的六个管叫作"律"；成偶数的六个管叫作"吕"，合称"律吕"。后亦用以指乐律或音律。《国语·周语下》："律吕不易，无奸物也。"汉·马融《长笛赋》："律吕既和，哀声五降。"写卷 S.4329 作"律侣"。"侣"为"吕"之误。宫商，五音中的宫音与商音。《毛诗序》"声成文"。汉·郑玄笺："声成文者，宫商上下相应。"又唐·吴兢《乐府古题要解》卷下："我情与君，亦犹形影宫商之不离也。"后来也泛指音律。《敦煌曲子词·内家娇》："善别宫商，能调丝竹，歌令尖新。"

（8）吉昌：吉祥。吉，写卷均写作"𠮷"。另 P.2515 此句后衍出"合宫"二字。汉·焦赣《易林·恒之复》："逃时历舍，所之吉昌。"也喻指康健无恙。如《隋书·天文志中》："故日月行有道之国则光明，人君吉昌，百姓安宁。"

【录文】

四字教章第十

学士问辩才曰："四字言教，有何所德[1]？"辩才答曰："四字教中，非常利益。偈曰：'人栽香树，肯生荆棘？但行布施[2]，莫生吝惜。冬委闲牛，春耕得力[3]。春养初苗，秋成必积[4]。勤耕之人，必丰衣食[5]。勤学之人，必居官职。耕田不种，损人功力。有子不教，费人衣食[6]。有衣但著，有饭但喫[7]。忽而无常[8]，与他谁喫？朋友之言，而有信的。人行善愿，必逢知识[9]。人行恶愿，祸必来积。再劝殷勤，自须努力。'"

【校释】

（1）有何所德：即有何所得。德，通"得"。通"得"。得到。《老子》："圣人无常心，以百姓心为心。善者吾善之，不善者吾亦善之，德善；信者吾信之，不信者吾亦信之，德信。"朱谦之校释："严、傅、遂州本及顾本引《节解》，强本成疏及荣注引《经》文，亦均作'得'。"又《荀子·解蔽》云："德道之人，乱国之君非之上，乱家之人非之下，岂不哀哉！"清·王念孙《读书杂志·荀子七》："德道，即得道也。"

（2）布施：佛教语。佛教传入中国后，以"布施"为梵文 Dana（檀那）的意译词，故特指向僧道施舍财物或斋食。《北史·元太兴传》："太兴遇患，请诸沙门行道，所有资财，一时布施，乞求病愈，名曰散生斋。"也泛指施舍给人的财物或恩惠。

（3）冬委闲牛，春耕得力：冬天照顾好农闲时的耕牛，到了春天才能好好耕地。委，付托、安置。《左传·成公二年》："王使委于三吏。"杜预注："委，属也。"

（4）春养初苗，秋成必积：春天培养好庄稼的幼苗，到了秋天才能有好的收成。积，积聚、贮藏。《管子·牧民》："错国于不倾之地，积于不涸之仓，藏于不竭之府，下令于流水之原。"又南朝·梁·刘勰《文心雕龙·铨赋》："繁积于宣时，校阅于成世，进御之赋，千有余首。"

（5）必丰衣食：S.4329 脱"必"字。

（6）勤耕之人……费人衣食：这几句话化用于《太公家教》。原文曰："勤耕之人，必丰谷食；勤学之人，必居官职；良田不耕，损人功力；养子不教，费人衣食。"

（7）有衣但著，有饭但喫：有衣服只管穿，有饭只管吃。

（8）无常：佛教语。佛教谓世间一切事物不能久住，都处于生灭成坏之中，故曰无常。《涅槃经一·寿命品》："是身无常，念念不住，犹如电光暴水幻炎。"亦指死亡。

（9）知识：相识的人、朋友。《墨子·号令》："其有知识兄弟欲见之，为召，勿令入里巷中。"岑仲勉注："知识，友人也。"

【录文】

五字教章第十一[(1)]

学士问辩才曰:"五字言教,有何所能?"辩才答曰[(2)]:"劝君须觉悟,凡事审思量。口飨尝百味[(3)],智慧实能强[(4)]。出语能方便,胜烧百和香[(5)]。少言胜多语,柔软必胜刚[(6)]。肚里无慙愧[(7)],何劳远送香。出语如刀切,发意似剑鎗[(8)]。一朝危厄至[(9)],悔不早思量。"

【校释】

(1) 五字教章第十一:P.2515 脱"章"字。

(2) 曰:S.4329 作"言"。

(3) 口飨尝百味:即口尝百味。飨,通"享"。享受、享有。《左传·哀公十五年》:"子,周公之孙也,多飨大利,犹思不义。"又三国·魏·嵇康《答〈难养生论〉》:"虽居君位,飨万国,恬若素士接宾客也。"

(4) 智慧实能强:S.4329 作"智惠实能强"。古代汉语"惠""慧"通用。通"慧"。南朝·宋·刘义庆《世说新语·言语》:"梁国杨氏子九岁,甚聪惠。"

(5) 百和香:由各种香料合成的香。《太平御览》卷八一六引《汉武帝内传》云:"燔百和香,燃九微灯,以待西王母。"又南朝·梁·吴均《行路难》诗之四:"博山炉中百和香,郁金苏合及都梁。"亦省作"百和"。宋·苏轼《次韵滕大夫》之三:"早知百和俱灰烬,未信人言弱胜强。"

(6) 柔软必胜刚:S.4329 作"柔软必胜强"。

(7) 慙愧:亦作"惭愧""惭媿"。指因有缺点、错误或未能尽责等而感到不安或羞耻。《国语·齐语》:"是故大国惭媿,小国附协。"又《汉书·贡禹传》:"自念终亡以报厚德,日夜惭愧而已。"这里指惭愧之事。

(8) 剑鎗:皆为古之武器。剑,同"剑"。《集韵·去验》:"剑,居欠切。《说文》：'人所带兵也。'或从刀，俗作釛。"《敦煌变文集·妙法莲华经讲经文》："釛树利兮森森，刀山耸兮岌岌。"鎗，古时一种尖头有柄的刺击兵器。有时用作仪仗的器械。唐·张鷟《朝野佥载》卷六："忠武将军辛承嗣轻捷，曾解鞍绊马，脱衣而卧，令一人百步走马持鎗而来，承嗣鞴马解绊，着衣攌甲，上马盘鎗逆拒，刺马擒人而还。"

（9）一朝危厄至：S.4329作"一朝灾厄至"。亦通。危厄，指危急困窘。《吕氏春秋·报更》云："故善说者陈其势，言其方，见人之急也若自在危厄之中。"毕沅校注："危厄，《策》作隘窘。""危厄"亦作"危戹"。如唐·玄奘《大唐西域记·朅盘陀国》："时朅盘陀国有大罗汉，遥观见之，愍其危戹，欲运神通，拯斯沦溺。"

【录文】

善恶章第十二

学士问辩才曰："何名为善恶？"辩才答曰："居家何以逆？兄弟妯娌无知识。居家何以义？兄弟妯娌相委记。居家何以恶？兄弟妯娌不相讬[1]。居家何以好？兄弟妯娌不相道[2]。居家何以分？兄弟妯娌不相遵。居家何以贫？兄弟妯娌不殷勤。居家何以富？兄弟妯娌相倚付[3]。居家何以贱[4]？兄弟妯娌相诼□。居家何以贵？兄弟妯娌常欢喜。居家何以破？兄弟妯娌争人我。居家何以成？兄弟妯娌有恩情[5]。居家何以失？兄弟妯娌相啾唧。居家何以委？兄弟妯娌如鱼水。"

【校释】

（1）相讬：相互托付。讬，亦作"托"。托付、请托。《吕氏春秋·贵生》："惟不以天下害其生者也，可以託天下。"高诱注："託，付。"

（2）不相道：不相互说他人的闲话。

（3）兄弟妯娌相倚付：兄弟妯娌相互依靠。倚付，凭靠。《论语·卫灵公》："立则见其参于前也，在舆则见其倚于衡也。"又唐·杜甫

《佳人》诗:"天寒翠袖薄,日暮倚修竹。"郑阿财先生录文作"依"。按,S.4329字词句后皆残而不存。

(4) 居家何以贱:P.2515脱"家"字。

(5) 恩情:P.2515作"情恩"。然"恩"右上角有倒文符号。今录为"恩情"。

【录文】

尔时学士问辩才曰:"悉以广法,普济群生。教愚迷未[1],□贤莫□。常用智慧,如烛照明。终显章句[2],汝等审听。能依教法,信受奉行。"

辩才家教一卷[3]

【校释】

(1) 迷未:"未"当为"昧"。郑阿财先生录文作"迷昧"。迷昧,迷惑暗昧。汉·应劭《〈风俗通〉序》:"私惧后进益以迷昧。"

(2) 章句:诗文的章节和句子。晋·葛洪《抱朴子·钧世》:"简编朽绝,亡失者多,或杂续残缺,或脱去章句。"

(3) 辩才家教一卷:P.2515尾题"辩才家教一卷"。且题有"甲子年四月二十五日显比丘僧愿成俗性(姓)王保全记"。

新集严父教

【题解】

《新集严父教》是10世纪晚期流行于敦煌地区的民间通俗读物[1]，由五言韵文组成，全篇270字。现存敦煌遗书中共有S.3904、S.4307、S.4901、S.10291和P.3797五件抄本。其中S.4307、P.3797首尾完整，其余皆为残本。根据其内容及各写卷同抄其他内容，可以判定《新集严父教》是篇幅比较简短的"家训"类蒙书。从内容来看，主要是为训诫家中子弟的日常生活行为而编写的。郑阿财先生认为，此蒙书是乡里塾师借严父口吻，将现实生活与社会活动中体验所得的实际处事法则与人格规范，以简短易诵的韵文编写成篇，用作童蒙教育的通俗教材。主要是教育子弟忍辱退让，远离是非，遵循礼则，规矩做人。可视为古代诫子书、家诫一类作品的支流与余裔，也可视为传统庶民教育训诫类教材的分派衍生。[2]

关于《新集严父教》的研究成果较少，主要有陈祚龙先生的《〈新集严父教〉校释》[3]、朱凤玉先生的《敦煌通俗读物〈新集严父教〉研究》[4]以及郑阿财、朱凤玉先生所著《敦煌蒙书研究》。本书以郑阿财先生的录文为底本，与各写卷（尤其是S.4307、P.3797）参校、作释。另外，S.4901作"新集严父孝"；P.3797作"新集严教父"，"父"右旁有倒文符号，据此可定题为《新集严父教》。

---

[1] 郑阿财、朱凤玉：《敦煌蒙书研究》，甘肃教育出版社2002年版，第402页。
[2] 郑阿财、朱凤玉：《敦煌蒙书研究》，甘肃教育出版社2002年版，第406页。
[3] 陈祚龙：《〈新集严父教〉校释》，《中国中世文学研究》第3期，第33—44页。
[4] 朱凤玉：《敦煌通俗读物〈新集严父教〉研究》，《木铎》第11期，第307—320页。

新集严父教一本

【录文】

家中所生男⁽¹⁾，　　常依严父教⁽²⁾。
养子切须教，　　　逢人先作笑⁽³⁾。
礼则大须学⁽⁴⁾，　　寻思也大好。

遣子避醉客⁽⁵⁾，　　但依严父教。
路上逢醉人⁽⁶⁾，　　抽身以下道⁽⁷⁾。
过后即来归⁽⁸⁾，　　寻思也大好。

忽逢斗打处，　　　但依严父教。
饶取自然休⁽⁹⁾，　　叉手却赔笑⁽¹⁰⁾。
忍取最为精⁽¹¹⁾，　　寻思也大好。

不共争人我⁽¹²⁾，　　但依严父教。
能得几时活⁽¹³⁾，　　不久相看老。
骂詈佯不闻⁽¹⁴⁾，　　寻思也大好。

家中学侍奉⁽¹⁵⁾，　　孝顺伯亲老⁽¹⁶⁾。
处分莫相违⁽¹⁷⁾，　　但依严父教。
枷杖免及身⁽¹⁸⁾，　　寻思也大好。

市头学经纪⁽¹⁹⁾，　　但依严父教。
斗秤莫崎岖⁽²⁰⁾，　　二人相交道。
买卖事须平⁽²¹⁾，　　寻思也大好。

欲拟出门前，　　　但依严父教。
无事莫夜深⁽²²⁾，　　免交人说道⁽²³⁾。
日在即归来⁽²⁴⁾，　　寻思也大好。

我劝世间人(25)，	但依严父教。
君子有困穷(26)，	小人贫窃盗。
三乞胜一偷，	寻思也大好。
酒后触悞人(27)，	不知有亲老，
过后却来归，	好个煞之奥(28)。
记取严父教(29)，	寻思也大好。

【校释】

（1）家中所生男：S.4901V作"家中有一男"。

（2）常依严父教：经常要依照"严父教。"S.4901V"教"均作"孝"。

（3）先作笑：P.3797、S.4901V作"先作小"。"小"当为误字。S.4307作"䁻"，为"笑"的俗写。

（4）学：P.4307、S.4901V作"季"，为"学"之俗写。

（5）遣子避醉客：S.4901V作"遣子避酒客"；S.4307、P.3797作"遣子避醉客"，今从之。郑本作"遗子避醉客"。误。遣，使、让。《敦煌变文集·维摩诘经讲经文》："令瓦砾似生光，遣枯林之花秀。"又北魏·贾思勰《齐民要术·杂说》："禾秋收了，先耕荞麦地，次耕余地，务遣深细，不得趁多。"

（6）路上逢醉人：P.3797作"路上尊人"。

（7）抽身以下道：脱身离开而走小道。抽身，脱身离开。下道，间道、小路。《左传·庄公九年》："秦子、梁子以公旗辟于下道。"写卷S.4901V作"抽身与下道"。今从S.4307、P.3797。

（8）过后即来归：P.3797脱此句；S.4901V作"过后尚来追"；S.4307作"过后却来归"。郑本作"过从即来归"。今根据句意录文。

（9）饶取自然休：P.3797作"选取自然休"；S.4307、S.4901V作"饶取自然休"。今从后者。饶，宽容、饶恕。汉·应劭《风俗通·怪神·世间人家多有见赤白光为变怪者》："公祖曰：'怪异如此，救族不暇，何能致望于所不图？此相饶耳。'"王利器校注："鲍照《乐府》：'日月流迈不相饶。'《隋书·刘炫传》：'自赞曰："家业贫窭，为父兄所饶。'"饶字义与此同，谓相容也。"

（10）叉手却陪笑：S.4307作"叉手却倍笑"，"倍"同"陪"。P.3797作"叉手却陪笑"。陪笑，以笑脸对人，使人息怒或愉快。宋·辛弃疾《唐多令》词："行步渐轻盈，行行笑语频。凤鞋儿、微褪些根，忽地倚人陪笑道，真个是、脚儿疼。"

（11）忍取最为精：能忍是最重要的。忍，克制。"忍"也是儒家重要思想。《荀子·儒效》："志忍私，然后能公，行忍情性，然后能修。"杨倞注："忍，谓矫其性。"

（12）不共争人我：P.3797作"不共争人我"，今从之。S.4307作"不用争人我"，亦通。意谓不去争是别人的还是自己的，即不与人争。

（13）能得几时活：P.3797作"能得寄时活"；S.4307作"能得寄活"，脱"时"字。"寄"通"几"。郑本作"能得几时活"。意为即能够活多久。

（14）骂詈佯不闻：P.3797作"骂詈佯不闻"；S.4307作"骂詈祥不闻"，"祥""佯"形误。今从P.3797。意为对别人的辱骂假装听不到。佯，假装。

（15）家中学侍奉：P.3797作"家中学侍奉"，S.4307作"家中学侍用"。"学"为"学"之俗体。

（16）孝顺伯亲老：P.3797作"孝顺伯新老"。S.3407作"孝顺伯亲老"，郑本亦作"孝顺伯亲老"。今从S.3407及郑本迻录。

（17）处分莫相违：P.3797作"处分莫相远"，今据S.3407迻录。处分，处置、吩咐。南朝·宋·刘义庆《世说新语·尤悔》："（谢安）曾送兄征西葬，还，日莫雨驶，小人皆醉，不可处分，公乃于车中手取车柱撞驭人，声色甚厉。"

（18）枷杖免及身：S.3407作"加丈兑及身"。"加""丈"为别字，"兑"为误字。郑本作"枷杖免及身"。指避免刑罚加身。枷杖，上枷并受杖刑。

（19）经纪：经营买卖。《朱子语类》卷二六："譬如人作折本经纪相似。"

（20）斗秤莫崎岖：写卷P.3797作"斗称莫崎岖"，斗，为

"斗"之俗体。崎岖，本指山势或道路高低不平。此处形容人意向诡秘。唐·杜甫《别张十三建封》诗："眼中万少年，用意尽崎岖。"杨伦笺注："崎岖乃倜傥之反，谓人情叵测也。"

（21）买卖事须平：P.3797、S.3407"买卖"均作"买买"。可见当时敦煌用字可能"买""卖"混用。郑本作"买卖"，今从郑本。

（22）无事莫夜深：P.3797作"先事莫夜深"，"先"当为"无"。S.3407"事"似作"乃"。盖为草书？郑本作"无事莫夜深"，今从郑本。

（23）免交人说道：交，通"教"，使。《南史·张融传》："交尔蓝缕，亦亏朝望。"又唐·牛峤《杨柳枝》诗之四："莫交移入灵和殿，宫女三千又妒伊。"说道，即说话，说三道四。

（24）日在即归来：P.3797作"日在即归来"；S.3407作"日在即来归"。今从P.3797迻录。

（25）我劝世间人：S.3407作"我劝世间人"；P.3797作"我劝此间人"，"世""此"形似而误。今据S.3407迻录。

（26）困穷：艰难窘迫。P.3797作"君子有思穷"，郑本据此。《易·系辞下》："困穷而通。"《史记·南越列传论》："伏波困穷，智虑愈殖，因祸为福。"

（27）酒后触悮人：郑本作"酒后触忤人"。悮，"误"之旧体，意为错误。通"忤""迕"。触悮，即触忤。冒犯之义。《后汉书·刘瑜传》："臣悾悾推情，言不足采，惧以触忤，征营慑悸。"也作"触迕"。如，《晋书·唐彬传》："邓艾忌克诡狭，矜能负才，顺从者谓为见事，直言者谓之触迕。"又唐·杜甫《送路六侍御入朝》诗："剑南春色还无赖，触忤愁人到酒边。"本句意为谓喝醉酒后冒犯别人。

（28）好个煞之奥：奥，S.3407似作"與"。今待考。煞，本为损伤，此处为尴尬之义。

（29）记取严父教：P.3797、S.3407均作"记取严父言"，亦通。S.10291V似为"记取严父教"，郑本亦作"记取严父教"，今从之。

崔氏夫人训女文

【题解】

《崔氏夫人训女文》是敦煌遗书中家训类通俗读物，文体上属于全篇七言的通俗韵文，为女子临嫁时其母亲的告诫训示。文献内容通俗简短，在婚俗文化、女性教育等方面颇有价值。该蒙书作者不明，郑阿财先生认为，题名"崔氏夫人"，当是托名。盖崔姓为唐代的大家旺族。崔氏为甲族四姓之首，其子女为当时士大夫婚姻竞相追逐的对象。此类"女训"托名当即自然。①。据郑阿财先生研究，唐时京城长安已有《崔氏夫人训女文》印本广为流传，并且流传至敦煌地区，唐末普遍流通于敦煌民间。现存敦煌遗书中共有 P.2633、S.4129、S.5643 三件抄本。

关于《崔氏夫人训女文》的研究，早在 1925 年刘半农先生抄录 P.2633 卷子并刊行于《敦煌掇琐》② 中，1973 年，陈祚龙先生根据 S.4129 和 P.2633 加以校录，撰成《关于敦煌古钞'崔氏夫人训女文'》③。1984 年，郑阿财先生对《崔氏夫人训女文》重新校订，还探究其产生的背景及在婚俗上的价值与影响，撰《敦煌写本〈崔氏夫人训女文〉研究》④。郑先生校录本较晚，又取各家之长，故这里以郑阿财先生的录文为底本，与各写卷参校、作释。该写本蒙书 P.2633 作《崔氏夫人要女文》，S.4129 作《崔氏夫人女文训》，看不清是否有倒文符号，S.5643 写卷作题目只存"女文"两字，今学者们均定题为

---

① 郑阿财、朱凤玉：《敦煌蒙书研究》，甘肃教育出版社 2002 年版，第 414 页。
② 刘半农：《敦煌掇琐》，中央研究院历史语言研究所刊行，1925 年。
③ 陈祚龙：《关于敦煌古钞'崔氏夫人训女文'》，《东方杂志》1975 年第 9 期。
④ 郑阿财：《敦煌写本〈崔氏夫人训女文〉研究》，《中兴大学法商学报》1984 年第 19 期。

《崔氏夫人训女文》。

【录文】

崔氏夫人训女文

香车宝马竞争辉，少女堂前哭正悲。
吾今劝汝不须哭⁽¹⁾，三日拜堂还得归。
教汝前头行妇礼，但依吾语莫相违⁽²⁾。
好事恶事如不见⁽³⁾，莫作本意在家时。
在家作女惯娇怜，今作他妇信前缘⁽⁴⁾。
欲语三思然后出，第一少语莫多言⁽⁵⁾。
路上逢人须敛手，尊卑回避莫汤前⁽⁶⁾。
外言莫向家中说，家语莫向外人传。
姑章（嫜）共语低声应⁽⁷⁾，小郎共语亦如然⁽⁸⁾。
早朝堂上起居了，诸房伯叔并通传。
妯娌相看若雨水，男女彼此共恩怜。
上和下睦同钦敬，莫作二意有慵偏⁽⁹⁾。
夫婿醉来含笑问，迎前扶侍送安眠。
莫向人前相辱骂，醒后定是不和颜。
若能一一依吾语，何得翁婆不爱怜。
故留此法相教示⁽¹⁰⁾，千秋万古共流传。
白侍郎赞
崔氏训女，万古传名。细而察之，实亦周备。
养育之法，方拟事人。若乏礼仪，过去父母。
诗一首
亭亭独步一枝花，红脸青娥不是夸。
作将喜貌为愁貌，未惯离家住婿家。
又诗一首
拜别高堂日欲斜，红巾拭泪贵新花。
徒来生处却为客，今日随夫始是家。

　　　　上都李家印　　　　崔氏夫人壹本

【校释】

（1）须：犹应也；必也。韦庄《令狐亭》诗："若非天上神仙宅，须是人间富贵家。"又杜甫《投简梓州幕府兼简韦十郎官》诗："固知贫病人须弃，能使韦郎迹也疏。"

（2）但依吾语莫相违：P.2633 脱"语"字。

（3）好事恶事如不见：P.2633 脱"恶事"二字。

（4）今作他妇信前缘：P.2633 作"今他作妇信前缘"，根据文意，诸学者取 S.4129"今作他妇信前缘"。

（5）第一少语莫多言：P.2633 脱"语"字。"第"作"弟"，S.4129 作"弟"。"弟"实为"第"之初文，古文献中多此用法。

（6）莫汤前：意为莫要处于其前。"汤"同"荡"，意为碰撞、冲冒。元曲选石君宝《秋胡戏妻》三："你汤我一汤，拷了你那腰截骨；掐我一掐，我着你三千里外该流递。"又秦简夫《东堂老》二："汤风冒雪，忍寒受冷。"

（7）姑章（嫜）共语低声应：P.2633 作"如嫜"，S.4129 作"姑章"。郑本为"姑章（嫜）"，实"姑章"不误。古时候妻子称丈夫的父母为姑章。《玉台新咏》载三国时陈琳《饮马长城窟行》："善事新姑章，时时念我故夫子。""姑章"又作"姑嫜"，又唐·杜甫《新婚别》："妾身未分明，何以拜姑嫜？"。"姑章"还作"姑钟"，唐·颜师古《匡谬正俗》六《木钟》："又古谓舅姑为姑章"，今俗亦呼为"姑钟"。

（8）小郎共语亦如然：小郎，古代时妻称夫弟为"小郎"。《太平御览》六一七《晋中兴书》："谢奕女道韫，王凝之妻也。凝之弟献之尝与宾客谈议，辞理将屈，道韫遣婢白献之曰：'欲为小郎解围。'"

（9）莫作二意有慵偏："慵偏" P.2633 作"庸偏"，"庸"为"慵"之初文。"慵偏"即慵懒、偏向。"二意"即"二心"。

（10）故留此法相教示：P.2633 作"故留此法相教尔"，亦通。

主要参考文献

一 敦煌文献

敦煌研究院编，施萍婷执笔：《敦煌遗书总目索引新编》，中华书局2000年版。

俄罗斯科学院东方研究所圣彼得堡分所、俄罗斯科学出版社东方文学部、上海古籍出版社编：《俄藏敦煌文献》（1—17册），上海古籍出版社1992—2005年版。

甘肃藏敦煌文献编委会、甘肃人民出版社、甘肃省文物局编：《甘肃藏敦煌文献》，甘肃人民出版社1999年版。

黄永武主编：《敦煌宝藏》（1—140册），新文丰出版公司印行1982—1986年版。

季羡林主编：《敦煌学大辞典》，上海辞书出版社1998年版。

蒋礼鸿：《敦煌变文字义通释》（增补定本），上海古籍出版社1997年版。

上海古籍出版社、法国国家图书馆编：《法藏敦煌西域文献》（1—34册），上海古籍出版社1994—2003年版。

王重民编著：《敦煌古籍叙录》，中华书局1974年版。

王重民原编，黄永武新编：《敦煌古籍叙录新编》（集部二），新文丰出版公司印行1986年版。

王重民主编：《敦煌遗书总目索引》，中华书局1983年版。

项楚：《敦煌变文选注》，巴蜀出版社1990年版。

张玉范编：《北京大学图书馆藏敦煌文献》，上海古籍出版社1995年版。

中国国家图书馆编：《国家图书馆藏敦煌遗书》，北京图书馆出版社 2005 年版。

中国社会科学院历史研究所、中国敦煌吐鲁番学会敦煌古文献编辑委员会、英国国家图书馆、伦敦大学亚非学院合编：《英藏敦煌文献》（1—14 册），四川人民出版社 1990—1995 年版。

二　古代典籍

（西汉）司马迁：《史记》，中华书局 1982 年版。
（汉）许慎：《说文解字》，中华书局 1963 年版。
（东汉）班固：《汉书》，中华书局 1962 年版。
（唐）房玄龄等：《晋书》，中华书局 2000 年版。
（晋）陈寿：《三国志》，中华书局 2000 年版。
（唐）魏征：《隋书》，中华书局 1973 年版。
（宋）王溥：《唐会要》，上海古籍出版社 1955 年版。
（宋）欧阳修、宋祁：《新唐书》，中华书局 1975 年版。
（后晋）刘昫等：《旧唐书》，中华书局 1975 年版。
（刘宋）范晔：《后汉书》，中华书局 2000 年版。
（清）段玉裁：《说文解字注》，上海古籍出版社 1981 年版。
《十三经注疏》，中华书局 1980 年版。

三　当代著述

陈国灿、陆庆夫主编：《中国敦煌学百年文库》（历史卷），甘肃文化出版社 1999 年版。

敦煌教育志编纂委员会编：《敦煌教育志》，内蒙古人民出版社 2005 年版。

姜亮夫：《敦煌学概论》，中华书局 1975 年版。
李正宇：《敦煌学导论》，甘肃人民出版社 2008 年版。
孟宪承：《中国古代教育文选》，人民教育出版社 1979 年版。
荣新江：《敦煌学十八讲》，北京大学出版社 2001 年版。
汪泛舟编著：《敦煌古代儿童课本》，甘肃人民出版社 2000 年版。
王利器：《颜氏家训集解》，中华书局 1993 年版。
熊承涤：《中国古代学校教材研究》，北京教育出版社 1996 年版。

徐少锦、陈延斌：《中国家训史》，陕西人民出版社、人民出版社2011年版。

张弓主编：《敦煌典籍与唐五代历史文化》（上下卷），中国社会科学出版社2006年版。

郑阿财、颜廷亮、伏俊琏主编：《中国敦煌学百年文库》（文学卷），甘肃文化出版社1999年版。

郑阿财、朱凤玉：《敦煌蒙书研究》，甘肃教育出版社2002年版。

郑炳林：《敦煌碑铭赞辑释》，甘肃教育出版社1992年版。

郑学檬、郑炳林主编：《中国敦煌学百年文库》（文献卷），甘肃文化出版社1999年版。

中国敦煌吐鲁番学会语言文学分会编纂：《敦煌语言文学研究》，北京大学出版社1988年版。

周一良、赵和平：《唐五代书仪研究》，中国社会科学出版社1995年版。

朱明勋：《中国家训史论稿》，四川出版集团、巴蜀书社2008年版。

四　论文

陈祚龙：《敦煌写本〈新集严父教〉校释》，《中国中世文学研究》1963年第3期。

陈祚龙：《关于敦煌古钞李唐〈崔氏夫人训女文〉——云楼杂简之一》，《东方杂志》1975年第9期。

陈庆浩：《古贤集校注》，《敦煌学》1976年第3期。

邓文宽：《敦煌写本〈百行章〉述略》，《文物》1984年9期。

邓文宽：《敦煌写本〈百行章〉校释》，《敦煌研究》1985年第2期。

邓文宽：《跋敦煌写本〈百行章〉》，《全国敦煌学术讨论会文集（文史遗书编下）》，甘肃人民出版社1987年版。

［日］福井康顺：《百行章についての诸问题》，《东方宗教》13、14合刊，1958年。

高国藩：《敦煌写本〈太公家教〉初探》，《敦煌学辑刊》1984年1期。

胡同庆：《〈太公家教〉与〈增广贤文〉之比较》，《敦煌研究》1987年2期。

黄家全：《敦煌写本，〈千字文〉试论》，《全国敦煌学术讨论会文集》1987年。

黄家全：《敦煌写卷〈千字文〉研究与汉字教学》，《丝路论坛》1987年第2期。

[日] 吉田雅子：《敦煌写本《开蒙要训》たみられる音注字と广韵との比较》，《东洋大学院纪要》1983年第20期。

[日] 吉田雅子：《敦煌写本〈开蒙要训〉的音韵体系——押韵、异文、音注》，《东洋大学院纪要》1986年第23期。

林聪明：《杜正伦及其〈百行章〉》，硕士学位论文，东吴大学中文研究所，1979年。

罗宗涛：《从敦煌写本太公家教看启蒙教育》，《孔孟月刊》1980年第18期。

[日] 入矢义高：《〈太公家教〉校释》，《福井博士颂寿记念东洋思想论集》，东京福井博士颂寿记念论文集刊行会，1960年。

苏桦：《太公家教——我国的古典儿童读物之三》，《国语日报儿童文学周刊》1977年6月26日。

邰惠莉：《敦煌本〈六字千文〉初探》，《敦煌研究》1997年第1期。

[日] 太田晶二郎：《太公家教》，《日本学士院纪要》1949年7卷1号。

汪泛舟：《〈太公家教〉考》，《敦煌研究》1986年第1期。

汪泛舟：《〈太公家教〉考补》，《兰州学刊》1986年第6期。

汪泛舟：《〈太公家教〉别考》，《敦煌语言文学研究》，北京大学出版社1988年版。

汪泛舟：《敦煌儒家蒙书与意义略论》，《孔子研究》1993年第1期。

汪泛舟：《〈开蒙要训〉初探》，《敦煌研究》1999年第2期。

王国良：《敦煌写本辩才家教卷子补说》，《国文天地》1986年12期。

王国维：《唐写本〈太公家教〉跋》，《鸣沙石室佚书》，1913 年，后收入《观堂集林》第 4 册，北京中华书局 1959 年版。

王重民：《太公家教考》，《周叔弢先生六十生日纪念论文集》，香港龙门书店 1950 年版。

王重民：《敦煌写本跋（敦煌本文选残卷跋，唐人选唐诗残卷跋，碎金残卷跋，辩才家教跋）》，《敦煌吐鲁番文献研究论集》，中华书局 1982 年版。

王重民：《跋〈太公家教〉》，《敦煌遗书论文集》，中华书局 1984 年版。

熊承涤：《中国古代的儿童教材》，《课程・教材・教法》1984 年第 1 期。

郑阿财：《敦煌写本〈崔氏夫人训女文〉研究》，《中兴大学法商学报》1984 年第 19 期。

郑阿财：《敦煌写本孔子备问书初探》，《1990 年敦煌学国际研讨会论文集》1995 年 4 月。

郑阿财：《敦煌蒙书研究的回顾与前瞻》，《敦煌吐鲁番研究》2004 年。

周凤五：《太公家教研究》，《古典文学》1984 年第 6 期。

周凤五：《敦煌写本〈太公家教〉（〈含武王家教〉）校勘记》，《郑因百先生八十寿庆文史论文集》，台湾商务印书馆 1985 年版。

周凤五：《太公家教重探》，《汉学研究》（敦煌学国际研讨会论文专号）1986 年第 4 期。

周凤五：《敦煌写本〈辩才家教〉初探》，《古典文学》1986 年第 8 期。

周凤五：《敦煌写本〈辩才家教〉卷子》，《国文天地》1986 年第 10 期。

周丕显：《敦煌"童蒙"、"家训"写本之考察》，《敦煌学辑刊》1993 年第 1 期。

周一良：《敦煌写本杂抄考》，《燕京学报》第 35 期，1948 年 12 月，后收入《魏晋南北朝史论集》，中华书局 1963 年版。

朱凤玉《敦煌写本〈太公家教〉研究》，《汉学研究》（敦煌学国际研讨会论文专号）1986年第4期。

朱凤玉：《敦煌通俗读物〈新集严父教〉研究》，《木铎》1987年第11期。

后　　记

春日融冰，枫叶飘红，转瞬间六七年已逝去。回眸来路，感慨系之矣。

怀着对敦煌学研究的热情和对博士学位的向往，2009年我终于如愿以偿踏进了兰州大学敦煌学研究所的大门，开始接受各位恩师教诲，并渐渐地由敦煌学门外向敦煌学宝库深处探求，寻找自己的研究目标。在这里，先后系统地学习了"国际敦煌学史""敦煌文献释读校勘""西北历史文献概述""唐五代西北区域史研究""国际汉学源流""魏晋隋唐史专题""敦煌文献专题""中国佛教史"等专业学位课课程，受益匪浅。尤其是自从学习了"敦煌文献释读校勘""敦煌文献专题"等课程后，在敦煌文献研究的道路上眼界大开，我清晰地记得尝试识读、录文、校勘的第一篇敦煌文献是P.2564《太公家教》，当时得到了陆庆夫教授的肯定。此后，我的导师伏俊琏教授、兰州大学敦煌学研究所所长郑炳林教授、王晶波教授在敦煌文献专题研究领域对我精心指导，悉心教诲，我受益良多；杜斗城教授对佛教史的讲授、王冀青教授对国际敦煌学史的讲授，开阔了我的学术视野；冯培红教授的史学专题，尤其是《新唐书》和《旧唐书》的对读，弥补了我的历史知识短板。慢慢地我进入到敦煌学的学术殿堂，兴致日浓。

2010年，我人生中第一个教育部人文社科项目获批，这极大地鼓舞了我学习和研究敦煌文献的信心。在导师伏俊琏先生的指导和帮助下，我全面学习、梳理敦煌训蒙文献，并决定将其作为自己博士论文的研究对象。叙录写卷、撰写内容提要时，正是导师面授言教、精心修改、躬亲示范，才让我学到了些许严谨具体的治学方法。

书稿终于修改完了！这本《敦煌写本蒙书十种校释》就要付印了！兴奋之余，我心犹惴惴不安、诚惶诚恐。我深知这本小册子对自己的重要，也知道其中潜隐很多不足之处。由于自己身体原因，有些一手资料没有查证完全，留有很大遗憾。但总体上，应该高兴，这是对自己几年辛苦的一个交代。

本书的完成，首先要衷心感谢我的导师伏俊琏先生。2013年初稿《敦煌蒙书十种校注》刚完成时的兴奋历历在目。我拿着初稿呈给伏师审阅，伏师高兴地接纳了书稿，并鼓励我出书一定要慎重、严谨、完善，还不辞辛苦审阅了书稿，提出了很多宝贵意见，比如校注的规范性问题、简约性问题以及材料的引用等。这本书中的一部分内容进入到博士学位论文中，得到盲审老师的肯定。几年的修改，从书名到体例，都有很大变化。修改过程中，从书稿的体例到规范问题，多次打扰并请教伏师，伏师都给予了悉心指导，在此对伏师的教导和指引表示深深的谢意。

感谢兰州大学敦煌学研究所各位尊敬的师长！因为各位师长的教诲，才有了我这本小书的写作基础和写作初衷。

感谢我的爱人王雪涛。感谢他在我读博期间的大力支持，在我大病期间对我无微不至地照顾，感谢他在书稿修订期间对我的鼓励和帮助。还有我的宝贝女儿，自立自强，才让我能静下心来核对写卷、修订书稿。

感谢兰州文理学院将本书纳入"兰州文理学院学术文库成果"，并由"兰州文理学院出版基金"资助出版。

感谢中国社会科学出版社任明主任对本书出版的帮助！感谢封面设计戴东明先生！感谢出版社的编辑老师为本书出版的辛苦付出。

我深知这本小书还有很多问题，但这也是我今后努力的方向。衷心希望得到各位前辈、学界同仁的批评指正，使我今后有机会弥补罅漏、不断完善。如此，则幸矣！

王金娥

2020年10月8日于金城雁苑